Mulheres no Direito

Volume I

Copyright© 2021 by Editora Leader
Todos os direitos da primeira edição são reservados à Editora Leader.

Os artigos publicados nesta obra refletem a experiência e o pensamento de cada coautora, não havendo necessariamente relação direta ou indireta, de aceitação ou concordância, com as opiniões ou posições das demais convidadas.

Diretora de projetos:	Andréia Roma
Revisão:	Editora Leader
Capa:	Editora Leader
Imagem de capa:	Dinas Miguel
Projeto gráfico e editoração:	Editora Leader
Artes e Mídias:	Tauane Cezar
Livrarias e distribuidores:	Liliana Araújo
Diretor financeiro:	Alessandro Roma

Dados Internacionais de Catalogação na Publicação (CIP)
Bibliotecária responsável: Aline Graziele Benitez CRB-1/3129

M231　Mulheres no direito: volume I /
1. ed.　　Coordenação: Andréia Roma. [*et. al.*] – 1. ed. – São Paulo: Leader, 2021.
　　　　Outros coordenadores: Adriana Nascimento, Tania Moura, Christiane D'Elia,
　　　　Sandra Gebara.
　　Vários autores.
　　ISBN: 978-65-88368-46-6

　　1. Direito - Brasil. 2. Empoderamento feminino. 3. Mulheres empresárias.

　　I. Nascimento, Adriana. II. Moura, Tania. III. D'Elia, Christiane. IV. Gebara,
　　Sandra

09-2021/83　　　　　　　　　　　　　　　　　　　　　　　　　　　　　　　　CDD 34(81)

Índices para catálogo sistemático:

1. Brasil: Mulheres: Direito　　34(81)

<u>2021</u>
Editora Leader Ltda.
Rua João Aires, 149 – Jardim Bandeirante – São Paulo – SP
Contatos:
Tel.: (11) 95967-9456
contato@editoraleader.com.br | www.editoraleader.com.br

CONHEÇA A SÉRIE MULHERES

Somos referência no Brasil em iniciativas Femininas no Mundo Editorial

A Série Mulheres é um projeto registrado em mais de 170 países!

Toda mulher um dia já foi uma menina. Toda menina já se inspirou em uma mulher. Mãe, professora, babá, dançarina, médica, jornalista, cantora, astronauta, aeromoça, atleta, engenheira. E de sonho em sonho sua trajetória foi sendo construída. Acertos e erros, desafios, dilemas, receios, estratégias, conquistas e celebrações.

A Série Mulheres apresenta mulheres inspiradoras, que assumiram seu protagonismo para o mundo e reconheceram o poder das suas histórias. Seus *cases* e metodologias criados ao longo de suas trajetórias serão apresentados em nossos livros.

Toda mulher tem uma história!

O que é a Série Mulheres

A Série Mulheres é um Selo Editorial, criado pela Editora Leader, que registra publicações de mulheres de várias áreas, tanto em livros autorais como coletivos, abordando *cases* e metodologias produzidas ao longo dos anos. O projeto nasceu dez anos atrás, no coração da editora Andréia Roma, e já se destaca com vários lançamentos. Em 2018, lançamos o livro "Mulheres do Marketing", e o segundo foi "Mulheres Antes e Depois dos 50", seguidos por "Mulheres do RH", "Mulheres no Seguro", "Mulheres no Varejo", "Mulheres nas Finanças" e "Mulheres do RH – volume II" obras que têm como foco transformar histórias reais em autobiografias inspiracionais, *cases* e metodologias de mulheres que se diferenciam em sua área de atuação. Além da abrangência nacional, trata-se de um trabalho pioneiro, já que os títulos lançados através desta Série são de propriedade intelectual da Editora Leader, ou seja, não há no Brasil nenhum livro com título igual aos que são lançados nesta coleção.

A Série tem como idealizadora Andréia Roma, CEO da Editora Leader, que vem criando iniciativas importantes como esta ao longo dos anos, e como coordenadora Tania Moura. No ano de 2020 ela aceitou o convite não só para coordenar o livro "Mulheres do RH", mas também a Série Mulheres, trazendo com ela sua expertise no mundo corporativo e seu olhar humano para as relações. Tania é especialista em Gente & Gestão, palestrante e conselheira em várias empresas. A Série Mulheres também conta com a especialista em Direito dra. Adriana Nascimento, coordenadora jurídica dos direitos autorais da Série Mulheres.

Série Mulheres, um Selo que representará a marca mais importante, que é você, Mulher!

Você, mulher, agora tem um espaço só seu para registrar sua voz e levar isso ao mundo, inspirando e encorajando mais e mais mulheres.

Acesse o QRCode para preencher a Ficha da Editora Leader.

Qual o propósito da Série Mulheres?

É apresentar autobiografias, metodologias, *cases* e outros temas, de mulheres do mundo corporativo e outros segmentos, com o objetivo de inspirar outras mulheres a buscarem o sucesso em suas carreiras ou em suas áreas de atuação, além de mostrar como é possível atingir o equilíbrio entre a vida pessoal e profissional, registrando e marcando sua geração através do seu conhecimento em forma de livro.

A ideia geral é convidar mulheres de diversas áreas a assumirem o protagonismo de suas próprias histórias e levar isso ao mundo, inspirando e encorajando cada vez mais e mais mulheres a irem em busca de seus sonhos, porque todas são capazes de alcançá-los.

Programa Série Mulheres na TV

Um programa de mulher para mulher idealizado pela CEO da Editora Leader, Andréia Roma, que aborda diversos temas com inovação e qualidade, sendo estas as palavras-chave que norteiam os projetos da Editora Leader. Seguindo esse conceito, Andréia, apresentadora do Programa Série Mulheres ao lado da executiva Tania Moura, entrevista mulheres de várias áreas com foco na transformação e empreendedorismo feminino em diversos segmentos.

A TV Corporativa Gestão RH abraçou a ideia de ter em seus diversos quadros o Programa Série Mulheres. O CEO da Gestão RH, Renato Fiochi, acolheu o projeto com muito carinho.

A TV, que conta atualmente com 153 mil assinantes, é um canal de *streaming* com conteúdos diversos voltados à Gestão de Pessoas, Diversidade, Inclusão, Transformação Digital, Soluções, Universo RH, entre outros temas relacionados às organizações e a todo o mercado.

A TV Gestão RH foi criada pelo Grupo Gestão RH, que através de variados produtos propicia a atualização dos gestores de pessoas.

Além do programa gravado Série Mulheres na TV Corporativa Gestão RH, você ainda pode contar com um programa de *lives* com transmissão ao vivo da Série Mulheres, um espaço reservado todas as quintas-feiras a partir das 17 horas no canal do YouTube da Editora, no qual você pode ver entrevistas ao vivo, com executivas de diversas áreas que participam dos livros da Série Mulheres.

Nossos lançamentos de livros da Série Mulheres são verdadeiras premiações!

Acesse o QRCode para assistir:

Lançamento do Livro Mulheres no Seguro.

Marque as pessoas ao seu redor com amor, seja exemplo de compaixão. Da vida nada se leva, mas deixamos uma marca.

Que marca você quer deixar? Pense nisso!

Série Mulheres: toda mulher tem uma história!

Títulos da Série Mulheres já publicados

Mulheres do Marketing   volume I

Primeiro livro da série, é mais um projeto inovador da Editora Leader, que traz as trajetórias de mais de 30 executivas. A coordenação coube à empresária e fundadora do Grupo Projeto, Tatyane Luncah, e à CEO e responsável pelos projetos editoriais da Leader, Andréia Roma. O objetivo foi relatar suas estratégias de trabalho, o modo de administrar suas carreiras e vidas pessoais, como desenvolvem o intraempreendedorismo, para que suas experiências possam servir de orientação para quem já trabalha na área, é estudante ou ainda não fez a escolha por sua profissão.

Mulheres antes e depois dos 50

Exemplos de determinação e superação de mulheres que se reinventaram.

Este livro reúne relatos inspiradores de lideranças femininas, com idades entre 28 e 75 anos. São histórias repletas de desafios, superação, dedicação e desprendimento de mulheres profissionalmente capazes e de comprovada experiência em diversos campos: da Economia à Política, da Pedagogia à Medicina, da Psicologia ao empreendedorismo, verdadeiros exemplos de empoderamento.

Mulheres do RH   volume I

Com a coordenação de Andréia Roma, CEO da Editora Leader, e Tania Moura, especialista em Gestão de Pessoas e VP Executiva da ABPRH (Associação Brasileira dos Profissionais de Recursos Humanos), esta obra traz histórias reais transformadas em autobiografias inspiracionais. Através dos relatos de 30 profissionais, é possível descobrir os caminhos percorridos por elas até atingir o sucesso profissional e o equilíbrio na vida pessoal, temas relevantes para grande parte das mulheres. São trajetórias exemplares, com dicas e sugestões atualizadas que as coautoras acreditam que fazem a diferença na atuação de futuras líderes de RH no Brasil.

Mulheres no Seguro   volume I

A atuação de alta performance das profissionais que integram esta obra é a prova de que a presença feminina é fator decisivo para o desenvolvimento econômico e social do país. Aqui estão os relatos de mulheres que ocupam importantes posições em empresas da área ou optaram pelo caminho do empreendedorismo, constituindo importantes companhias de seguros. Saiba como suas trajetórias foram transformadoras, em relação a um setor antes de predomínio masculino. São histórias nem sempre alegres, mas todas repletas de emoção e superação de desafios.

Mulheres do Varejo   volume I

As coautoras presentes neste livro constroem com sua atuação a história do Varejo no Brasil. Com coordenação de Andréia Roma, Tania Moura, Fátima Merlin, Vanessa Sandrini e Sandra Takata, reúne 52 profissionais que mostram a característica feminina de liderar, em que se destacam a criatividade e a inovação. São mulheres que fizeram acontecer, implantando com mestria nas companhias em que atuam novos modelos de negócios, novos formatos de varejo, atingindo os resultados almejados. Um projeto inédito por seu conteúdo relevante e pelo número de participantes. O prefácio foi brilhantemente assinado por Luiza Trajano, presidente do Conselho de Administração do Magazine Luiza.

Mulheres no RH volume II

Em conformidade com o objetivo da Série Mulheres, o segundo volume deste livro traz estratégias, cases e uma verdadeira aula prática sobre a estruturação ou reestruturação da área de RH sob a experiência de cada uma das profissionais convidadas, que levam em consideração tanto os resultados obtidos ao longo de suas trajetórias quanto orientações valiosas no sentido de que todos os profissionais de RH sejam bem-sucedidos. Uma verdadeira mentoria guiada, experiências que você não encontrará no Google e que proporcionará uma visão 360 graus do significado do RH aplicado por renomadas líderes.

Mulheres nas Finanças volume I

A obra mostra como as autoras romperam barreiras, sendo disruptivas em uma área predominantemente masculina como a financeira. Tem foco na atuação feminina de alta performance em empresas de porte, assim como abre espaço para a experiência daquelas que em dado momento de sua carreira se permitiram mudar, passaram a empreender e atingiram o sucesso nos negócios, mesmo em cenários econômicos adversos. São muitas páginas de dicas, orientações, ensinamentos, de como a área de finanças funciona no dia a dia das corporações, proporcionando aos leitores uma verdadeira mentoria.

Coordenação: Andréia Roma, Stania Morais, Elisangela Almeida e Tania Moura.

Nota da Editora

A cada livro que finalizamos para integrar a Série Mulheres sinto que nossa contribuição para com as leitoras, profissionais ou estudantes de todas as áreas, só aumenta. É enriquecedor saber que temos tantas mulheres bem-sucedidas e não só em relação à parte financeira, mas principalmente como pessoas que gostam do que fazem, que se realizam ao ajudar pessoas e empresas a resolverem seus conflitos.

Gostaria de agradecer a cada uma das coautoras que aceitaram participar deste primeiro volume, relatando suas histórias de atuação na área do Direito. O propósito do volume I é trazer as origens, de que modo escolheram a profissão, como desenvolveram suas carreiras. E isso elas cumpriram com mestria ao longo dos capítulos, por isso agradeço a disposição de compartilharem tantos fatos inspiradores.

Como editora, me orgulho de levar ao mercado editorial essa coletânea que é um verdadeiro legado da atuação feminina em todos os setores.

Quero registrar aqui igualmente meu agradecimento às coordenadoras convidadas para este projeto, pois cada uma contribuiu, a sua maneira, para que esta obra fosse realizada. Com esforço e dedicação, mas também com sua expertise. São elas Adriana Nascimento, Cristiane D'Elia, Sandra Gebara e Tania Moura, que é coordenadora da Série Mulheres.

Tenho certeza, querida leitora, que você vai se identificar e aproveitar muito o conteúdo que preparamos com carinho para você.

Boa leitura!

Andréia Roma

CEO da Editora Leader, idealizadora e coordenadora da Série Mulheres

Prefácio

"Lugar de Mulher é Onde Ela Quiser." Foi com esta frase, que inspira mulheres e meninas pelo Brasil e pelo mundo, que pautei a minha trajetória ao longo de 18 anos como Promotora de Justiça. Os meus objetivos sempre foram, primeiro: abrir caminhos para o diálogo sobre a importância de mais mulheres ocuparem os espaços de poder, e o segundo, imprescindível, tirar o discurso do papel e trazer para a realidade. A frase "Lugar de Mulher é Onde Ela Quiser" fala essencialmente sobre um assunto tão caro: a representatividade feminina.

O veto patriarcal que sempre barrou mulheres de evoluírem em suas carreiras é fruto de uma estrutura que privilegia homens e condena mulheres pela questão de seu gênero, por isso quando nos propomos a combater veementemente essa desigualdade em todos os espaços precisamos estar em sincronia com um bom planejamento, metas e estudos aprofundados sobre políticas públicas para consubstanciarmos uma estrutura que esteja adequada à destituição das bases que ocasionam o nivelamento pela condição de ser mulher.

Sempre segui uma linha de construção sociocultural para sedimentar a representatividade feminina, atuei na construção de diversos coletivos no âmbito do Ministério Público, bem como contribuí em grupos já existentes e fomentei propostas eficazes de ações afirmativas. Os frutos foram a criação de diversas ações, dentre as quais se destacam:

– **APMP Mulheres:** uma Diretoria de Mulheres dentro da Associação Paulista do Ministério Público para tratar de questões de equidade de gênero;

– **Movimento Nacional de Mulheres do Ministério Público:** um coletivo para Promotoras e Procuradoras de Justiça se unirem em busca de maior representatividade em todos os espaços de destaque do Ministério Público e garantir, por exemplo, maior acesso de mulheres em palestras e eventos;

– **CONAMP Mulher**: Comissão de Mulheres que promove discussões e formação de grupos de trabalho para analisar os fatores que impactam positiva e negativamente tanto as carreiras femininas na instituição quanto a legislação em vigor que protege as mulheres no Brasil;

– **PESQUISA "Perfil: Mulheres do Ministério Público Brasileiro":** com o objetivo de conhecer as Procuradoras e Promotoras de Justiça e todas as servidoras do Ministério Público do Brasil e encontrar as melhores estratégias de atuação e planejamento a respeito da prevenção e do combate a todas as formas de violência contra a mulher e promoção da equidade de gênero institucional. A iniciativa contou com o apoio da **CONAMP**.

Importante mencionar iniciativas de trabalho executadas em paralelo com todas as ações realizadas institucionalmente. Exponho alguns dos projetos que idealizei e em que obtive resultados excelentes para o enfrentamento da violência contra meninas e mulheres.

– **JUSTICEIRAS**: a maior rede on-line de atendimento de mulheres e meninas no Brasil e no mundo, que atua através do WhatsApp. Até o momento já reuniu mais de 8 mil voluntárias, acolheu e orientou mais de 7.500 mulheres nas áreas jurídica, socioassistencial, psicológica, rede de apoio e médica.

– **TEMPO DE DESPERTAR:** com foco na ressocialização do homem autor de violência doméstica, que promoveu a diminuição da reincidência da violência de 65% para 2% desde a primeira edição.

– **TEM SAÍDA:** política pública voltada à autonomia financeira e empregabilidade de mulheres em situação de violência doméstica e familiar que já empregou centenas de mulheres na capital paulista.

– **POLÍTICAS DE SAIA:** um braço do projeto Justiceiras que consiste num canal de denúncia de violência política contra as mulheres e na confecção da pesquisa quantitativa "Da Mulher no Cenário Político Brasileiro". Mais de 1.200 mulheres já responderam à pesquisa.

Assim, compartilho com você, leitora e leitor, alguns dos meus sonhos realizados com muito esmero que ficarão registrados como um verdadeiro legado para a sociedade brasileira no enfrentamento da violência contra a mulher.

Era uma vez uma menina que tinha o sonho de viver uma vida livre de qualquer tipo de violência. Ela conseguiu, transformou a vida dela e a de milhares de mulheres. Mas ela não quer só cumprir a obrigação dela, e sim ir além. O seu trabalho vai muito além de dar voz às mulheres. O seu trabalho é fazer com que essas vozes sejam ouvidas, e lutar diariamente para que os direitos sejam garantidos e cumpridos. Essa menina sou eu, Gabriela Manssur, Promotora de Justiça, que luta incansavelmente pelo fim da violência contra a mulher. Quem salva uma, salva todas. A nossa bandeira é pink.

Gabriela Manssur
Promotora de Justiça

Introdução

Assim como a maioria das profissões, a advocacia vem renovando-se e adquirindo novos meios de levar justiça a pessoas e empresas. E a presença feminina ganha a cada dia mais destaque nessas transformações.

O leitor encontrará nesta obra a trajetória dessas mulheres que, muito mais que exercer a advocacia em um gabinete, adotaram um estilo de vida, assumiram o compromisso de fazer a diferença na vida das pessoas diariamente. Ao falarem sobre suas histórias, suas escolhas, vão revelando o olhar feminino em relação ao Direito e como têm influenciado a área para que seja mais humanizada e seja realmente um meio de solução de problemas com o máximo de satisfação para todas as partes envolvidas.

A profissão tem incorporado, principalmente pelas mãos dessas mulheres determinadas, competentes, recursos trazidos de várias áreas do saber, para que se faça justiça verdadeiramente. Em todas as histórias você, leitor, vai encontrar profissionais apaixonadas pelo Direito, que acreditam na sua força para contribuir com um mundo melhor.

A determinação das coautoras aqui presentes será fonte de inspiração para você, leitora, que já atua na área ou você que está ainda adquirindo conhecimento para fazer parte deste rol de profissionais vitoriosas, tanto no trabalho quanto na vida pessoal.

Aqui estão *cases* que nossas coautoras compartilham no intuito de nos inspirar; desafios enfrentados que serviram para agregar lições; vivências profissionais em diversos âmbitos e as diferenças entre eles; a superação de limites; a importância dos relacionamentos, entre outros tantos temas presentes nos 43 capítulos.

É um livro repleto de boas histórias, porque nos mostra as mulheres que estão além do Direito, com sua visão, valores e propósito.

Mas exercer a advocacia é gratificante?

Descubra a resposta nas próximas páginas.

Boa leitura!

Sumário

Em busca do meu "SIM" 23
Adriana Nascimento

Feminino em equilíbrio: a Themis, por mim. 34
Christiane D'Elia

A escolha feliz de uma menina de sorte 44
Sandra Gebara

De tijolo em tijolo, eu construo um castelo 53
Adriana L. Cardinali Straube

De uma menina insegura para uma advogada de sucesso 62
Alline Marsola

Semper Parata! 73
Ana Carolina Fortes Iapichini Pescarmona

De malas prontas para seguir em frente... 83
Ana Cristina Freire de Lima

A liberdade de ser quem sou 93
Ana Paula Macedo Terra

Promover a justiça é muito mais que uma profissão, é um estilo de vida 103
    Andrea Almeida Barros

Horizontes 113
    Carmen Magali Cervantes Ghiselli

O que me motiva ao protagonismo 124
    Carolina Maria Gris de Freitas

Superação 135
    Cristiane de Paula Guerra

Sobre ter fé, confiar e agradecer 145
    Cristina Samara Siqueira Breve

Um novo olhar, novos caminhos 155
    Daliane Magali Zanco

Mulher Múltipla 164
    Damarys Rodriguez Viganó Montes

A defesa como uma escolha de vida 174
    Érica Neves

Acreditar no que é certo, praticar o direito 186
    Estela Soares de Camargo

Advocacia, liderança e equidade: substantivos femininos 196
    Fabiana Alves

Viver por decisão e não por condição 206
    Flávia Nascimento de Oliveira

Meu processo de autoconhecimento 215
    Flavia Regina Costa de Almeida

Um sonho que se tornou realidade 225
    Francielle Cristina de Lima

Eu nasci advogada. Meu desejo: Igualdade, Liberdade e Justiça para todos 232
    Francisca Leite Muraca

Um livro, uma vocação 242
    Geruza Flávia dos Santos

Comprometimento, dedicação e doação 253
    Giselle Nori Barros

O estudo como alicerce 262
    Jenifer Moraes

Um olhar feminino no Direito 270
    Kellen Carneiro de Medeiros

Aprendendo amiúde 279
    Lucimar Maria da Silva

O poder da argumentação e a sua leveza! 290
    Marcela de Brito

A missão de ser comandante policial-militar 299
    Márcia Regina da Silva Andrade

Uma jornada de conhecimento 309
    Maria Angélica Netto Bellini

O sucesso não ocorre por acaso 319
    Neusa Ruana Netto Corniani

Sempre é tempo de recomeçar 329
    Nicole Villa

Viver o hoje, mas com um olhar no futuro 338
    Paula Bonanno

Acredite no seu potencial. Você pode! 349
    Priscila Muniz de Aguiar

Quando o sonho se distancia, ele pode estar perto 356
    Renata Garcia Chicon

Rosa dos ventos 365
    Rita Nascimento

Meu lugar, minha voz! 377
    Roberta Aparecida Moreira Reis dos Santos

**Sempre acreditei que o conhecimento
me levaria a qualquer lugar** 388
    Roberta Volpato Hanoff

O direito e o certo 398
    Taís Amorim de Andrade

A profissão a serviço da vida 408
    Telma Cristina de Melo

Não foi programado nem foi fácil, mas é gratificante 421
    Vânia da Silva Schütz

A mulher além do Direito – Essência e propósito 432
    Vivian Carolina Souto Pires

**O direito previdenciário me escolheu: uma
história de amor pelos direitos sociais** 443
    Viviane Behrenz Einsfeld

Em busca do meu "SIM"

Adriana Nascimento

1

Adriana Nascimento

Filha de Jorge Batista do Nascimento e Rosa Iria Alves Pimenta do Nascimento, irmã do Paulo e do Jorge Junior e mãe da Ana Carolina e do Pedro. Advogada desde 1998. Mestre em Processo. Mestranda em Psicologia Criminal e Forense. Pós-graduada em Civil, Processo Civil, Penal, Processo Penal, Trabalho, Processo do Trabalho e Previdenciário, Família e Sucessões e Direito Médico. Pós-graduada em Neurolinguística. Com formação em Pensamento Sistêmico e Psicanálise clínica.

Coautora na obra "PNL para Advogados" (Editora Leader) e coordenadora dos livros "Mulheres no Direito", "Mulheres – um Grito de Socorro" e do Selo Editorial Direito na Prática, da Editora Leader.

Acesso Instagram:

Foi com imensa alegria que recebi o convite da CEO da Editora Leader, Andréia Roma, para coordenar esta obra "Mulheres no Direito", ao lado da dra. Christine D´Elia e da dra. Sandra Gebara.

Vou iniciar agradecendo a esta mulher incrível que, além de mostrar a força do feminino enquanto editora, também mostra que o feminino não existe sem o antagonismo do masculino para lhe dar vida. Sou infinitamente honrada por fazer parte deste trabalho onde realmente vemos o nosso estado democrático de direito na prática, não existindo preconceito de idade, raça, cor, posição social, opção sexual ou qualquer outro modo de discriminação. Na Editora Leader todos nós temos o nosso espaço e a oportunidade de mostrar que como seres humanos temos o mesmo valor.

Antes de falar sobre o livro "Mulheres no Direito" é preciso falar da Série Mulheres e do pioneirismo da Editora Leader em mostrar que "lugar de mulher é onde ela quiser estar". Resiliência, força, determinação e coragem marcam as histórias impressas em cada um dos volumes da Série. Quantas mulheres nasceram e renasceram inspiradas pelas histórias reais que estas autoras contaram nos livros da coletânea! Todas deixaram de lado a sua privacidade e o anonimato, expondo suas vulnerabilidades e fraquezas e ao mesmo tempo mostrando que não existe "fim do túnel" para nós e que "juntas somos mais fortes".

É movida por este espírito de sororidade e união que convido vocês para acompanharem de perto cada livro da Série e agora embarcar conosco nas mais de 40 histórias de vida contidas neste livro "Mulheres no Direito".

O Direito e as mulheres durante muito tempo caminharam em sentidos diametralmente opostos, todos têm o conhecimento da grande luta das mulheres em serem reconhecidas como sujeitos de direitos e com isso podem ter uma pequena visão da luta que foi para estas mesmas mulheres conseguirem se posicionar como instrumento de efetivação dos direitos alheios.

Nos primórdios das histórias do Direito, nas leis romanas e no tão famoso Código de Hamurabi, a mulher sempre foi posta à sombra do homem, rotulada como fraca, submissa e incapaz, sem nenhum direito, retratando uma sociedade patriarcal e machista.

O dia 8 de março, instituído como Dia Internacional das Mulheres, surgiu de uma verdadeira tragédia ocorrida em Nova Iorque, onde 129 mulheres morreram queimadas por uma ação policial para conter uma manifestação na qual as operárias reivindicavam a redução da sua jornada de trabalho de 14 para 10 horas diárias e o direito à licença-maternidade.

Em 1893, na Nova Zelândia, pela primeira vez no mundo as mulheres conquistaram o direito ao voto.

Com o avanço social e econômico, o que se esperava era que houvesse também um avanço em tal pensamento, no entanto, se observarmos algumas leis brasileiras, é possível sentir um certo retrocesso, pois, ao passo que garantiam alguns direitos à mulher, os condicionaram à vontade e à subordinação do homem. Foi assim com um regulamento da Caixa Econômica Federal, em 1915, que garantia o direito da mulher casada de fazer depósitos bancários, se não houvesse oposição dos seus maridos.

Da mesma forma o nosso Código Civil, de 1916, que colocava a mulher como relativamente incapaz e dependente de seu marido para poder exercer os atos da vida civil.

Entre os anos de 1935 e 1937, no Estado Novo, mulheres foram impedidas de praticar alguns esportes que eram considerados incompatíveis com a condição feminina tais como "luta de qualquer natureza, futebol de salão, futebol de praia, polo, polo aquático, halterofilismo e beisebol".

Foi o Estatuto da Mulher Casada, em 1962, que trouxe o direito das mulheres de trabalharem sem precisar de autorização dos seus maridos, assim como ter a guarda dos filhos no caso de separação do casal, dentre outros.

Em 1988 surge a nossa Constituição Cidadã, que traz em seu bojo a igualdade de direitos entre homens e mulheres, conquista de mérito do chamado "lobby do batom" formado pela união de 26 deputadas federais constituintes e pelo movimento feminista.

A Conferência Mundial dos Direitos Humanos, em Viena, no ano de 1993, dá destaque aos direitos das mulheres e à violência de gênero, gerando a Declaração *sobre a eliminação da violência contra as mulheres.*

No dia 7 de agosto de 2006 foi promulgada a Lei nº 11.340, ou Lei Maria da Penha, como uma conquista de diferentes organizações da sociedade civil e à custa de muito sofrimento e luta da farmacêutica cearense Maria da Penha, que sofreu duas tentativas de assassinato por parte de seu ex-marido. Essa tão conhecida lei traz o conceito de que a violência doméstica não se restringe ao "soco na cara", "ao tapa", "ao empurrão". Ela mostra que a violência contra a mulher pode acontecer das mais diversas formas e que muitas vezes é silenciosa.

Apesar de tantas vitórias, o nosso caminho nas conquistas dos direitos e da igualdade real ainda é longo. A grande verdade é que a discriminação, seja ela de fato ou de direito, tem sido um grande obstáculo para o desenvolvimento da civilização.

A busca pelos direitos da mulher não se resume ao direito à igualdade de tratamento em relação ao homem, mas sim a algo muito mais amplo, ou seja, a luta abrange o direito à autonomia dos nossos corpos, à possibilidade de trabalhar, escolher nossos governantes, a educação, a servir na Polícia Militar, a ter salários justos.

Observando o longo caminho que vem sendo trilhado pelas mulheres na busca por seus direitos, é fácil perceber o tamanho dos percalços percorridos por estas mesmas mulheres para conseguirem estar presentes como criadoras e executoras do Direito.

Assim, não podemos deixar de honrar e agradecer à dra. Myrthes Gomes de Campos, que rompeu barreiras sendo a primeira a mulher a exercer a advocacia no nosso país (1906); à dra. Zuleika Sucupira Kenworthy, primeira Promotora de Justiça que exerceu seu ofício no estado de São Paulo (1948); à dra. Thereza Grisólia Tang, a primeira mulher a ocupar um cargo na magistratura no Rio Grande do Sul (1954); e à dra. Zelite Andrade Carneiro, primeira mulher a presidir uma seccional da Ordem dos Advogados do Brasil, em Roraima, em 2014. E a tantas outras, famosas e anônimas, que trilharam caminhos tortuosos para que a nossa caminhada nessa estrada se tornasse mais segura e que hoje pudéssemos estar aqui contando nossa história no Direito.

Paixão pela profissão

A minha história no Direito começou muito cedo. Meu pai, advogado, sempre dizia que eu "levava jeito" para trabalhar como advogada, afinal eu era "muito boa de briga", desde a mais tenra idade fazia questão de defender o meu ponto de vista.

Na minha adolescência cheguei a duvidar se cursaria Direito. Meu pai muitas vezes reclamava das dificuldades financeiras da profissão. O prazer de defender o direito alheio nos cega para enxergar que não podemos ser os salvadores do mundo e que precisamos tratar isso como profissão.

Fazer justiça por todos aqueles que não puderam estudar no meu sistema familiar falou mais forte e, aos 18 anos, cursava o primeiro ano de Direito, já tinha sido aprovada no concurso para estagiários do TJ, assim, pude escolher trabalhar na minha cidade natal e foi ali que eu me apaixonei pela profissão.

Tive como minhas grandes mestras duas grandes mulheres, a

juíza substituta da Comarca, dra. Gisela Ruffo, e a juíza titular, dra. Julieta Maria Passeri de Souza. Com elas pude aprender cada passo do processo, desde o momento do seu protocolo até a decisão final. Participei de audiências, julgamentos do tribunal do júri, vivi na prática cada capítulo estudado nos bancos acadêmicos. Não posso dizer que enfrentei qualquer ambiente hostil pelo fato de ser mulher, já que tive a sorte e o prazer de estar ao lado dessas mulheres fortes e guerreiras que já tinham ganhado a confiança de todos.

Quando iniciei o estágio, nós mulheres ainda tínhamos limitações com relação a nossa vestimenta dentro dos prédios dos fóruns e tribunais. Foi somente no ano 2000 que um decreto de 1974 que impedia mulheres de adentrarem as dependências do Tribunal de Justiça de calças, em nome do "decoro, respeito e autoridade do Poder Judiciário", foi finalmente derrubado e passamos a poder usar "calças" dentro desses espaços.

Fui mãe com 19 anos de idade. Ainda na faculdade fui aprovada no exame de Ordem e logo depois da colação de grau passei a advogar. Logo que terminei a faculdade me aventurei a prestar concurso para magistratura e logo me deparei, na primeira prova oral, com o fato de que ser mulher e mãe tinha um peso especial nas entrevistas. Em uma das minhas provas, cheguei a receber a sugestão de um dos examinadores de que eu "deveria me ater a esquentar a barriga no fogão e esfriar na pia".

Morávamos no interior e a minha principal renda vinha da prestação de assistência judiciária através do convênio entre a OAB e a Defensoria Pública. Uma vez por semana fazia plantão na Casa do Advogado para atender aqueles que não podiam arcar com a contratação de um advogado particular. Inúmeras foram as vezes em que recusaram o meu atendimento pelo simples fato de eu ser mulher e jovem.

Desistir jamais, persistência sempre

Como mãe e esposa tive que interromper minha carreira por

diversas vezes. A crença cultural e familiar de que a profissão do homem tem peso maior fez que eu abdicasse de uma carreira promissora em nome da preservação da unidade familiar e do crescimento profissional e econômico do meu ex-marido. Mas em nenhum momento pensei em abandonar o estudo do Direito e minha paixão pelo conhecimento jurídico. Dediquei grande parte da minha vida estudando, me especializando e conhecendo as diferentes áreas do Direito. Em cada mudança de cidade uma nova especialização e o início do trabalho em uma área diferente do Direito.

Se posso atribuir uma palavra que me define durante toda a minha trajetória, posso dizer que é persistência. Fazer uma carteira de clientes com a advocacia não é algo fácil. Ganhar a confiança e credibilidade sem ter um escritório de apoio é mais difícil ainda.

Me casei em 2001 e fomos morar em Poços de Caldas, MG. Deixei meu escritório na cidade de Casa Branca, onde já era conhecida. Foi com a cara e coragem que consegui me posicionar como profissional no novo estado, novo escritório, e sem ninguém conhecido para me ancorar.

Logo depois do nascimento do meu segundo filho, mudamos para a cidade de Itu, interior paulista. A mudança de emprego alavancaria a profissão "do homem da casa". Não aceitar abandonar tudo que tinha angariado em termos profissionais significaria não oportunizar esse crescimento dele e a possibilidade de ganhos financeiros para nossa família. Assim, novamente, em nome da nossa família, deixei em Minas Gerais todas as minhas conquistas profissionais naquele momento.

A estadia na nova morada, em Itu, foi pequena, mas grande o suficiente para conhecer pessoas que foram essenciais na minha vida, como é o caso da minha médica, dra. Maize Singh, mulher guerreira, inteligente e humana, por quem tenho muita gratidão por ter verdadeiramente salvado a minha vida. Foi pela interferência dela na minha saúde que hoje estou aqui para escrever minha trajetória no Direito, por isso a importância em citá-la neste capítulo. Foi observando a sua humanidade na profissão que de repente me deparei com o fato de que todo o conhecimento técnico como operadora do Direito não fazia sentido.

Em pouco mais de um ano mudamos para Vitória, capital do Espírito Santo. Meu primeiro emprego na nova cidade foi em um cursinho preparatório para concurso e então eu entendi que todo o conhecimento que adquiri não teria nenhum valor se eu não dividisse com outras pessoas. No entanto, estudar e ensinar sobre processos, procedimentos, leis, decretos, normas passou a ser insuficiente. As procedências dos pedidos dos meus clientes e as mil soluções jurídicas indicadas muitas vezes não os satisfaziam.

Eu, na minha posição de salvadora, aquela que tomava para si todo e qualquer problema do cliente, comecei a me frustrar por enxergar que, por mais que eu entregasse aquele processo favorável para o meu cliente, não sentia o brilho no olhar e a satisfação real. Meu cliente, que assumia a posição de me entregar o seu problema e esperar a solução, também se frustrava quando não conseguia alcançar aquilo que realmente buscava. E percebi que o Direito, ciência humana, estava na verdade sendo aplicado como se fosse uma ciência exata.

Era preciso conhecer o ser humano para que a aplicação da lei fizesse sentido. Por onde começar? Como conhecer o outro sem antes mergulhar no meu mundo, conhecer os meus sentimentos, para então aprender a lidar com os casos dos meus clientes?

Foi buscando o autoconhecimento, em primeiro lugar através da PNL (Programação Neurolinguística) e depois através do Pensamento Sistêmico, que consegui observar que, se queremos uma mudança no mundo temos que começar pela mudança da nossa essência. Nesse contexto, ao falarmos em aplicação das leis estamos também falando de sentimentos e de amor.

É preciso registrar o fato de que essa mudança de visão na aplicação do Direito traz consigo a força da mulher. Basta observarmos que a grande maioria das Comissões de Direito Sistêmico, Mediação e demais ligadas aos meios adequados de solução de conflitos são lideradas por mulheres.

É preciso honrar e agradecer às grandes mulheres que me apresentaram o pensamento sistêmico, dentre elas a dra. Fabiana Quezada, presidente da Comissão de Direito Sistêmico da OAB/SP, dra. Bianca Pizzato e muitas outras que traçaram esse caminho antes de mim.

Dentro desse contexto, também deixei de lado as desculpas que sempre "nos damos": "Fui mãe cedo, por isso não tive oportunidades"; "Sou mulher e o mundo jurídico é mais cruel comigo".

Libertando-me das minhas crenças limitantes, comecei a trilhar o meu caminho e percebi que o que eu buscava no Direito sempre esteve na minha frente. O Direito é uma ciência humana. Não se limita a processos, leis e ritos, mas passa pelo coração. O verdadeiro aplicador do Direito não é aquele que sabe muito sobre todas as leis, mas aquele que consegue enxergar muito além do processo. Por trás daquele pedido judicial existe uma história e seus diferentes contextos.

Aprendi e aprendo a cada dia que estudar e aplicar o Direito é estar disposto a conhecer cada um destes contextos. Sentir com o coração qual é o ponto de união entre essas histórias e onde foi que elas se perderam para gerar o conflito.

Confesso e acho muito importante relatar que quando descobrimos esse outro lado do Direito temos a tendência a nos perder um pouco da parte técnica, das leis, e, ao contrário do que acontecia antes, quando não conseguimos entender e remontar as histórias entregando ao cliente o poder da decisão da própria vida, vivenciamos outro momento de frustração. É tomando esta consciência que realmente conseguimos enxergar que o conflito não é nosso e não temos o controle de como ele será resolvido.

Oferecer oportunidade para as partes do processo ampliarem suas consciências e encorajá-las a ser protagonistas da própria história não significa que não vamos mais utilizar as leis e os processos judiciais. Sim, a lei, o Direito, a justiça, os julgamentos, os pedidos liminares continuam existindo e sendo necessários em muitos casos, a grande diferença é que ao tomarmos real consciência dos seres humanos e das histórias que envolvem os casos deixemos de ser salvadores do mundo e possamos ser agentes de aplicação do Direito.

Nesse contexto mudei a forma de ver e aplicar o Direito. Meu olhar para o cliente e para o caso que me é apresentado e encontrei o meu verdadeiro propósito de vida. Foi nessa nova caminhada que encontrei a Editora Leader e Andréia Roma.

Finalizo este meu capítulo agradecendo a cada história contada neste livro, que também faz parte da minha história e a oportunidade de poder aplicar esse novo olhar humanizado do Direito nas obras e projetos da Editora.

"Eu tomo cada dia como uma nova oportunidade de buscar o meu "SIM" para a vida. Sou a única responsável por escrever a minha história, mas tenho plena consciência de que minhas escolhas, por menores que sejam, têm a força de mudar o mundo." *Adriana Nascimento*

Feminino em equilíbrio: a Themis, por mim.

Christiane D'Elia

2

Christiane D'Elia

Advogada, mãe e escritora. D'Elia & Alves Assessoria Jurídica. Pós-graduada em Direito Desportivo. Mestranda em Ciências das Atividades Físicas/Universo/RJ. Pós-graduanda em Direitos Humanos, Responsabilidade e Cidadania Global – PUC/RS. Auditora TJD Futebol – RJ. Vice-Presidente STJD motociclismo. Auditora STJD Vela. Presidente da 3ª Comissão do tribunal do Futebol de Salão – RJ. Consteladora Familiar pelo Instituto Glauce Valéria e pós-graduanda em Constelação Sistêmica Integrada pelo ISE (Instituto Superior de Educação)/Centro de Mediadores.

Acesso Instagram:

Uma profissão nem sempre nasce conosco. Por vezes, somos habilidades e estímulos múltiplos, até sobrepostos. Quando é assim, precisamos harmonizar os interesses, elucidar o que nos impulsiona.

E o que revelamos pode até conter uma essência de gosto mais forte, que prevaleça. Porém, sem propósito, os demais temperos não afinam e o prato contém apenas ingredientes emaranhados, sem fusão e sem sabor.

No meu caso, não houve uma afinidade inicial com o Direito, pois a minha especiaria preferida era a Justiça. A Justiça contém o Direito, mas é bem mais ampla. Meu encaminhamento se fez por uma questão ligada à ética, aristotélica mesmo, onde a prática a partir da *virtude* da *Justiça* poderia me lançar no ofício que gerasse, ao menos, a minha felicidade individual.

Primeiro, o Jornalismo, na Federal (UFRJ) e o sonho desfeito, repleto de greves naquela renomada instituição, numa ausência de rotina que me fez angustiada. Ali, soube que a minha revolução da juventude jamais passaria por um ano sabático. Então, surgiu o Direito, na tradição de Ipanema, curso pago (portanto, seguro), sob a influência do meu pai (**honro os amados Antônio D'Elia e Maria José da Conceição D'Elia**), sedução de um caminho mais célere de encontro à força viva, sopesando com a balança e defendendo com a espada.

De fato, sempre trouxe o bélico em mim, porque era a maneira que conhecia de defender os indefesos. Hoje, credito, sob conhecimento sistêmico, ao amor cego, muito embora sem um único antepassado advogado, ao menos conhecido.

Aliás, confundir a forma de fazer Justiça com o *aguerrido* era um ensinamento clássico universitário do Direito no final dos anos 80 e nós, alunos de 1987, éramos calouros também no novo país, nos sentindo jovens genitores da Constituição embrionária. Fui cara-pintada, fui manifestante da Constituinte, porém, de fato, não tínhamos a consciência ampla - era um sopro de liberdade - ansiosos por fazermos diferente, inovadores conservadores, ainda inseguros sob processo democrático.

Ser mulher nesse cenário já carregava meu **feminismo**, as questões de gênero, embora a branquitude do lugar confortável do poder da sujeita branca (sentindo que, acima de mim, só os homens, heteros/cis/brancos). Curiosamente, a primeira mulher reconhecida advogada neste Brasil é uma negra escravizada, Esperança Garcia, por reivindicar sua liberdade em petição utilizando nomenclaturas jurídicas ao governador do Piauí, em setembro de 1770, num gesto que, muito além de coragem e clareza, trouxe posicionamento pela legalidade da igualdade.

Aos 17 anos, estagiária dedicada, a minha evolução firmava dimensão pessoal, um querer individuar, ser independente, responder pelos pagamentos das contas e partir da casa dos pais, na força para a vida e para o meu próprio caminhar. Queria **tomar a vida**, estar com um companheiro e ser mãe.

Aliás, o **Direito de Família** sempre foi destaque nos estudos: numa ocasião, caminhando ao final das aulas, para a minha casa, o professor Paulo Lins e Silva me acompanhava, no comum trajeto, para buscar seu carro e afirmou que o Familiarista era a minha vocação. Discutíamos uma nota máxima que ele me dera numa prova, confessei meu 'erro' numa questão e ele contrapôs: "O dez é seu, pelo convencimento, sua especial interpretação". Mal sabia ele que, naqueles cinco minutos de prosa despretensiosa, tomei impulso para não abandonar aquele curso noturno, mesmo sob momentos bem difíceis dentro dos meus privilégios.

É fato que o Familiarista sempre me norteou, e o Direito das Crianças e Adolescentes, em especial, emergindo uma monografia sobre a *Violência contra o Menor*. Tudo no calabouço das muitas mudanças legais importantíssimas, dentre as quais, justamente na formatação do meu TCC para o encerramento universitário, a substituição do Código de Menores pelo Estatuto da Criança e do Adolescente (1990), precedido pela Nova Constituição Federal (1988).

E as mulheres, sempre presentes, inspirando e compondo meu universo. Escolhi uma promotora de Justiça para me orientar na monografia e, sob mentoria de uma outra, dra. Gelcy Migon Pinto de Oliveira, fiz a estreia no estágio público. Não era algo comum, era uma inovação: nos bairros, nas regiões administrativas, a **Promotoria fazia o atendimento do público, de forma prévia e conciliatória, sobre questões das relações interpessoais** (até condomínios, passando por mulheres agredidas) e anunciando o *futuro do Direito do Consumidor (antecipamos a Lei, ressalto)*, com as reclamações sobre serviços, fornecedores, enfim, tudo o que houvesse acerca dos chamados 'negócios'.

Posso me orgulhar de termos sido pioneiros, de ter contribuído para tudo isso. Posso atestar que, com a minha máquina de escrever – sim, o meu estágio era efetivar todas as intimações e os registros das audiências –, participei dos primeiros passos para um novo Direito, do Consumidor, na prática e, muito mais, das *mediações e conciliações*, do jeito que sabíamos, mas de uma forma *acolhedora e humanizada*. Sempre, com o firme propósito de evitar os conflitos, de desafogar as demandas no Judiciário.

Talvez ali, aprimorando o saber com a tranquila e inspiradora dra. Gelcy, que praticava na vida familiar (acompanhei o processo da maternidade daquela mulher grandiosa, na adoção de uma menina) o exemplo da mesma **responsabilidade social** que trazia nas suas funções. Tendo firmado a *minha primeira evolução de consciência*, reconhecendo que o meu *estado de contendora* era uma das *limitações* para realizar o Direito e que poderiam, sim, existir outras formas de atuar, mais leves e significativas, em sintonia com o que hoje vem sendo definido sob habilidades e competências mas me faz bem denominar como *intuições do meu coração*.

Mas, **as percepções muitas vezes não nos movem no mesmo momento em que ocorrem,** dependendo, também, de para *onde estamos olhando*. Eu olhava para a independência financeira, bem como a emocional, representada, na época, pela extrema ligação com o desejo da maternidade.

Obtive o bacharelado no Direito, alcancei o mundo dos 'selecionados' (inscritos na Ordem dos Advogados) e, apesar disso, não tive a imediata chance de emprego, não do jeito que esperava. A bem da verdade, um grande amigo do meu pai, trabalhista do Fluminense, me ofertou oportunidade e naquela época, inexistindo ainda o Direito Desportivo, declinei, sob arrogância na aversão que tinha à área do Direito do Trabalho. A **vida veio a retomar o que descumpri naquele momento** e, hoje, além de **pós-graduada em Direito Desportivo, estou reconciliada com essa interrupção, atuante como auditora de alguns tribunais do esporte e presidente de uma comissão, no Futebol de Salão** – RJ.

Voltando ao ano de 1991, meu destino foi trabalhar em loja de shopping, ansiosa pela conquista do salário que suportasse minha liberdade. E, a cada semana, ansiava nos jornais impressos uma oportunidade que viesse a modificar essa energia e me direcionasse ao Direito, novamente.

Encontrei e, no dia 23 de abril de 1991, quando o feriado de São Jorge ainda não vigia, estava no trajeto da entrevista, num ônibus, quando avistei os fiéis na porta da Igreja do Guerreiro, atinando que estava vestida, integralmente, nas cores do mártir, toda de vermelho e branco. Hoje vejo que, em todas as minhas caminhadas, a **força espiritual**, a **fé** e **Luz Divina** trouxeram o diferencial místico que é a minha forma de **energia e esperança**.

Eram muitas as candidatas ao teste para a vaga de advogada e, prestes a completar 22 anos, me agarrei na simplicidade: ser datilógrafa célere e de boa redação. Assim, dentre quase cem currículos, mesmo "a mais jovem e menos experiente" (segundo o titular, dr. Álvaro Lisboa), conquistei o primeiro emprego jurídico.

Ali, comecei a compreender o que era ser advogada, **uma Mulher no Direito, nos anos 90.**

Naquele momento, a tecnologia no uso cotidiano ainda era mínima: não tínhamos sequer computadores, o que dirá internet. Telefone celular, também não. Mas o meu chefe era visionário e adquiriu um dos primeiros processadores de texto do Estado, bem como uns dos inaugurais celulares 'tijolões'. Então, me vi sob mudanças e aprendizados imperativos, tendo que me atualizar sobre digitação. De outra ponta, ainda não tinha qualquer acesso ao meu próprio aparelho móvel (eram longas as filas para sorteios), as consultas processuais eram todas nos balcões forenses e os meus grandes mestres, os advogados Carlos Alexandre Neves Lima e Cristina Slaib me ensinavam - com generosidade, tornados meus amigos, mas com rigor, exigindo pesquisas e múltiplas buscas nas bibliotecas, sob muita exigência física, além da intelectual.

É interessante relembrar **ter vivenciado tantas mudanças sociais**. O Direito as reflete, é movido por elas e assim foi o meu profissional, com adaptações sob ciclos rápidos e muito intensos, quase sufocantes naquela eclosão da evolução tecnológica. Curioso é que a internet teve seu princípio básico (ARPANET, a rede de conexão da DARPA, Agência de Projetos de Pesquisa Avançada dos Estados Unidos) no *mesmo ano em que nasci* e o *seu implemento no uso cotidiano* somente ocorreu, no Brasil, quando comecei a carreira.

E, contextualizado o Direito e o mundo daquele início da advocacia, havia o meu universo pessoal, uma vez que, ao crescer profissionalmente, ampliava a certeza de que meu feminino era muito feminista e destinado a alguém que pudesse respeitar algumas singularidades. Assim, projetei e encontrei o **amor da minha vida, Sérgio Luiz Pinto de Oliveira**, no namoro iniciado no dia da vitória do Brasil no campeonato mundial de futebol, em 1994.

Quando a gente ama, o direito maior pode ser aquele de ter uma família, seja como for, com o padrão que afaga o nosso coração (a Constituição Federal reconhece a minha União Estável). ***Sistema familiar é a base da humanidade. Direito da família, direito a ter*** *família e família com direitos* foram criando em mim os graus de importância e os focos.

No entanto, não controlamos as doenças e, através de uma endometriose violenta, sob suspeita de câncer, que levou um dos meus ovários e me colocou na possibilidade de infertilidade, decidi que a formação da família **estava não exatamente só na prioridade, mas na urgência** do que poderia deixar de ser. Não estava no meu controle. E queria **ter família dentro da minha realização: mãe, pai e dois filhos**. Como poderia priorizar qualquer outra coisa, sendo mulher, com limitações para procriar ainda maiores, sob cruel enfermidade, que me trouxe 30 quilos mais, tratamento pesado e muitas angústias?

Tudo isso me fez *olhar a saúde* e trouxe a minha maior felicidade, após muitos milagres, aquela que só o feminino poderia trazer: ser **mãe, na força e amor** da nossa primogênita **Maria Eduarda D'Elia de Oliveira**.

A gente não escolhe racionalmente uma boa parte do tudo que vivemos e queremos viver. Praticamos o que nos fala ao coração, ainda que imaginemos estarmos fazendo escolhas 'técnicas'. Somos impregnados pela maior **humanidade de todas, espelhando *o que traz a alma (ela sabe)***. E, por alma, fui mãe de novo, **na força e amor** do nosso caçula, **João Lucas D'Elia de Oliveira**.

E, por espírito amplo, continuei advogada. Mas, por energia, precisei me reconectar comigo, naquilo que, sob as provas da vida, consegui compreender para a maturidade profissional: **MULHER NO DIREITO É O TODO DE SI! Cada singularidade é multiplicação: SOMOS ÚNICAS e UNAS!** Não se trata de romantizar as dificuldades porque é duríssima a rotina de quem pretende validar a composição de várias funções, exaustivas e por vezes impactantes, lidando com muitos preconceitos, impossibilidades momentâneas e infortúnios. Mas *olhar o todo*, ao meu sentir, é alcançar a sintonia com o **PROPÓSITO** que realmente faz **missão**, sob os reais valores, nossa **ESSÊNCIA**.

Portanto, após cumprir o que seria para alguns um *papel social* e o mais forte na minha natureza, **dar a vida dos meus dois filhos**, fiz o caminho da Compostela em mim, na trilha que ainda poderia me **comover e mover.**

A busca por nós tem, realmente, etapas. **O DIREITO ESTÁ EM MIM,** não se afasta. E, somados tantos elementos, para **ESTAR MULHER NO DIREITO**, a minha descoberta se fez no encontro do que poderia – e efetivamente posso – **contribuir, SER, implementar e entregar como parte, uma marca do ser único Christiane**. Nada adiantaria qualquer sucesso somente aos outros, sem a **paz do meu legado**.

Dizem que o **DIREITO JÁ É SISTÊMICO.** Concordo. Entretanto, é também engessado, na sua formalidade das leis, e precisa, sim, de definições e novas nomenclaturas para uma **autopercepção evolutiva**.

E o **SISTÊMICO** me chegou não através do Direito somente, mas pela psicologia e outras formas terapêuticas, na minha primeira formação em **CONSTELAÇÃO FAMILIAR**. Foi um processo intenso, por vezes doloroso, profundo no *olhar para* as teias familiares, com muitas idas e vindas, como tudo aquilo que nos afeta e avança. Preciso fazer constar que tenho os meus truques: mulheres como a minha **sogra maravilhosa,** mãe para mim, chamada **EUNICE**. Uma grande espírita, uma força da natureza. E ela, assim como a minha **tia Clara**, me acompanhou também, na longa percepção e crescimento. Porque a **FÉ,** *repito,* faz equilibrar, no religar das suas aplicações e o feminino unido, na força da **mãe divina, Maria**, empodera.

E, no Sistêmico, pelo seu maior divulgador, Bert Hellinger, o essencial das três **ORDENS DO AMOR,** leis simples (**ordem, equilíbrio e inclusão**), trouxe para a minha versão **advogada** o que me torna **com PROPÓSITO e mais feliz, como MULHER, e no** *DIREITO*.

Estar a serviço dessa profissão é, no que agora acolho, muito mais do que a reprise da etimologia – derivação do latim *ADVOCATUS no sentido de ad (aproximação, perto, junto) mais vocate (chamar, apelar para)* –, pois, para ser representante extra ou judicial de alguém, além dos meus próprios obstáculos, é fundamental atuar conforme a **PAZ SOCIAL e OS DIREITOS HUMANOS**.

Tornou-se, na maturidade, também, uma vontade grande de disseminar esse conhecimento, dar aulas e, sempre, escrever, **agregar** e **aprender com outras mulheres.**

Na coordenação de um livro, ou em qualquer outra seara, ser **mulher no Direito é estar nas ações que promovam os direitos das mulheres,** conduzindo objetivos comuns, evidenciando e respeitando todas como são, emergentes do machismo estrutural, ávidas por **inventariar suas contingências e extrair suas felicidades (eu vejo vocês).**

O que me **impulsiona, a luz guia nata e intensa do feminino é o que recebo**, *grata, para fazer refletir em outras MULHERES*, como a lição de uma das mais simples e belas abordagens sobre **sororidade**:

> As mulheres são o grupo mais vitimado pela opressão sexista (...) perpetuado por estruturas sociais e institucionais. Fomos ensinadas que nossas relações umas com as outras não nos enriquecem, mas, pelo contrário, deixam-nos ainda mais pobres. Fomos ensinadas que as mulheres são inimigas "naturais"... Que a solidariedade nunca irá existir entre nós porque não sabemos nem devemos nos unir. **E essas lições foram muito bem aprendidas. Precisamos, por isso, desaprendê-las (...) Aprender a viver e trabalhar em solidariedade. Precisamos aprender o verdadeiro sentido e o verdadeiro valor da irmandade.**
>
> HOOKS, Bell. *Teoria Feminista – Da Margem ao Centro* p. 79. Ed. Perspectiva - 2020

A escolha feliz de uma menina de sorte

Sandra Gebara

3

Sandra Gebara

49 anos, mãe de três filhos (um menino de 23 anos e um casal de gêmeos de 17 anos), exerceu recentemente o cargo de diretora jurídica, GRC, DPO (data protection officer) e relações governamentais na Via Varejo (que opera as marcas Casas Bahia, Ponto Frio, Extra.com e Móveis Bartira). Atualmente Conselheira de empresas. Formada em Direito pela PUC/SP, especialista em Direito das Relações de Consumo e mestre em Direitos Difusos e Coletivos pela mesma universidade, com MBA em Gestão de Negócios pela FGV. Foi diretora jurídica do Grupo Pão de Açúcar e do Grupo Carrefour Brasil. Eleita por cinco anos consecutivos como uma das diretoras jurídicas mais admiradas do Brasil e por dois anos consecutivos como uma das executivas jurídicas mais influentes do país.

Acesso LinkedIn:

Uma menina com muita sorte. É assim que me via quando era pequena. Meus pais me apoiaram em todas as minhas decisões. E não foi diferente quando aos 13 anos eu disse alto e bom som que seria advogada.

Muitos teriam dito que seria muito cedo para fazer uma escolha de vida, mas meus pais sabiam que eu era uma menina muito decidida já naquela época, que defendia minhas opiniões com muita contundência (nem sempre com sabedoria) e que ganhava as "minhas causas" algumas vezes somente pela insistência, mas que ganhava sim!

Sempre estudei muito. Como filha de pais professores, era bolsista na escola particular onde estudava e sempre me senti com a obrigação genuína de honrar este benefício que nos foi concedido. Benefício este que me proporcionou ter acesso a opções. E este foi o grande diferencial para mim.

Eu era tão grata por esta oportunidade que, a despeito de ser extrovertida, na época da escola dediquei-me sempre mais aos estudos que a encontros com amigos ou potenciais namorados. Eu me formei com honra, com premiação de melhor aluna em quase todas as matérias, inclusive nas línguas inglesa e francesa.

Aos 16 anos de idade ingressei no primeiro ano de Direito na Pontifícia Universidade Católica de São Paulo (PUC/SP). Sim, aos 16 anos, pois eu era adiantada um ano na escola. Uma batalha que meus pais venceram quando foram comunicados por minha professora do maternal – eu tinha então três anos de idade – que eu ficava entediada com a minha turma então de pequenas crianças todas de chupeta e fralda. E que eles deveriam então me colocar em uma classe superior... Meus pais me contaram que quando ouviram isto se entreolharam e disseram um ao outro: "Aquela menina de chuquinha nos cabelos, chupeta e fralda se entediava com o que exatamente??!?!". No entanto, eles se lembraram das várias vezes em que chegaram em casa e eu estava fazendo atividades que eram pouco comuns para a minha idade... E entenderam por bem ouvir a recomendação. Foram meses e meses encontrando profissionais da Secretaria da Educação, para entrevistas, análises dos meus materiais (borrões, desenhos, entre outros) para que então obtivessem a autorização para que a menininha de fraldas pudesse passar do maternal para o Jardim 1. E no Jardim 1 eu passei a me interessar pelos "estudos".

Lembrado isso, eu era a mais nova da turma da faculdade e havia um fundado receio do meu pai de que eu não me enturmasse, de que eu não percebesse quão rico poderia ser aquele momento em termos de relacionamento, de busca de outras conquistas, de outros conhecimentos que não viriam somente das matérias e das notas altas. E foi no primeiro dia de aula que meu pai me disse "Os amigos não virão até você, você precisará ir atrás da sua turma... Se encaixar em algum grupo, para que você seja inteiramente feliz no melhor período da sua vida".

Não foi difícil levar a ferro e fogo esse conselho. Logo na primeira semana fiz uma turma incrível na faculdade, saía todos os dias com os que são meus grandes amigos até hoje, mas também logo no primeiro ano arrumei um estágio, junto a um escritório de advocacia tradicional em São Paulo.

Ali aprendi a errar... Muito! Aprendi a me relacionar... Muito! Aprendi que a faculdade ensina... Mas trabalhar logo no começo do aprendizado faz toda a diferença! Aprendi que começar a trabalhar com gente honesta é essencial! Aprendi que dedicação e amor pelo Direito fazem toda a diferença! Aprendi que estava no lugar mais do que certo para mim!

Nunca houve diferença de tratamento entre homens e mulheres nesse local! Ao contrário. O sócio majoritário do escritório sempre fez questão de mostrar o quanto seriam diferenciados aqueles que mostrassem dedicação, conhecimento e amor pela profissão! Independentemente de gênero, independentemente de qualquer crença!

Meu estágio durou três anos e naquela época eu pretendia ingressar na carreira pública. Então ingressei em estágios junto à Promotoria de Justiça de São Paulo e Procuradoria do Estado de São Paulo quando, ao mesmo tempo, passava muito tempo nas bibliotecas do Tribunal de Justiça estudando para o tão sonhado concurso para a carreira de promotora de Justiça.

Nesses estágios senti na pele todos os lados do Direito. Vi pessoas sendo presas... Vi gente que foi morta por vingança... Vi tantas coisas... E pensei o quanto o destino de tanta gente está nas mãos dos profissionais do Direito. A dedicação, a correção, a honestidade, a paixão precisam ser a alma desta profissão. E até hoje tento honrar cada um destes compromissos.

Tentei ingressar na carreira pública, mas não consegui. Concursos difíceis e apesar da minha dedicação não foi possível. Minha família não poderia sustentar este meu desejo por muito tempo... Então, recebi o convite para retornar ao primeiro escritório onde havia feito estágio – Advocacia Fernando Rudge Leite – agora como advogada.

E foi uma decisão certeira. Era uma das poucas advogadas contratadas. Atuava para grandes empresas em grandes causas. Aprendi de tudo um pouco. E sempre sob o olhar de mentoria de Fernando Rudge Leite Neto, que não media esforços para me aprimorar a cada causa, a cada contrato, a cada reunião.

Ele era exigente! E que bom que foi assim comigo! Pois sem dúvida esta exigência me tornou diferenciada!

Foram quase nove anos como advogada e atuando quase que exclusivamente para o Grupo Saint Gobain – empresa francesa cliente do escritório. Exatamente por conta do contato com esta grande empresa senti a necessidade de atuar em outro sentido, ou seja, dentro de uma grande corporação. E foi aí que ingressei no Grupo Pão de Açúcar.

Nessa empresa foram também muitos os desafios. O primeiro deles foi entender que meu papel agora era diferente e que cada decisão, cada recomendação que eu exarava movimentava a vida de quase 40.000 colaboradores, milhares de clientes e certamente mais de 500 lojas. A responsabilidade era imensa. Não posso negar que tive medo, mas olhei para trás e enxerguei de onde havia partido, o que havia conquistado, e consegui entender que poderia sim assumir este desafio e ir mais longe ainda. Olhar para trás não para viver do passado, mas para entender o que já foi feito e que é possível sempre fazer mais!

Esse caminho me rendeu desafios que me possibilitaram assumir mais áreas do Direito – trabalhista, criminal, contratos, imobiliária, gestão documental, entre outras –, ser promovida a diretora jurídica, e também entender que para permanecer em uma grande corporação, em um cargo diretivo, algumas habilidades/qualidades/valores são essenciais:

0. O profissional do Direito precisa entender do negócio, entender como ele funciona. Precisa necessariamente ter o mínimo conhecimento de como cada área dentro da empresa atua para que sua recomendação seja efetiva, seja eficaz e não somente um apanhado de frases inócuas impraticáveis no dia a dia.

i. O profissional do Direito não anda sozinho em uma grande corporação. O relacionamento é a base de tudo, já que suas recomendações certamente impactarão em diversos setores. O alinhamento prévio é, portanto, o caminho do sucesso.

ii. O estudo contínuo é imperioso, já que novos negócios são essenciais para que as empresas se mantenham rentáveis, operantes e *targets* de investimentos.

iii. A resiliência e a honestidade, especialmente em períodos como o que vivemos, de tantas inseguranças jurídicas, são essenciais para que o caos não se instale.

iv. O amor pela profissão é a cereja no bolo e torna tudo mais fácil, já que sempre existirão dias ótimos e dias não tão bons. Mas com amor tudo é possível e tudo se supera.

Nesta época, recordo-me que eram poucas as mulheres em cargos de liderança. Muitas gerentes, poucas diretoras. Não havia discriminação, mas de certa forma eu via que as próprias líderes mulheres se colocavam em situação inferior... Recordo-me de que havia uma sala de reuniões com uma mesa redonda ao centro e várias cadeiras atrás desta mesa. Ao início de cada reunião, quando os participantes adentravam, as mulheres sempre se colocavam nas cadeiras e nunca na mesa ao centro. Ali entendi que muitas vezes o preconceito está enraizado nas próprias mulheres. Nem sempre é o contexto atual que o instala... Vários motivos podem ter gerado este posicionamento – educação, falta de autoestima, entre outros.

Não posso negar que sempre há, em uma grande corporação, o preconceito. De todo tipo. Mas o importante é saber se isto é a cultura da empresa, ou se isto é a cultura de poucos profissionais que ali trabalham. Poucos profissionais com este preconceito enraizado não são o exemplo de que esta é a cultura local, mas tão somente que há profissionais que merecem ser reeducados. Ou eliminados. Simples assim.

Não coaduno com discursos de empoderamento com base em exemplos esparsos. De gente que nunca vivenciou isto. Que leu em livros ou "ouviu dizer". Pois a percepção real nem sempre é essa. Muita gente vem ganhando dinheiro em cima de discursos de empoderamento no 'ouvi dizer' e infelizmente não ouço profissionais falando do preconceito de mulheres contra as próprias mulheres, o que é bastante comum, mas que obviamente não gera remuneração para aquelas que se intitulam batalhadoras pela "equidade de gênero".

Enfim, com esforço e dedicação, e muita ajuda de colegas de todos os gêneros – como muitas de outras mulheres em cargos diretivos –, cheguei ao cargo de liderança sonhado e após nove anos de muitas conquistas, muitas alegrias e muitos aprendizados tive a honra de receber o convite para ingressar no Grupo Carrefour Brasil, como diretora executiva com reporte ao presidente do Grupo no Brasil e ao *general counsel* na França. O varejo já corria em minhas veias. Eu amava o que fazia e liderar grandes times era o meu sonho. E agora teria a oportunidade de executar o meu trabalho e também conhecer outras culturas, já que o Grupo Carrefour me trazia a possibilidade de viajar à França várias vezes ao ano para me integrar aos diretores jurídicos de outros países onde o Carrefour estava presente (China, Polônia e Taiwan, entre outros).

Foi uma experiência igualmente incrível! Participei ali do IPO do Grupo, de várias operações de M&A (mergers and acquisitions), operações financeiras, imobiliárias e sempre ao lado de grandes homens e grandes mulheres que se tornaram, além de ídolos para mim, grandes amigos e amigas.

Nunca, nesses momentos, pensei se havia diferença entre homens e mulheres nesses grupos. Ao contrário, pensar isto seria tão inadequado... E por isto entendo que muito do preconceito está dentro de cada um de nós e muito menos no meio onde vivemos...

Outras foram as oportunidades que foram surgindo em minha carreira – na sequência uma oportunidade de ingressar na indústria (com a empresa mexicana Lala) e posteriormente o retorno ao Varejo.

Sou feliz com minha escolha desde o seu início. Mas também sou feliz porque optei por escolher o caminho da felicidade sempre! Algo que meus pais me ensinaram – a decisão de tornar os nossos dias felizes ou não está em nossas mãos! A decisão de tornar o nosso ambiente de trabalho feliz ou não está em nossas mãos!

No decorrer desta jornada, e além de um caminho bem-sucedido profissionalmente – que obviamente teve seus altos e baixos –, vieram filhos, que são hoje meu grande apoio para todo o meu caminhar. Um novo companheiro que é meu exemplo de determinação, honestidade, inteligência e apoio. Vieram cursos – especialização, mestrado, MBA, línguas –, todos com apoio dos locais onde trabalhei e que não faziam discriminação entre homens e mulheres para a destinação do suporte financeiro.

O que mais virá? Com certeza muito mais! E o que sei é que minha escolha sempre será pela felicidade e pela honra aos valores que norteiam a minha profissão!

De tijolo em tijolo, eu construo um castelo

Adriana L. Cardinali Straube

4

Adriana L. Cardinali Straube

É diretora jurídica, com mais de 20 anos de carreira. Presidente da Comissão de Estudos de Defesa da Concorrência e Regulação Econômica da OAB/SP (triênio 2019-2021). Possui graduação e mestrado em Direito pela Pontifícia Universidade Católica de São Paulo (PUC/SP) e doutorado pela Universidade de São Paulo (USP). Foi Visiting Researcher e Visiting Fellow na King's College London (2008-2010). É professora de cursos de pós-graduação, palestrante e autora de diversos livros e artigos jurídicos, no Brasil e no exterior. Dentre os vários reconhecimentos recebidos em sua carreira profissional, em 2017 foi escolhida como a melhor Compliance Counsel da América Latina pela Latin American Corporate Counsel Association (LACCA) e, em 2019, constou entre os 50 melhores advogados corporativos em matéria antitruste na Global Competition Review.

Acesso LinkedIn:

Quando olho para trás, lembro-me de uma menina tímida ao expressar as suas opiniões; de uma estudante de faculdade que sentia vergonha ao apresentar trabalhos na frente dos colegas. Até hoje, sinto um frio na barriga, uma certa apreensão antes de uma palestra, uma aula, uma apresentação, uma reunião importante.

Às vezes as pessoas se entregam aos seus medos e às suas inseguranças, mas eu resolvi aproveitar as oportunidades e os desafios da vida para superar as minhas dificuldades e fortalecer as minhas qualidades. Eu poderia ter pensado que o Direito não era para mim, mas não me limitei. Dediquei-me com muita paixão, muito entusiasmo, estudo e trabalho.

Um dia meu pai me disse que eu tinha ido mais longe do que ele imaginava. Eu realmente já tinha alcançado um grande passo na minha vida acadêmica, mas naquele instante eu pensei que a minha trajetória estaria começando, até porque eu tinha apenas 31 anos, era advogada sênior e concluía um mestrado. Realmente, a cada passo que dou, estou indo mais longe do que pensava quando me tornei bacharel.

Eu coleciono vitórias. Porque derrotas eu também tive (e não foram poucas), mas essas eu utilizo como uma oportunidade para crescer e me apego naquilo que realmente importa, que me levanta e me faz feliz.

Desde pequena, queria fazer a diferença, deixar um legado para a sociedade. Percebi que coisas simples poderiam impactar a vida das pessoas. Basta deixar a sua marca positiva por onde passar, naqueles ao seu redor.

Se já construí um castelo? Penso que ainda não, mas eu tenho um palácio que, com mais tijolos, com mais conquistas, ficará ainda maior e, quem sabe um dia, eu finalizo o meu castelo. Porém, essa é uma construção coletiva, porque sozinho ninguém chega a lugar algum.

Sou filha de pais paulistanos e descendentes de italianos, da zona sul de São Paulo, sendo a segunda de três filhas. Tive uma infância simples, de classe média, mas sempre regada a muita cultura e uma educação mais tradicional. Minha mãe seguiu carreira pública e meu pai, em banco. Eles sempre gostaram muito de arte, música clássica e literatura. Uma das grandes preocupações de meus pais sempre foi a de proporcionar uma boa formação para as filhas, pois isso seria o alicerce da independência e da vida estável.

Estudei por 14 anos em uma escola tradicional de São Paulo, o Liceu Pasteur, colégio francês e com educação rígida, onde me formei, fiz muitos amigos, moldei-me como pessoa. Foi uma fase muito boa na minha vida. Eu simplesmente amava o colégio, as pessoas.

Eu tinha uma maior facilidade com a área de humanas (amava uma análise sintática!) e especialmente as aulas de filosofia, história e geopolítica despertavam-me um grande interesse. No entanto, eu queria fazer medicina, porque sempre gostei de criança e me imaginava pediatra, mas, com o tempo e ao entender melhor como seria a profissão, percebi que eu queria mesmo era ser mãe. Seguindo a orientação de meu pai e mesmo não tendo advogados na família, decidi pelo Direito, especialmente após uma visita organizada pelo colégio à Universidade de São Paulo (no Largo São Francisco), em que pude conhecer melhor o curso. Lembro-me de quando adentrei o salão nobre da faculdade e avistei os nomes de grandes escritores brasileiros que eu tanto apreciava e que lá estudaram. Sempre gostei do clássico, das tradições, de escrever e do raciocínio lógico.

Em 1996, ingressei em Direito na Pontifícia Universidade Católica de São Paulo com a consciência de que, sendo agora a minha profissão, eu deveria dedicar-me ao máximo. E não foi diferente. Estudei muito, aproveitei as oportunidades, destaquei-me a ponto de, no meio de tantos estudantes, estreitar laços com os professores, ser lembrada e ser escolhida. Fiz monitoria, iniciação científica, escrevi artigos, estagiei em escritório, empresa e carreira pública. Não tive dificuldade em ser aprovada no exame da Ordem dos Advogados do Brasil.

O meu objetivo era tornar-me juíza de Direito e dar continuidade aos meus estudos acadêmicos. Sempre gostei da academia, da ciência do Direito, de escrever sobre temas jurídicos. Cursei uma faculdade publicista que me levou a ser apaixonada pelo Direito Público. Ao me formar, estava estudando para o concurso de juiz, mas logo recebi a ligação de um ex-chefe de estágio, que havia assumido o Jurídico da Serasa e tinha uma vaga de advogada para me oferecer. Fui conhecer melhor a oportunidade e decidi aceitar a oferta. Lembro-me da minha ex-chefe do estágio da Procuradoria de Assistência Judiciária dizendo que eu não me afastasse do meu objetivo do concurso público e, no fim, ela estava certa. O trabalho foi me consumindo e outros interesses e cursos surgindo; o "sonho" da magistratura acabou ficando para trás.

Acho que a vida vai nos direcionando para os caminhos que devemos seguir. Claro que fazemos opções, mas sempre procurei abraçar tudo o que surgia de oportunidade. Ter seguido a carreira privada trouxe-me grandes realizações e experiências profissionais que eu jamais viveria como juíza de Direito, além de me dar a mobilidade necessária para uma vivência internacional. E sou muito feliz pelo caminho que decidi seguir.

Fiquei quase sete anos no Jurídico da Serasa, de 2001 a 2008. Fiz carreira e amigos, e tive muitas experiências interessantes, entre elas, uma Comissão Parlamentar de Inquérito e a assessoria ao diretor jurídico, enquanto membro do Conselho de Recursos do Sistema Financeiro Nacional. Foi o início de uma longa jornada de advocacia corporativa e da construção de minha carreira como advogada e estudiosa do Direito.

Foi durante esse período que, em 2004, ingressei no mestrado em Direito da PUC-SP, mesmo ano em que conheci o meu marido e fiz um estágio na então Secretaria de Direito Econômico do Ministério da

Justiça. Não imaginava que o Direito Concorrencial passaria a estar tão presente na minha vida após alguns anos e que com o meu marido seria construída a possibilidade de uma tão sonhada experiência internacional.

O ano de 2007 foi bastante marcante na minha vida. Associei-me ao Instituto dos Advogados de São Paulo (IASP), fiquei noiva e resolvi acompanhar o meu (futuro) marido, que recebeu um convite para trabalhar em um escritório de advocacia em Londres. Com casamento marcado, resolvemos antecipar o civil e deixei a Serasa em janeiro de 2008, quando estava escrevendo a minha dissertação de mestrado e com convites para lecionar na pós-graduação. Cheguei em Londres sem saber ao certo o que faria além do curso de Inglês. Alguns podem ter achado que, naquele momento, eu estaria deixando a minha carreira para trás, que não estava fazendo a coisa certa. Mas, ao contrário, essa foi uma das grandes oportunidades que passaram pelo meu caminho. Sou uma pessoa antes e outra depois do período em que estive no exterior. Sempre sonhei ter essa experiência e eu não a deixei escapar. O casamento religioso aconteceu na data inicialmente marcada (setembro de 2008), no Brasil, quando estivemos no país para essa ocasião.

O período em Londres não foi fácil, mas, ao mesmo tempo, foi desbravador. Foram quase dois anos e meio em que vivi outra cultura, outra história, outra nação. Fiz amigos, criei laços com um país que se tornou a minha pátria do coração. A dificuldade inicial com o idioma também não me limitou. Dediquei-me e imergi no Inglês. Nos primeiros meses, estive escrevendo a minha dissertação de mestrado (sim, o meu orientador aceitou continuar a orientação a distância – mas sem minha mãe e irmãs isso não teria sido possível – obrigada!). Viajei ao Brasil para a defesa e, após tornar-me mestre em Direito, apresentei um Projeto de Pesquisa na King's College London e fui aceita como Visiting Researcher no Centro de Estudos Europeus. Seis meses depois, convidaram-me para ser Fellow, com a oportunidade de cursar o LLM como ouvinte. Estudar em uma das melhores universidades da Europa, em Londres, é algo indescritível.

Quando estávamos organizando o nosso retorno ao Brasil, recebi o contato de um colega, então *head* do Jurídico da Votorantim Cimentos, sobre uma vaga em aberto. Resolvi participar do processo mesmo a distância, tendo sido selecionada ao final. Voltei ao Brasil já recolocada. Foram mais de nove anos na empresa, de 2010 a 2019, em que fiz carreira, amigos, contatos, participei de projetos grandiosos, nacionais e internacionais, e aprendi muito. Peguei uma fase de grande expansão, tanto no Brasil como no exterior, de construção de governança, *compliance*, aquisições, tentativa de IPO, novos negócios e muitos temas de defesa da concorrência para lidar. Dediquei-me muito e comecei a me destacar na advocacia corporativa.

No ano de 2011, passei a integrar o Jurídico de Saias, um grupo de advogadas corporativas que trocam experiências e buscam uma efetiva equidade de gênero nas corporações. Confesso que, quando entrei no mercado de trabalho, eu não tinha consciência de que havia um abismo entre homens e mulheres, provavelmente porque a minha mãe sempre trabalhou e o meu pai nunca sinalizou essa diferença. Mas, conforme fui avançando na carreira, era difícil enxergar mulheres nos cargos mais altos, mesmo trabalhando mais e tendo uma melhor qualificação acadêmica que os homens. Sem dúvida, grupos como esse mudaram o mercado de trabalho, cujo cenário para as mulheres em Jurídicos de empresas era bem diferente do que vivenciamos hoje, muito embora ainda exista uma longa jornada a percorrer.

Fui me envolvendo mais nas questões de equidade de gênero nos anos que seguiram, inclusive no IASP (sob a liderança de uma amiga). Quando uma pessoa da minha equipe ficou grávida, vivenciei com ela algumas dificuldades e aflições enfrentadas pela mulher no ambiente de trabalho. Foi uma preparação para mim. Em dezembro de 2014, nasceu Isabella. Tive a sorte de conseguir ficar seis meses em licença-maternidade e confesso que foi um período de insegurança com relação ao que aconteceria no meu retorno, tanto que me fiz presente todos os dias. O Departamento Jurídico estava passando por uma redefinição de papéis e estrutura; uma pessoa de minha equipe estava em uma experiência no exterior e outra advogada pediu para sair. Vi a área desmoronando, os temas se perdendo e eu em licença. Felizmente, deu tudo certo e voltei ainda mais motivada.

Em 2017, concluí o meu doutorado em Direito na Universidade de São Paulo e recebi o meu primeiro prêmio internacional como advogada corporativa. Foi também nesse ano em que organizei uma iniciativa inédita para as advogadas da empresa. Após, passei também a integrar o grupo Women in Antitrust e, hoje, também faço parte da iniciativa Women in Law Mentoring. Inspirar outras mulheres, compartilhar experiências, abrir o caminho, ajudar, é algo que todas nós devemos ter como objetivo. A sororidade é necessária. Muitas mulheres me ajudaram na minha vida pessoal e profissional. Sem elas, eu não teria chegado aonde cheguei. Por isso, tenho o dever de abrir o espaço para as futuras gerações. E esse é um dos papéis que muito me motiva e um dos legados que quero deixar.

Terminei a minha trajetória na Votorantim em 2019, como responsável no Jurídico pela regional na América Latina, Corporativo Global e Negócios no Brasil, além de secretariar o Conselho de Administração. Nesse mesmo ano, fui reconhecida pela Global Competition Review dentre os melhores advogados corporativos em Direito da Concorrência no mundo e, também, recebi com o time o reconhecimento de melhor Jurídico de Negócios da América Latina. Assumi a Presidência da Comissão de Estudos da Concorrência e Regulação Econômica da OAB/SP e migrei para o setor de bens de consumo, passando a integrar a PepsiCo como diretora jurídica.

Foram quase dois anos na PepsiCo, uma empresa incrível. Aprendi muito sobre a indústria de alimentos e bebidas e conheci pessoas sensacionais. Foi um período muito feliz e sou muito grata por essa fase. Mas o Mercado Livre me encantou e resolvi aceitar o desafio de diretora jurídica de dois negócios da companhia (Marketplace e Logística), além de temas corporativos no Brasil. Em abril de 2021, em meio à pandemia, migrei para esse novo segmento, num momento muito especial da companhia, em crescimento exponencial.

Na posição de liderança em carreira corporativa, tenho a oportunidade de auxiliar no desenvolvimento de pessoas, outra de minhas grandes paixões. Não é à toa que busquei ter uma carreira acadêmica em paralelo, para poder lecionar (hoje, dou aula em pós-graduação). Entendo que a minha grande missão enquanto líder de alguém é a de auxiliar no seu crescimento. E, aqui, mais uma vez, está a oportunidade de fazer a diferença e deixar um legado positivo.

Conciliar a vida profissional, acadêmica e pessoal nunca foi tarefa fácil. Mas é preciso ter a consciência de que a perfeição não existe e que temos de escolher as batalhas. Abdiquei de momentos com família e amigos para dedicar-me à carreira por escolha. Tento equilibrar nos finais de semana, férias, feriados. Mas houve momentos em que sacrifiquei isso também, além de muitas noites de sono, afinal, escrevi uma tese de doutorado enquanto gerente jurídica e com uma filha de dois anos em casa.

Uma vez ouvi de uma chefe que eu teria sucesso em qualquer profissão que eu escolhesse. Não sei se ela estava certa. Mas é certo que sou e sempre fui apaixonada pelo que faço. O sucesso pode vir acompanhado de dinheiro ou posição, mas também da satisfação que a profissão lhe traz. No meu caso, eu amo o que eu faço, em todas as vertentes de minha carreira.

Hoje, com 44 anos e mais de 20 como advogada, enxergo uma longa jornada ainda a percorrer, para colher tijolos e transformar o meu palácio em castelo. Quanto mais difícil a escalada, mais estimulada eu me sinto a subir, pois conquistas e dificuldades me fortalecem.

Aprendi a abraçar todas as oportunidades da vida, a não ter medo, a sempre buscar mais. Quando olho para trás, vejo uma menina sonhadora, com um eterno sorriso no rosto e alegria pela vida. Tornou-se uma mulher incansável e perseverante, que realiza seus sonhos, cicatriza feridas, manteve o sorriso no rosto e a alegria pela vida.

De uma menina insegura para uma advogada de sucesso

Alline Marsola

Alline Marsola

Filha de José Augusto Marsola e Cleuza F. S. Marsola, nascida em 4 de junho de 1982, advogada familiarista sistêmica, formada pela Faditu (Faculdade de Direito de Itu), 2009. Pós-graduada em Direito Previdenciário LFG (2010/2011), e em Direito de Família e Sucessões pela Faculdade Legale (2018/2019), curso de formação em Direito Sistêmico com Práticas em Constelação Sistêmica Familiar, SBDSIS (2019/2020). Membro efetivo da Comissão Direito de Família e Sucessões OAB/SP (2016/2018). Membro da Comissão de Direito Sistêmico OAB/SP. Cursando pós-graduação em Direito Sistêmico, pela EPD (Escola Paulista de Direito), 2021/2022, além de diversos cursos na área de Direito de Família e Sucessões.

Acesso LinkedIn:

"O dever sem amor pouco pode. Somente o amor o torna enriquecedor e belo."

Já dizia uma das minhas mestras em Direito Sistêmico e Constelações Familiares, a dra. Ana Carolina Lisboa, e aprendi muita duramente a verdade dessa frase, durante a minha jornada.

O INÍCIO

Após a conclusão do ensino médio, meu sonho era ser bióloga marinha e cuidar dos golfinhos e, assim, fui cursar a faculdade de Biologia na PUCAMP. No final do primeiro ano, quando tive a oportunidade de participar de um curso para estudos dos golfinhos em Cananeia-SP, me deparei com muito estudo em exatas, e eu, que jamais gostei da área, sempre fui mais de humanas, mesmo assim decidi fazer o curso de Biologia, com o objetivo de tratar dos golfinhos, porque os achava fofinhos. Escolher uma profissão por esse motivo é óbvio que não daria certo, mas nessa época eu, no auge dos meus 20 anos e totalmente imatura, me vi chegando nas férias de final de ano na minha cidade natal, onde vivo até hoje, Cerquilho, no interior de São Paulo, e encarar meus pais e dizer que não queria mais ser bióloga marinha, que não tinha nada a ver com as minhas aptidões e que eu odiava cálculo.

Minha mãe me disse: "Filha, não acredito nisso, um ano de dinheiro e gastos com moradia em Campinas jogados no lixo... Você somente terá mais uma chance, pois meu dinheiro não é capim...", e eu me senti superculpada. Agradeço imensamente aos meus pais por terem me dado mais uma oportunidade de acertar.

Minha mãe sugeriu que eu fizesse uma orientação vocacional para ter certeza de que dessa vez eu não iria fazer a escolha profissional errada, e então fiz um mês de orientação com uma psicóloga. No final do mês me deparei com três opções nas quais apresentei aptidão: Marketing, Relações Públicas e Direito. Dessa vez fui mais esperta e então pesquisei qual a área de atuação e estudos de cada profissão, afinal, quando decidi fazer Biologia, não tinha a consciência, talvez pela imaturidade, de que era tão sério escolher uma profissão para a vida toda.

E, quando finalizei a pesquisa, optei pelo Direito, pois dentre as áreas de atuação me parecia ter mais a ver comigo.

E lá vamos nós, mais uma vez, prestar vestibular, mas agora para Direito e estava confiante de que daria tudo certo. Desta forma iniciei meus estudos na Unimep – Universidade Metodista de Piracicaba, permanecendo lá por dois anos, quando me deparei com a necessidade de fazer um estágio. Não se engane, primeiro ano de qualquer faculdade é somente teoria e o que queremos é colocar a "mão na massa", então comecei a procurar um estágio em escritórios de advocacia na cidade de Piracicaba. Eu estudava e residia nesta cidade, devido à faculdade, mas nessa época estudava no período diurno e todos os estágios oferecidos eram em período comercial, dessa forma fiquei totalmente perdida e pensei no que faria... "Se não fizer um estágio vou terminar a faculdade sem prática nenhuma, então como poderei advogar?"

Quando eu tive uma conversa com a minha melhor amiga de infância, dra. Adriana Massuia, a qual estava cursando Direito na Faditu, na cidade de Itu-SP, no período noturno, ela me disse: "Amiga, venha fazer faculdade comigo, imagina nos formando juntas?" E confesso que adorei a ideia de ter minha melhor amiga comigo todos os dias e ainda estudando juntas novamente, seria o máximo!!!

E lá fui eu, voltar a morar na minha cidade natal com os meus pais, e viajar todos os dias para Itu, para ir para a faculdade, mas agora o próximo desafio seria encontrar um estágio. Já tinha transferido minha faculdade para Itu, já estava estudando com minha melhor amiga de infância, e morando na casa dos meus pais novamente, com todo aquele conforto que a gente ama.

Dessa forma, estando com todos os itens acima preenchidos, foi a vez de procurar um estágio, e por sorte, ou destino, havia uma seleção na Imobiliária Scudeler, aqui na minha cidade, para estagiar com a dra. Maria de Lourdes Scudeler. Passei pela seleção e tive a oportunidade de estagiar e aprender muito por três anos e sou grata pela experiência, todo aprendizado e pela confiança depositada em mim.

A TÃO TEMIDA PROVA DE EXAME DE ORDEM

Concluída a faculdade em 2009, era o momento de deixar o estágio e realizar a tão "assustadora" prova de exame de Ordem, para ingressar nos quadros de advogados da OAB-SP, e todo formando em Direito sonha com o dia em que irá receber a tão, tão, tão sonhada carteira vermelha, com o seu número de inscrição no órgão de classe.

E lá vamos nós para o cursinho preparatório, estudando bastante, passando na primeira fase, ufa!!! E vamos para a segunda fase, para a qual escolhi a área em que mais tinha aptidão naquele momento, Direito do Trabalho. A segunda fase da prova é aquela que dá mais medo, por ser dissertativa, e errando a peça de interposição, sua chance já era... E a minha chance foi-se, me deparei com 0,50 que faltava para passar, e ter a tão sonhada aprovação, interpus recurso e nada, parti para a próxima.

A prova de exame de Ordem era realizada a cada seis meses, quando comecei a estudar novamente para a próxima prova, tive umas sensações estranhas, como aperto no peito, faltava o ar, coração acelerado, suava frio, era só sentar para estudar para a prova que começava a passar mal. Fui ao médico e descobri que estava com síndrome do pânico, pois é, pânico da prova, e pensei: "Poxa, não acredito, tinha que ser comigo!", mas não poderia me deixar abater por essa situação e iria vencer. Já medicada, desta feita conheci o dr. Bruno A. de Oliveira, iniciando prestação de serviços na área de Seguro e Previdência para ele, na minha região, e pensei: "Preciso ter excelência na minha área de atuação". Então decidi cursar a pós-graduação em Direito Previdenciário e nesse período não conseguia pegar um livro e pensar que iria estudar para a prova de exame de Ordem que passava mal, porém não desisti e foquei na pós-graduação, assim, após dois anos, terminei essa formação.

Nessa época trabalhava no escritório com a minha amiga e colega de profissão dra. Danielle G. Fernandes, que me incentivou a voltar a estudar para o exame de Ordem e tentar novamente, lembro-me até hoje das palavras dela: "Escolha a área de Direito Penal para a segunda fase; eu não tinha tanto conhecimento, fiz cursinho, estudei e me apaixonei pela área". Eu que estava traumatizada com o Direito Trabalhista, que era a área que mais amava na época, decidi trocar pelo Direito Penal, já que não tinha passado na prova de Ordem. Resolvi tentar algo novo para mim e totalmente sem afinidade, mas, vamos lá, o importante é não desistir.

Mais estudos e dessa vez cursinho só para a segunda fase, passando novamente na primeira fase, fui fazer a prova da segunda fase em Direito Penal, acertei todas as questões dissertativas e errei a peça, não acreditei, mas dessa vez não me abalei, disse para mim mesma que na próxima iria prestar na área com que tinha afinidade e na qual já trabalhava na época, que era o Direito do Trabalho. E então, em agosto de 2013, passei na prova de exame de Ordem, uhuu, até que enfim teria minha "vermelhinha e o meu nome na placa".

Lembro-me até hoje da primeira vez que meu nome estava na placa e no cartão de visitas do meu escritório: Dra. Alline Marsola, OAB.SP. 342.653, aquela que não desiste.

O MEIO

Logo após passar na prova do exame de Ordem, veio o peso da responsabilidade, afinal, quando você faz algo e outro advogado analisa e confere antes de assinar por você, pois você ainda não pode assinar por não ter seu número de Ordem, lhe dá mais segurança.

Me recordo de ter encontrado o professor Romeu Bicalho, no início do ano de 2014, no fórum trabalhista na Cidade de Tietê-SP, o qual tinha sido meu professor de Direito do Trabalho na Faditu. Nessa época advogava na área trabalhista e ele me perguntou se estava gostando, respondi que sim, mas indaguei sobre a dificuldade do começo, que se não tivesse o apoio dos meus pais para montar o meu escritório e me dar o auxílio inicial não saberia o que fazer, e ele me disse que na nossa profissão a estabilidade vem com o tempo, em média dez anos. Pensei: socorro, deveria ter ficado cuidando dos golfinhos! Brincadeiras à parte, outros colegas de profissão com mais tempo de atuação também desanimaram, dizendo que era uma profissão difícil de se adquirir estabilidade, lidar com os clientes, etc. Mas eu estava disposta a fazer diferente e a fazer a diferença, ainda não sabia como, mas sentia que faltava algo. Com o passar do tempo eu viria a descobrir.

Quando me deparei com o atendimento ao cliente, montar a peça inicial, assinar o meu nome, sem respaldo de um outro advogado, comecei a sentir ainda mais insegurança, com medo de estar fazendo errado, e prejudicar o cliente. Nessa época trabalhava com a minha melhor amiga, hoje a dra. Francielle C. de Lima, e foi exatamente ela que me apresentou e me fez ficar apaixonada pela área de Direito de Família, por ser uma área regida por muitas emoções (divórcios, guarda de menor, alimentos, etc.). Não era simplesmente redigir um contrato de compra e venda, em que uma parte compra, a outra recebe e está tudo resolvido. Essa forma não me agradava muito, e mal sabia eu que seria justamente por esse motivo que hoje amo ser uma advogada familiarista, o servir, o ajudar o próximo, o receber o *feedback* do seu cliente, lhe dizendo que após sua consulta, seu atendimento, ficou mais leve, em paz, isso não tem preço.

Porém essa minha amiga me "obrigava" a ir nos cursos de Direito de Família com ela, eu ia para fazer companhia, mas depois de tantos cursos e palestras me apaixonei por essa área, e em 2018 resolvi iniciar a especialização nela, pois entendo que é necessário ter excelência na sua área de atuação, quem faz um pouco de tudo não faz nada com excelência, e então resolvi me dedicar somente ao Direito de Família, pelo qual estava encantada por poder ajudar as pessoas em seus conflitos familiares. Contudo, eu sabia o que tinha que fazer, mas era insegura, nunca fazia nada sem a minha amiga dra. Francielle me dizer que estava certa, me dar o seu ok, pois, apesar de termos passado juntas na prova de Ordem, ela possuía muito mais experiência na área do que eu, e sou muito grata por toda ajuda e paciência que ela teve comigo. Nessa época alugávamos salas no mesmo prédio comercial, cada qual com seu escritório e clientes, porém ainda me sentia muito insegura para caminhar sozinha.

Ainda nessa época, quando atendia um cliente, "pegava" o problema dele para mim, com todo o peso que vinha, achando que, assim como aprendi na faculdade, o melhor advogado é aquele que ganha, é o que grita mais, o que bate na mesa, o que diz para o cliente que o problema está com ele, para ele ficar tranquilo, deixar que dali em diante resolveria, e isso começou a me adoecer, comecei a ter gastrite nervosa, refluxo, vivia estressada, viroses. Quando tive que fazer uma cirurgia para tratar o refluxo e tirar a vesícula, nesse momento pensei: "Preciso fazer algo, pois estou me matando aos poucos".

A VIRADA

Diante da necessidade de fazer algo diferente dentro da minha profissão, a qual estava me adoecendo, por não estar sabendo conduzi-la de uma forma mais leve, por sentir que faltava algo, me inscrevi em um curso de coaching sistêmico jurídico, e dessa vez fui eu que "obriguei" a minha amiga e colega de profissão dra. Francielle C. de Lima a ir comigo e lá fomos nós, em 2019, para São Paulo capital, buscar respostas para algo que nos faltava, para tirar aquele peso que a advocacia trazia sobre nossos ombros, e foi realmente uma virada de chave, o início do divisor de águas.

Após esse curso, resolvemos fazer o de Formação em Direito Sistêmico com Práticas em Constelação Sistêmica Familiar, pela SBDSIS, também ministrado pela dra. Fabiana Quezada, a qual inclusive é a fundadora da Sociedade Brasileira de Direito Sistêmico, e após um ano e meio de curso, e como evoluímos profissional e pessoalmente, através do autoconhecimento, lá estávamos nós aprendendo que o Direito, independente de sua área de atuação, pode ser leve, lindo, cheio de amor, pois quando você enxerga o seu papel dentro da sua profissão, papel de ferramenta de ajuda para o seu cliente, entendendo que o problema é do cliente, que você como profissional deve orientar, e deixar que o cliente decida, dentre as opções que a lei lhe permite, mas o mais importante é entender que a questão é do cliente, que é o cliente que resolve da forma que entender mais viável para ele.

Hoje ainda presencio colegas de profissão que decidem pelo seu cliente, em situações em que o cliente quer realizar um acordo, resolver a questão da melhor forma possível e o advogado não permite, transformando essa relação em uma questão emocional muito pesada. É claro que o papel do advogado é resguardar o direito e interesse de seu cliente, mas jamais decidir por ele.

Através desse curso, e muitos outros dentro da área do Direito Sistêmico e constelações familiares, descobri que cada cliente tem a sua história, e que toda situação, por pior que seja, tem uma justificativa e se faz entender o porquê, mesmo sendo errado perante a lei. Dessa forma, a escuta ativa, a comunicação não violenta vem apresentando resultados muito satisfatórios nas resoluções de conflitos, pois através de dinâmicas lúdicas, ou somente com uma conversa é possível, conforme a visão de mundo do seu cliente, você, como profissional de ajuda, trazer a visão do interno do seu cliente para o seu externo ou racional, pois segundo estudos nossa mente inconsciente ocupa 95% e 5% somente é mente consciente, ou seja: quem rege nossas sensações e emoções, o nosso agir é o nosso inconsciente.

Para Sigmund Freud (1856-1939), o inconsciente é algo que fica escondido em cada um, mas que se manifesta sem sabermos, nos comportamentos.

De acordo com Freud, no consciente estão as informações que o indivíduo percebe na realidade, a consciência representa a autoconsciência, pois é preciso compreender que se está ciente de algo.

Dessa forma, você, como profissional, atuando em trazer algo que está inconsciente no interno do seu cliente para o consciente, faz toda a diferença para ele no entender a presente situação e resolver da melhor forma possível.

Pois cuidar de pessoas, de uma forma geral, ainda mais dentro da área do Direito de Família, exige um cuidado muito especial e único, não sendo possível generalizar, pois cada família é única, regida por suas questões e lealdades familiares. É preciso que o profissional do Direito consiga olhar além das leis, jurisprudências, códigos, pois cada história de vida é única dentro da sua visão de mundo.

E esses são os profissionais do futuro, pois em breve não será possível aplicar somente a lei seca, sem entender o que está por trás da história do seu cliente, é preciso que o Direito atue de forma humanizada, já diz a área na qual o Direito está dividido, área de Humanas, e como diz uma amiga e colega de profissão muito querida, dra. Elaine Taveira: "Eu cuido de pessoas e não de processos".

Dessa forma finalizo este capítulo, com a frase que o iniciei: "O dever sem amor pouco pode. Somente o amor o torna enriquecedor e belo".

Pois quando fazemos algo com amor, independentemente do que seja, tudo fica leve e mais lindo, colorido, e através do Direito Sistêmicos e das Constelações Familiares pude descobrir o que faltava na minha profissão, e hoje posso afirmar que amo o que faço e é muito prazeroso atuar nesta área do Direito de Família, onde antes eu apenas gostava e era muito pesado, estava me adoecendo, agora recebo constantemente *feedback* positivos dos clientes, isso é o que faz tudo valer a pena.

    Não deixe que ninguém o desanime, estar a serviço da vida, do próximo, faz toda a diferença, e se você ama o que faz, está no caminho certo e, se sente que não ama, procure o que lhe falta, pois você é único e especial, e o caminho que decidir trilhar pode ser considerado errado para outras pessoas, mas o que importa é que realmente importa para você.

Semper Parata!

Ana Carolina Fortes Iapichini Pescarmona

6

Ana Carolina Fortes Iapichini Pescarmona

Executiva Jurídica, graduada pela PUC/SP em 1998, com mais de 20 anos de experiência em departamentos jurídicos de empresas multinacionais no Brasil nos segmentos FMCG e OTC, com forte habilidade empresarial e perfil generalista. Experiência em implantação de projetos em multiequipes funcionais. Atitude orientada para resultados, empreendedora, dinâmica, apaixonada e direta. Experiência na liderança de equipes com histórico de sucesso no desenvolvimento de talentos. Participação ativa em Associações Comerciais Setoriais e como VP do Comitê Jurídico da ABA, conselheira do CONAR (2ª Câmara) e membro do CWC – Compliance Women Committee. MBA Executivo pela Business School São Paulo e Sulfolk University (Boston/MA), além de cursos de especialização em Direito nas áreas empresarial, compliance, M&A e propriedade intelectual.

Coautora do capítulo "Tone at the Top" do livro "Guia Prático de Compliance", sob a coordenação de Isabel Franco, Grupo GEN.

Acesso LinkedIn:

*"**N**inguém poderá jamais aperfeiçoar-se se não tiver o mundo como mestre. A experiência se adquire na prática"* – William Shakespeare

Semper Parata!

Sempre preparada para servir!

Para contar um pouco da minha história profissional, acho essencial começar com algumas "pinceladas" do que foi a minha infância e dos pontos marcantes da minha convivência em família. **Acredito muito que todos nós sejamos o resultado de todas as experiências que vivemos e de nossas escolhas.**

Pois bem, falando um pouco da minha infância, sou a primogênita de uma família de classe média dos anos 80 e cresci num ambiente familiar no qual os valores religiosos (católicos) são muito presentes, guiando minhas crenças pessoais e as minhas escolhas.

Família e Justiça sempre foram valores muito importantes e marcantes na minha vida. E, talvez aí tenha começado a surgir a "sementinha" que depois veio a me inspirar a seguir pelos caminhos da Faculdade de Direito.

Além de ter me dedicado bastante aos estudos, sempre gostei de "rechear" a minha agenda com atividades diversificadas como: música (violão e piano), aula de línguas e dança, que até hoje é algo que gosto demais. Na infância ainda, por indicação de uma amiga muito querida, frequentei também o grupo das Bandeirantes, no qual aprendi um lema que segue ainda comigo e me inspira em todos os meus desafios: "Semper Parata"(*). Nas palavras do fundador do movimento Bandeirante: "*Semper PARATA, que significa* *que deveis estar sempre prontos de espírito e corpo, para cumprir vossos deveres. Tereis o espírito pronto se o exercitais à disciplina, à obediência e à reflexão frequente sobre o que faríeis em qualquer circunstância imprevista. Tereis o corpo pronto se fordes fortes e ativos, dispostos a todo momento e qualquer esforço". (Disponível em: http://www.bandeirantesp.org.br/oracao-lema.php, acesso em: 28.02.2021.)*

Tenho muito orgulho da trajetória profissional dos meus pais e tive sempre bastante claro o quão fundamental era me dedicar e me colocar inteiramente em tudo o que faço, além da importância de "batalhar" pelo meu "espaço" e a minha autonomia.

A conquista da autonomia e independência, principalmente sendo mulher, foi sempre muito importante para mim e assim é, até hoje...

Minha escolha profissional

Falar de escolha profissional nunca é fácil e para mim não foi diferente.

Muitas vezes leio histórias de profissionais que dizem terem "nascido" para uma determinada profissão e confesso não me encaixar muito nesse perfil. Chego até mesmo a questionar: "Será mesmo?", "Isso é possível?" Até hoje não sei responder a essas perguntas.

O que posso dizer, sem vergonha, é que o Direito entrou na minha vida somente muito próximo do momento da prova para o vestibular enquanto refletia um pouco sobre as minhas características pessoais e objetivos de vida.

Minha primeira opção e por muito tempo "ambição" era a Medicina, mas acredito que o meu "espírito combativo" e "senso de justiça" mencionado anteriormente tenham prevalecido no momento da minha escolha profissional.

De todo modo, sempre pensei que, independentemente do caminho ou profissão que eu tivesse de escolher, o importante era fazer bem e com mestria aquilo a que me propunha naquele momento. Como disse: *"Semper Parata"*!

Acho até hoje bem complicado o momento da escolha profissional no Brasil, pois é muito difícil impor a um(a) jovem de menos de 18 anos a responsabilidade de definir a sua profissão com o nível de maturidade comum a essa época de vida.

E foi assim que, aos 18 anos, iniciei a minha graduação e em 1998 me graduei em Direito na Pontifícia Universidade Católica (PUC/SP).

Como tudo começou

Não por acaso, logo no início da faculdade, cheguei a me questionar várias vezes se tinha feito a escolha correta e muitas vezes não me "encontrava" nas várias aulas de matérias de "humanas", com as quais não necessariamente me identificava, já que sempre pensei que a Medicina seria o meu caminho. E assim foi pelos primeiros seis meses na Faculdade de Direito.

Até que um dia uma grande amiga comentou comigo que tinha começado a estagiar e, vendo o meu interesse, ajudou-me a verificar uma oportunidade de estágio voluntário para mim também.

Certamente por uma característica minha, de valorizar a prática, **começar logo cedo a estagiar e ter contato com o "mundo do Direito" foi a melhor coisa que fiz e isso fez toda a diferença no início da minha carreira!** Depois desse período de estágio voluntário, por volta do terceiro ano, migrei para um estágio remunerado em um escritório, que foi bem curto e logo para uma empresa e depois outra e outra... E assim foi.

A minha curiosidade e vontade de conhecer coisas diferentes e aprender sempre me fizeram ainda experimentar outros estágios em escritório e empresas de segmentos diferentes.

As diferentes experiências de estágio pelas quais passei me ajudaram a concluir o que eu não gostaria de fazer no início da minha carreira e para onde eu poderia direcionar meus esforços e energia. Sabia, por exemplo, que gostava muito de estar próxima no "negócio" e por isso me sentia muito realizada dentro do ambiente corporativo. Ao mesmo tempo, a experiência inicial no estágio voluntário na área pública, principalmente a magistratura, ainda despontava para mim como uma opção. Cheguei a me preparar e fazer concursos.

Nessa ocasião, porém, já estagiava em uma empresa e, após concluir a graduação, uma vez efetivada, teve início a minha trajetória como advogada corporativa.

Minha trajetória profissional e pessoal

A efetivação e a primeira oportunidade dentro da área jurídica de uma empresa permitiram que eu começasse a construir minha carreira, **sempre pensando em como adquirir conhecimento e aproveitar ao máximo todas as oportunidades do dia a dia para aprender, mas também contribuir com os negócios.**

Depois disso, as coisas foram acontecendo naturalmente na minha carreira e do lado pessoal também. Mas, **um ponto importante é que todos os dias foi necessário fazer novas e novas escolhas, de maneira a acomodar meus objetivos profissionais e pessoais.**

Muitas vezes, inclusive, tais escolhas envolveram abrir mão de alguns possíveis objetivos, como seguir a carreira pública, mas sempre tive muita clareza de que isso poderia acontecer, pois ao mesmo tempo sabia que tinha de escolher o que era mais importante para mim, não só do lado pessoal, mas profissional também e vice-versa.

Após dois anos de formada, casei-me e, de certa forma, a opção pela carreira na área pública acabou ficando um pouco mais distante, já que, naquela ocasião, não tinha tanta disponibilidade para iniciar a minha carreira em comarcas mais distantes ou mesmo em outros Estados. Isso estava muito claro para mim. E estive muito contente e tranquila com a minha escolha e oportunidade de advogar na área empresarial, desde o princípio.

Passados aproximadamente dois anos da minha graduação e minha primeira experiência profissional em uma empresa nacional do ramo de alimentos, decidi partir para um novo desafio em um projeto inovador, praticamente uma *"startup"* no setor de comunicação e então, além de aprender muito sobre um novo negócio e áreas relacionadas no "mundo do Direito", participei da implementação da área jurídica da empresa, sempre guiada por uma grande profissional de cuja equipe participei.

As coisas foram evoluindo e, por inúmeras questões na época, depois de dois anos tomei a decisão de novamente partir para uma nova "casa", quando então comecei a ter contato com o segmento de bens de consumo, higiene e cosméticos, no qual atuo até hoje.

Novamente, a minha experiência nessa empresa durou aproximadamente dois anos e me encantava muito a ideia de ingressar em uma multinacional na qual eu pudesse pensar em permanecer por um período maior e desenvolver uma carreira corporativa com mais solidez. E foi então que a tão sonhada oportunidade bateu à minha porta... Uma empresa com que eu realmente me identifiquei e cujos valores e propósitos estavam alinhados também com o que pensava e queria para mim.

Foram cinco anos muito intensos em que cresci muito como profissional e sou muito feliz pela oportunidade de contribuir para um Projeto Social que admiro imensamente. Além disso, esse momento de vida me marcou pelo nascimento da minha filha.

Ser mãe e dar continuidade às atividades profissionais não é uma tarefa fácil, reconheço, mas sempre pude contar muito com o apoio dos meus gestores e mesmo da empresa na qual trabalhava, além, é claro, do não menos importante suporte que sempre tive do meu marido e família.

Depois de tudo isso, não podia deixar de pensar que ainda tinha que continuar meu caminho e progredir na minha carreira. Quando a nova oportunidade surgiu, deixar para trás um lugar com o qual me identificava e me fazia sentir realizada todos os dias foi bem difícil.

Contudo, sabia que estava preparada e resolvi partir para o desafio que perdurou pelos próximos incríveis nove anos, também em uma empresa global na qual pude então alcançar meus principais objetivos na carreira e amadurecer profissionalmente, não só mais pensando em ser uma advogada corporativa, mas em consolidar a minha carreira como executiva jurídica com exposição e alcance internacional.

Atuar como responsável pela parte jurídica de campanhas globais e participar de um time que é verdadeiramente global, com oportunidades de conhecer e expandir o conhecimento para outros países, marcaram muito esse período da minha trajetória.

Por fim, dando sequência, há pouco mais de dois anos, recebi um novo convite e aceitei o desafio de assumir a área jurídica de outra empresa multinacional do segmento de cosméticos, agora então com um escopo mais amplo, tornando-me responsável pela região – América Latina.

A maturidade profissional e os desafios da vida corporativa na área jurídica

Hoje já se vão mais de 20 anos trabalhando como advogada interna de empresas e essa situação de ganha-ganha me faz bastante feliz e realizada por todas as conquistas e projetos entregues até então.

Sempre almejar e me preparar para o próximo passo, pensando em progredir, foi o que mais me motivou a estar aberta para enfrentar e buscar novas oportunidades que vieram muitas vezes na mesma empresa e que me possibilitaram a construção da minha carreira. *Semper Parata!*

Interessante pensar que, como advogada interna de empresa, nunca faltam novas áreas de aprendizado e participação no negócio. Os advogados corporativos têm a oportunidade de ser um pouco marqueteiros e um pouco vendedores, um pouco engenheiros, entre outras.

E, se pensarmos o quão importante é para as áreas de negócios entregar e viabilizar seus projetos, sem o risco de futuramente ter que enfrentar problemas jurídicos, sendo bons advogados, podemos ser também excelentes parceiros de negócios para os nossos pares das demais áreas do *"business"*.

Bem por isso, além de me dedicar continuamente ao estudo dos novos temas que surgiram ao longo da minha carreira na área do Direito, como Propriedade Intelectual, Fusão e Aquisições, Compliance, entre outros, procurei também me aprofundar em temas estratégicos. Consegui concluir meu MBA e estudei Marketing, o que me ajuda a acompanhar, contribuir com discussões do dia a dia e também adicionar valor ao "business".

Confesso que uma área de negócio pela qual tenho bastante afinidade, inclusive, é o Marketing. E foi assim que consegui desenvolver um outro lado, por bastante tempo, conciliando os meus conhecimentos jurídicos com o Marketing para assessorar os departamentos comerciais como verdadeira *"business partner"*, ou parceira de negócios.

Ademais, como desenvolvi minha carreira predominantemente em empresas de bens de consumo, aproveitei para vestir a camisa e participar do *business* como consumidora, vendedora e também como executiva. (O que não foi uma tarefa difícil trabalhando em empresas de produtos cosméticos e cuidados pessoais.)

A Diversidade e o papel das mulheres nos dias de hoje

Por outro lado, tive a oportunidade de acompanhar ao longo do tempo a evolução e conquista das mulheres no ambiente corporativo. Muito se fez e discutiu para chegarmos na posição que as mulheres alcançaram nas corporações nos dias de hoje.

Apesar disso, reconheço que ainda há bastante espaço para as mulheres atingirem uma posição de igualdade em muitos segmentos e áreas de negócio.

Especificamente na área do Direito corporativo, vejo que as mulheres em posições de liderança têm um papel fundamental de fomentar e dar oportunidades para outras profissionais a fim de que possam alcançar as mesmas funções.

Ao mesmo tempo, cabe a nós consolidar a nossa posição como liderança feminina reforçando cada vez mais que as mulheres têm muito a contribuir para o ambiente diverso com uma visão diferenciada para o negócio no qual atuam.

Acima de tudo, entendo de suma importância contribuirmos para um ambiente em que haja a diversidade de pensamento que, sem dúvida, enriquece muito qualquer discussão e, comprovadamente, traz resultados positivos para os negócios.

Bem por isso, não posso deixar de reconhecer a importância de muitos líderes do gênero masculino que fizeram parte da minha carreira e acreditaram no meu potencial, abrindo espaço e oportunidades para o meu desenvolvimento.

Enfim, posso dizer que sou muito feliz e realizada por tudo que conquistei na minha carreira e na minha vida pessoal também porque, de alguma forma, consegui conciliar os dois lados.

E espero que no meu dia a dia e com a minha história possa contribuir com o desenvolvimento de muitos outros jovens profissionais...

Semper Parata!

De malas prontas para seguir em frente...

Ana Cristina Freire de Lima

7

Ana Cristina Freire de Lima

Advogada e administradora de empresas, nordestina; mãe da Bruna, sócia fundadora da Mediato – Câmara Privada de Mediação. Mediadora pelo Método Harvard de Negociação, com certificação avançada pelo Instituto de Certificação e Formação de Mediadores Lusófonos (ICFML). Especialista em Meios Adequados de Solução de Conflitos Humanos e mestranda em Soluções Alternativas de Controvérsias Empresariais pela Escola Paulista de Direito; fez uma mudança de direção na carreira de advogada litigante para mediadora de conflitos, após 17 anos de profissão, acreditando na pacificação social, externando conteúdos positivos como a restauração das relações, a criação de sistemas sociais que servem aos interesses dos envolvidos e à resolução construtiva de conflitos. Chegou do interior de Pernambuco em São Paulo há 16 anos como advogada tributarista. Há cinco anos decidiu mudar o viés da sua carreira e, em busca de novos desafios, empreendeu e fundou, com sua sócia, Luciana Loureiro, a Mediato Câmara Privada de Mediação. Hoje como empresária e mediadora de conflitos pode afirmar que é uma mulher realizada.

Acesso LinkedIn:

De onde eu vim...

Sou nordestina, nascida em Arcoverde, município do interior de Pernambuco, localizado a 256 km do Recife; filha de Maria e José, que juntos proporcionaram para mim e minha irmã, Ana Lúcia, uma infância maravilhosa. A tecnologia não permeou a nossa infância, o passatempo era brincar na rua com os amigos e primos e durante as refeições muitas trocas e conversa com a família à mesa caprichosamente posta pela minha mãe.

Lá, as mulheres não tinham grandes anseios, no máximo, desejavam concluir a Universidade de Letras, único curso disponível na cidade à época, e tornarem-se professoras em escolas particulares daquela região. As demais sonhavam em se casar, terem filhos e serem felizes para sempre ou não, o destino diria.

Recordo-me de avistar, do terraço da minha casa, uma parte da "Estrada de Ferro do Recife ao São Francisco": Um projeto criado no século XVIII com o objetivo de formar uma malha ferroviária para transporte de mercadorias e passageiros, dando vazão à produção do rio São Francisco com destino ao Porto do Recife, mas infelizmente foi desativada em 1980.

Ainda tenho na memória a admiração que desenvolvi por aqueles trilhos, mesmo sem entender qual seria o seu destino e diariamente aguardava pelo apito do trem.

Em um fim de tarde qualquer, meu pai, um homem bruto, mas de uma sensibilidade ímpar com as suas filhas, ao chegar em casa do trabalho, me pegou admirando os trilhos e me indagou qual o pensamento que me vinha à cabeça ao observar aquela imagem. Eu não fui capaz de, naquele momento, traduzir, mas hoje guardo comigo as suas palavras: "Filha, esteja sempre de malas prontas, pois quando o trem passa, temos que embarcar naquela viagem, talvez ela não se repita".

E foi com esse espírito que meus pais, rompendo com expectativas de futuro arcoverdenses para as duas filhas, embarcaram-nos, eu, à época com 14, e a minha irmã, com 18 anos de idade, para Recife a fim de estudar e descobrir o mundo que se abriria ao final daqueles trilhos. Para alguns pais, talvez essa atitude seja inconcebível, mas sem essa prova de confiança deles não seria possível chegar aonde chegamos. Esta é uma lembrança que sempre terei comigo e que me fez repensar cada atitude que eu ia tomar, qual seja, não trair a confiança dos meus pais.

Escolha uma profissão que tenha eco com o seu coração

Em Recife vivi por mais de 12 anos. Foi um começo difícil para duas adolescentes criadas no interior. Morávamos com nossas primas, Néria e Marcela, que assim como nós saíram do interior de Pernambuco em busca de um futuro diferente. Lá, choramos juntas de saudades do interior, das conversas à mesa de refeição, algumas vezes considerando firmemente a ideia de desistir e voltar para a segurança da casa dos nossos pais. Mas, juntas e compartilhando entre nós as angústias e desafios, nos fortalecíamos, de modo que o fardo se tornava mais leve e os obstáculos menos difíceis de transpor.

Em Recife, tive a oportunidade de estudar, de trabalhar e de vencer os primeiros desafios de minha vida profissional. Sem dúvida, um dos maiores foi a escolha do curso de graduação aos 17 anos de idade, sem maturidade, tampouco disponibilidade financeira para buscar ajuda profissional para me auxiliar.

Como minha irmã cursava euforicamente a Faculdade de Engenharia Civil, decidi seguir o mesmo caminho, já que sempre fui uma boa aluna em matemática. Triste ilusão, pois esta profissão não tinha eco com o meu coração.

Após três anos de conflitos comigo mesma, tomei a difícil decisão de "perder" aqueles longos anos do curso de Engenharia e recomeçar, optando por um novo que fizesse mais sentido para o que eu sonhava para o futuro profissional.

Tomar coragem para comunicar aos meus pais a minha decisão não foi fácil, pois me soava como admitir um grande fracasso, o que nos meus pensamentos iria decepcioná-los. Entretanto, mais uma vez, fui surpreendida pela compreensão e ouvi mais um ensinamento que carrego para a vida: "Siga o seu coração, minha filha, o futuro te espera". Essas palavras me encheram de otimismo e ânimo para seguir. Nunca esqueça, quem o ama de verdade respeitará e apoiará as suas escolhas.

Assim, ingressei nos cursos de Direito e de Administração de Empresas. Após seis meses, tive a oportunidade de trabalhar no gabinete do juiz da Sexta Vara Federal de Pernambuco, dr. Hélio Ourem. Foi um período de muito aprendizado e que me despertou para o Direito Tributário, que foi minha área de atuação profissional por mais de dez anos.

Durante o período de faculdade fiz grandes amigos, conheci profissionais incríveis e aprendi que com esforço eu poderia conquistar muita coisa.

Por outro lado, foi uma fase com muitos desafios, pois fazer dois cursos universitários e trabalhar já não era uma tarefa fácil e aprendi que o mundo exigia muito mais de mim por ser mulher; tive que me esforçar muito, algumas vezes me submetendo a ganhar menos para provar minha capacidade. Ao final, posso afirmar que o saldo foi extremamente positivo, aprendi principalmente a não adiar compromissos e decisões. E você, lembra da sua melhor escolha? Esta foi a minha, escutar o eco profissional do meu coração.

Alçar um novo voo

Formada e já advogada, defrontei-me com mais uma decisão impactante para o meu futuro, o casamento, que significava também migrar com meu marido para São Paulo. Casar não era algo que eu considerava prioritário em minha vida, tampouco morar a mais de três mil quilômetros de distância da minha família. Mas, como em toda decisão há uma renúncia, renunciei ao conhecido para viver o desconhecido.

Vale lembrar que até aquele momento eu não conhecia a cidade de São Paulo, a pouca idade ajuda-nos a tomar decisões. Jamais poderia imaginar quão difíceis seriam os próximos dias e anos, mas valeram a pena.

Mudei de estado civil e de Estado de residência, recomecei a minha vida em um local em que não conhecia ninguém e não sabia sequer onde ficava o supermercado. Não existiam GPS nem Waze, apenas aqueles mapas em forma de livros gigantescos e nunca me encontrava em nenhum deles. Lembro-me de momentos de pânico ao sair de casa sozinha, senti muita solidão e passei a depender muito do meu marido.

Em São Paulo, trabalhei por 11 anos na filial paulista de um escritório de advocacia de Recife. Iniciei como advogada tributarista, em dois meses passei a coordenar o setor, e em mais dois anos assumi a gerência da filial mais cobiçada entre os meus colegas de trabalho. Ser uma mulher que se destaca em um mundo eminentemente masculino não é uma tarefa fácil. Aos poucos e com muita persistência realizei sonhos que me pareciam impossíveis. Persista, é possível se destacar em um mundo tipicamente masculino.

Sou muito grata à oportunidade que o escritório me proporcionou, pois ali me fortaleci como mulher, imigrante nordestina e profissional. A cidade de São Paulo foi-se mostrando menos assustadora e fui acolhida pelos amigos que conquistei.

E a decisão de ser mãe e profissional? Como será?

Quando tudo parecia mais acomodado, tanto financeira como emocionalmente, decidimos engravidar e nos tornar uma família completa, afinal uma mulher nordestina só é completamente feliz se for mãe.

Já grávida, realizei a minha primeira viagem internacional aos 30 anos, parecia que o meu desejo de conhecer lugares antes visitados apenas através de livros começava a se concretizar. Alguns meses depois, recebemos o maior presente que Deus pôde nos dar, Bruninha, meu amor maior, que chegou com muita personalidade, após 41 semanas de espera, em um sábado ensolarado.

Daí para frente muitas coisas mudaram, me tornei uma pessoa com muito medo de morrer. Tive a primeira grande perda da minha vida, quando meu querido pai faleceu inesperadamente, após quatro meses do nascimento de Bruna.

Retornei ao trabalho, enquanto Bruna, com seis meses de vida, ficava em um berçário, essa era a opção em uma cidade em que não contava com ajuda de familiares. Bruna adaptou-se à realidade dos seus pais, aprendi que nós liberamos os nossos filhos de acordo com a nossa crença e a minha era de educar uma mulher forte como os meus pais me criaram.

Continuei trabalhando e exercendo a minha profissão com todo o cuidado possível, agora muito mais preocupada com o mundo, querendo ser um bom exemplo de mulher para minha filha que crescia e me encantava, e descobrindo que ser mãe e profissional é plenamente coordenável.

Pausa para mais uma grande decisão!

Quando a Bruna estava com seis anos de idade, resolvi ir para Chicago para estudar e repensar a minha vida pessoal e profissional. Pedi afastamento do escritório e minha mãe se dispôs a cuidar da minha filha.

Motivada por esse período sabático, tive a certeza de que chegara a hora de encerrar alguns ciclos e iniciar outros que fizessem mais sentido para o meu desejo de ser feliz. Mas para isso precisei conscientizar-me de que estava no comando da minha vida e que cada uma de minhas escolhas corresponderiam a uma renúncia, cada "sim", em tese, acompanharia um "não", ficava cada vez mais claro que para viver com plenitude precisaria aceitar as perdas que acompanhariam as minhas escolhas.

No meu retorno ao Brasil, as minhas decisões foram antecipadas, acredito que os melhores movimentos só são feitos quando estamos prontos. Quando não decidimos, a vida decide por nós e comigo não poderia ser diferente. Nesse tom, meu casamento acabou acompanhado de muita dor, o escritório que eu coordenava encerrou a filial de São Paulo e eu precisei, sem tomar muito fôlego, colocar em prática tudo que eu entendia estar sob controle em minha mente.

Ser advogado é muito mais do que conhecer leis e procedimentos. É sinônimo de estudo contínuo, muito trabalho, paciência, perseverança, criatividade, destemor, coragem, humildade e, sobretudo, de saber ouvir. Tudo isso faz com que nós advogados nos tornemos um agente essencial para a segurança jurídica do mundo moderno e, com essa conscientização do nosso dever de escuta, passou a não me fazer mais sentido litigar em face de alguém e pior, deixar nas mãos de um terceiro o poder de decidir sobre bens da vida dos meus clientes.

Mudar o rumo da minha história tem dado muito certo

Nesse movimento de tornar as partes os protagonistas de suas histórias, com o conceito de sustentabilidade, eficiência da administração da justiça e elaboração de estratégias de menor litigância, descobri a Mediação, que definitivamente mudou a minha vida. Mediação é uma forma de solução de conflitos que conta com a atuação de um terceiro, independente e imparcial, chamado de mediador, que trabalha com o objetivo de prestar assistência na construção de soluções, podendo elaborar um modelo de conduta para futuras relações em um ambiente colaborativo, em que as partes possam dialogar produtivamente sobre seus interesses e necessidades.

Com esse conceito e buscando dar maior sentido a minha carreira profissional, voltei a estudar e me capacitar para me tornar uma mediadora, busquei um curso de formação autorizado pelo Conselho Nacional de Justiça, optei pelo Instituto de Advogados de São Paulo. Foram seis meses de dedicação desde as aulas teóricas até o retorno às cadeiras do Fórum como estagiária e observadora, mas como nunca acreditei em resultado sem esforço, passei a me dedicar intensamente para este novo ofício.

Ao final do curso de formação, a minha turma uniu-se no intuito de criar uma Associação de Mediadores e Conciliadores e disseminar a cultura da paz pelo Brasil, reforçando a importância do conhecimento e utilização dos métodos adequados de solução de conflitos. Parecia que tudo se encaixava e eu tinha a certeza em meu coração de que dias de muita felicidade estavam por vir.

Que sorte a minha...

Envolvida com a ideia de criação da associação conheci a Luciana Loureiro, também ex-aluna do curso de formação de mediadores, que parecia viver o mesmo momento que eu, desejando transformar os conhecimentos que recebemos em algo prático e sustentável, que nos proporcionasse pensar e agir em um contexto global, ampliando o propósito das corporações para além dos resultados financeiros e evidenciando a ética na solução efetiva dos conflitos.

A associação foi fundada e passou a chamar-se Abramac (Associação Brasileira de Mediação, Conciliação e Arbitragem), da qual a Luciana hoje é presidente e eu sou vice-presidente, nos tornamos sócias, inicialmente, com o objetivo de desenvolver a carreira da mediação com a produção de receitas capazes de nos sustentar.

Assim, resolvemos empreender e, sob tantos erros e acertos, fundamos a Mediato – Câmara Privada de Mediação, Conciliação e Arbitragem e nos tornamos sócias, não só da empresa, mas da vida, das alegrias, das conquistas, frustrações, e por que não dizer, da satisfação de acordar todos os dias e sermos felizes com o nosso trabalho.

A Mediato é uma Câmara Privada, homologada pelo Tribunal de Justiça de São Paulo com atuação nacional que hoje conta com mais de cem colaboradores espalhados por todos os Estados da Federação, acreditando na pacificação social, externando conteúdos positivos como a restauração das relações, a criação de sistemas sociais que sirvam aos interesses dos envolvidos e à resolução construtiva de conflitos.

Com muito orgulho, hoje, com a colaboração de nosso time, resolvemos mais de três mil casos mensais, nas mais diversas áreas, como saúde, construção civil e varejo, levando uma solução leve, rápida, de baixo custo e com a satisfação dos envolvidos.

Acreditamos que o conflito é pressuposto para evolução do conhecimento, é base para a mudança e ponto de partida para a evolução. Ainda que não resolvido, pode gerar pontos de vista diferentes sobre uma mesma questão e gerar reflexão acerca de conhecimento posto.

Assim, finalizo a narrativa da minha trajetória até o dia de hoje com o sentimento de gratidão, dedicando este trabalho a um momento de renascimento em minha vida. A solução adequada de conflitos me fez descobrir uma pulsão de vida inenarrável e sinto que voltei a brilhar, sempre de malas prontas, curiosa e instigada pelo novo destino a que o trem da vida me conduzirá.

A liberdade de ser quem sou

Ana Paula Macedo Terra

8

Ana Paula Macedo Terra

É sócia do escritório Camargos Advogados, mestranda em Direito Desportivo pela PUC-SP. Ocupou a função de gerente jurídica do Comitê Olímpico do Brasil de 2007 a 2020, atuando como advogada nas edições dos Jogos Olímpicos de Pequim 2008, Londres 2012 e Rio 2016 e na preparação para os Jogos Tóquio 2020. Possui certificação profissional na área de Compliance e anticorrupção (CPC-A) pela LEC Certification Board e, além da experiência em Direito Desportivo, atua na área de Compliance, tendo coordenado a mudança na estrutura de governança do Comitê Olímpico do Brasil, ocorrida em 2017, sob orientação do Comitê Olímpico Internacional-COI, quando conceitos da lei anticorrupção brasileira e temas como igualdade de gênero e ética passaram a constar do estatuto da entidade. Membro da Sociedade Brasileira de Direito Desportivo (SBDD) e da Academia Nacional de Direito Desportivo (ANDD), foi a única mulher a compor a Comissão de Juristas do antigo Ministério do Esporte e a Comissão de Juristas nomeada pelo Senado Federal que idealizou o anteprojeto para a nova Lei Geral do Esporte que deu origem ao Projeto de Lei do Senado n° 68, de 2017.

Acesso LinkedIn:

"*Varredura rápida de antivírus está em execução*", indica a tela enquanto passo o programa antivírus no meu notebook. Mais uma tarefa dada pela modernidade, a de realizar a manutenção nos aparelhos para evitar ameaças ao seu funcionamento e prolongar seu tempo de vida útil.

Aproveito a ocasião, enquanto espero o tempo do *software*, para realizar também meu exame particular e solitário: me sento no chão, pernas cruzadas em posição de lotus no tapete em forma de mandala.

Sempre abro um sorriso ao lembrar que esse tapete só foi comprado por culpa do psiquiatra Carl Jung. Há cinco anos, enquanto pesquisava a respeito dos sonhos, me deparei com uma mandala na capa do livro "O Homem e Seus Símbolos", círculos concêntricos em entretons de vermelho, verde e amarelo. Resolvi pesquisar o termo mandala. Original do sânscrito, significa círculo. Descobri que o termo é usado para designar as figuras geométricas formadas a partir do centro de um círculo ou de um quadrado, significando um espaço sagrado. Por isso, Carl Jung usou a expressão "círculo mágico" em sua Psicologia Analítica, como o símbolo da totalidade, ápice do processo de individuação, já que o desenho da mandala aponta para uma convergência em direção a um ponto central, algo que seria representativo do centro da nossa psiquê. E foi assim que me apaixonei por mandalas.

Incrível repassar os caminhos pelos quais minha curiosidade me trouxe. Uma jornada através de novas descobertas e sempre em progresso: ficou o que não me servia, ampliei a minha percepção de quem eu era e de quem poderia vir a ser. Assim, cheguei até aqui, em busca da liberdade de ser quem sou.

Nasci em 22 de fevereiro de 1979, sob o signo de Peixes, em Campos do Goytacazes, cidade localizada ao norte do Estado do Rio de Janeiro. Dizem que foi a primeira cidade do Brasil a ter luz elétrica nas ruas, em 1883, obra inaugurada pelo próprio Dom Pedro II. Estudei no tradicional Externato Campista e morei em um dos primeiros condomínios de prédio da cidade, o Edifício Salete. Ainda me lembro de atravessar a movimentada Avenida 28 de março, idas e vindas do colégio, coração acelerado pela pequena dose de liberdade.

Mesmo ao final da adolescência, poucas vezes saía desacompanhada de adultos. Quase nunca fazia trabalho escolar ou brincava na casa de amigos. Eles é que iam ao nosso apartamento, fosse para as pesquisas escolares ou para ouvir histórias. Não havia lugar melhor. A principal peça da sala da tevê era uma estante de madeira que, do teto ao chão, continha livros, histórias infantis, enciclopédias, romances estrangeiros e nacionais, coleções inteiras, muitas recebidas da Editora Círculo do Livro, cuja iniciativa designada Clube do Livro ficou famosa nos anos 70.

Conheci as primeiras letras em casa e lembro-me com carinho dos livros com fantoches e outros, menos coloridos, mas cujas histórias me faziam implorar aos meus tios para que lessem em voz alta, até que finalmente aprendi a lê-los sozinha.

Cada livro me estimulava a alçar voos mais altos e aos poucos fui me apresentando aos que ficavam nas prateleiras mais altas. Os livros mais cobiçados por mim formavam uma coleção, espessuras diferentes, todos em capa dura e dois tons na cor marrom, com lombada de letras douradas. Dourada também era a assinatura do autor na capa, onde se lia em letra cursiva: *Jorge Amado*. A linguagem adulta poderia até ser considerada imprópria para uma adolescente, mas quando "Capitães de Areia" foi indicado no colégio, eu já conhecia toda a história daqueles meninos.

Os budistas apregoam que não há como se mudar o que foi estabelecido pela inteligência que nos colocou nesta viagem chamada vida. E apesar da ideia corrente de que jovens não leem e não se interessam por literatura, sempre pensei que, de algum modo, estava destinada aos livros e às experiências literárias, sendo fácil lembrar das sensações e cheiros de diferentes fases da minha vida ao reler uma obra.

A escolha do curso universitário foi, em muitos aspectos, consequência dessas experiências literárias. Embora tivesse dúvidas quanto ao curso de Direito, sempre soube que estudaria alguma das ciências humanas. Assim, quando, em 1998, iniciei o curso de Direito na Universidade Candido Mendes, no Rio de Janeiro, já nutria uma paixão pela interdisciplinaridade que só cursos de humanas podem prover.

O fato de ter estudado Sociologia, ao lado do Direito Civil e do Penal, me abriu para reflexões para além dos estudos acadêmicos. Assim, não me parecia equivocada a decisão tomada ao final do curso ao aliar aos meus estudos em Direito Tributário, ramo em que realizei estágio e sobre o qual versava meu trabalho de conclusão do curso, os temas do Direito Administrativo, área escolhida para a prova de habilitação na Ordem dos Advogados do Brasil (OAB).

Concluída a minha graduação em 2002 e tendo sido aprovada no exame da OAB em 2003, decidi me estabelecer no Rio de Janeiro, onde vivo e exerço a minha profissão até hoje.

Em 2003, passei a atuar como advogada no escritório Liboni Advogados e Consultores, com o Direito Administrativo e o Eleitoral. Em 2004, fui convidada a compor a Diretoria Jurídica da Fundação de Apoio à Escola Técnica – Faetec, instituição estadual com finalidade educacional e que contava com cinco advogados.

De 2004 a 2006, exerci a função de assessora jurídica no Departamento de Trânsito do Estado do Rio de Janeiro (Detran/RJ), uma autarquia estadual com patrimônio próprio e autonomia financeira, cujo corpo jurídico contava com mais de 40 profissionais, estrutura que refletia as competências acumuladas pela entidade. Desde 1999, era responsável pelo serviço de identificação civil e pelo fornecimento das carteiras de identidade de todos os cidadãos no estado, além do registro de veículos e emissão das habilitações para dirigir nacionais e internacionais, o que tornava os assuntos de natureza jurídica mais complexos a cada modernização ocorrida na entidade.

No Detran/RJ, tive minha primeira experiência em gestão de equipes e precisei lidar com a diversidade de temas, além da exigência de agilidade na resposta, sob pena de a medida proposta vir a ser eficaz.

Tanto na Faetec quanto no Detran, trabalhava com o Direito Administrativo, ramo que me abriu as portas para o Direito Desportivo.

Em novembro de 2006, participei de um processo seletivo no Comitê Olímpico do Brasil para a contratação de advogado júnior. Embora minhas experiências anteriores me qualificassem para o exercício de funções de maior senioridade, aceitei o desafio e assumi o encargo em janeiro de 2007, mesmo ano de realização dos XV Jogos Pan-Americanos Rio 2007.

Apesar de nunca ter me imaginado trabalhando com o Direito aplicado ao esporte, me atraía a proposta de aplicar as experiências adquiridas no serviço público em uma instituição privada, como é o Comitê Olímpico do Brasil.

Além disso, cinco anos após concluída a minha graduação e iniciando minha 4ª experiência profissional, eu já acumulava informações suficientes para entender que, naquele momento, meu perfil se adequava à advocacia corporativa, em que o advogado orienta seus clientes de forma preventiva e participa das estratégias, de forma a minimizar os riscos do negócio. Quando comparada à advocacia contenciosa (em que alguns processos judiciais parecem não ter fim), a advocacia consultiva parece mais ágil, segura e econômica, o que possibilitava conhecer o produto do meu trabalho e oferecer diagnósticos mais eficientes às necessidades do cliente.

Entidade privada, criada em 1914, o Comitê Olímpico do Brasil (COB) se mantém com recursos financeiros oriundos das loterias federais. Assim, apesar de a Constituição Federal prevenir a todos que o esporte goza de autonomia em nosso país, seu financiamento é em sua maior parte realizado com recursos públicos, o que leva os dirigentes esportivos a se sujeitarem aos mesmos princípios que regem os gastos de órgãos públicos. Nesse cenário, a minha experiência se adequava perfeitamente às necessidades da entidade que entrava numa nova fase.

Faltando menos de seis meses para a abertura dos primeiros Jogos Pan-Americanos a se realizarem na cidade do Rio de Janeiro, projeto idealizado pelo COB, embora contasse com um Comitê Organizador para a sua execução, ainda havia muito a ser feito. O fato de já ter exercido funções de gestão certamente me ajudou a encarar este novo desafio, mapeando os cenários e me adaptando à equipe que contava com seis advogados.

De tal modo que foi gratificante ver que as dezenas de contratos que confeccionamos, os pareceres que emitimos e as reuniões intermináveis das quais participamos renderem frutos materializados em 15 dias bem-sucedidos de competições esportivas.

Em 2008, já aclimatada ao ambiente esportivo, os Jogos Olímpicos de Pequim me mostraram como pode ser sacrificante trabalhar de acordo com os fusos-horários do Brasil e da China.

Em 2009, o Rio de Janeiro já iniciava sua corrida para se candidatar para sediar os Jogos Olímpicos e Paraolímpicos em 2016 e certamente minha participação no processo de candidatura colaborou para que eu viesse a ser promovida a gerente jurídica da entidade.

Quer tenha percebido claramente ou não à época, minha paixão pela literatura foi seguramente um dos fatores que me permitiram ordenar meus sentimentos para organizar minhas metas e relações profissionais.

Quando confirmada a escolha do Rio de Janeiro como sede dos Jogos de 2016, a presidência da entidade oportunizou aos advogados do COB optar por permanecer na entidade ou migrar seus contratos de trabalho para a nova entidade criada, o Comitê Organizador dos Jogos Rio 2016.

Embora participar da organização dos Jogos Olímpicos fosse um enorme atrativo, essa nova entidade era temporária e não pretendia utilizar recursos de natureza pública, razão pela qual seria mais adequado aos meus anseios profissionais permanecer na equipe do COB. Esta escolha colaborou para que eu fosse elevada à função de gerente em 2011.

Como gerente jurídica, exerci funções nos Jogos Pan-Americanos de Guadalajara 2011, Jogos Olímpicos de Londres 2012, Pan-Americanos de Toronto 2015, Jogos de Inverno de Socchi 2014, Jogos Olímpicos Rio 2016 e na preparação para levar os atletas brasileiros aos Jogos de Tóquio 2020, adiados para 2021. Tornei-me membro da Academia Nacional de Direito Desportivo (ANDD), ocupando a cadeira de nº 27, e participei da fundação da Sociedade Brasileira de Direito Desportivo (SBDD).

Tive a oportunidade de compor a Comissão de Estudos Jurídicos Desportivos do Conselho Nacional do Esporte e a Comissão de Juristas que idealizou o anteprojeto da nova Lei Geral do Esporte (PLS 68/2017), ainda em tramitação.

Elaborado em 2016, o Projeto de Lei do Senado nº 68/2017 orienta mudanças no financiamento e na gestão do esporte, no regime de trabalho de atletas e treinadores e cria uma espécie de "lei da ficha limpa", o que tornará impedidos os dirigentes inelegíveis com base na legislação eleitoral e aqueles afastados por gestão temerária ou fraudulenta. No total, o projeto conta com 270 artigos que consolidam normas sobre esporte em diferentes áreas.

Contudo, foi em 2017 que desempenhei o papel mais desafiador da minha trajetória. Em outubro, o COB sofreu as consequências de uma investigação a respeito da suposta compra de votos na escolha da sede dos Jogos Rio 2016, operação da Polícia Federal que culminou na prisão e renúncia do então presidente da instituição, Carlos Arthur Nuzman.

Tendo optado, por falta de vocação e aptidão, por não trabalhar com assuntos criminais, me deparei com um cenário caótico e que refletiu negativamente nas atividades da instituição.

Com o afastamento do então presidente, a Assembleia do COB referendou a assunção de Paulo Wanderley Teixeira à presidência e elegeu uma comissão para análise do Estatuto Social da entidade e dos aspectos mais relevantes de sua governança, quando fui indicada para coordenar os trabalhos realizados pela mencionada comissão.

Nos 42 dias em que a comissão realizou seus trabalhos, o desafio que se apresentava era tão grandioso quanto os problemas enfrentados pelo esporte brasileiro após os Jogos Rio 2016. Adequar as necessidades de modernização da estrutura de governança à busca por integridade exigida pelos *stakeholders* do movimento esportivo e às determinações do Comitê Olímpico Internacional (COI), visto que no momento o COB se encontrava suspenso, com restrições financeiras e institucionais graves.

As modificações que ainda podem ser verificadas no estatuto da entidade e em sua estrutura de governança, que foi modernizada, se traduziram em um importante passo em prol do resgate da credibilidade do COB. Vista com bons olhos pela comunidade esportiva e pelo COI, a modernização foi o principal motivador para o fim da suspensão da entidade que ocorreu em fevereiro de 2018.

Nas palavras do escritor moçambicano Mia Couto: "Para que as luzes do outro sejam percebidas por mim devo por bem apagar as minhas, no sentido de me tornar disponível para o outro". Se cada crise me impôs a busca por autoconhecimento e a oportunidade de me reinventar, essa crise vivida pelo COB em 2017 possibilitou-me especializar-me como profissional de *compliance*. Tendo obtido, em 2020, a certificação profissional na área de Compliance e Anticorrupção (CPC-A) pela LEC Certification Board, ramo profissional com o qual trabalho hoje.

Desde fevereiro de 2020, não componho a equipe de advogados do COB. Após 13 anos de exercício profissional na maior entidade do movimento olímpico nacional, a minha intenção era descansar, viajar e conhecer novas culturas, plano frustrado pela pandemia que assolou o Brasil e o mundo. Mas que me trouxe a possibilidade de encarar novos desafios: me tornei sócia do escritório Camargos Advogados, com sede em Brasília, com atendimento a clientes da área de esporte, entretenimento e terceiro setor em todo o Brasil.

A adaptação à minha nova missão vem sendo um desafio a mais nestes novos tempos, em que a pandemia e suas exigências de distanciamento social exigiram adaptações a todos os ramos de negócio. Nós, operadores do Direito, intensificamos nossa atuação de forma "telepresencial", o que nos exige utilizar novas ferramentas para comunicação e reinventar o modo como pensamos as relações jurídicas.

Em 2020, iniciei o mestrado em Direito Desportivo na PUC de São Paulo e me juntei a um grupo de pesquisa que trabalha temas de *compliance* e gênero, como parte das atividades do coletivo Sou Elas. Mais recentemente, venho colaborando com a iniciativa denominada All Esportes Brasil, braço brasileiro e esportivo do All Ladies League. Novos caminhos, grandes desafios.

Concluo minha autoavaliação ciente de que os sacrifícios são parte da caminhada. Meço minha respiração, meu corpo. Cada parte de mim participa deste exercício de autocuidado. O *software* também concluiu sua tarefa. Já me sinto pronta para dar outros passos, ciente de que os percalços também trazem novos caminhos e me conduzem à liberdade de ser quem sou.

Promover a justiça é muito mais que uma profissão, é um estilo de vida

Andrea Almeida Barros

9

Andrea Almeida Barros

É graduada em Ciências Jurídicas e Sociais pela Universidade do Vale do Rio dos Sinos – Unisinos. Advogou entre 1995 e 2000. É promotora de justiça desde 2000. Atualmente, está lotada na Promotoria de Justiça Especializada de Estrela e designada Promotora Regional de Meio Ambiente da Bacia Hidrográfica dos rios Taquari e Antas, sendo coordenadora do Programa de Recuperação Sustentável da Mata Ciliar do Rio Taquari. É mestra em Ambiente e Desenvolvimento pela Universidade do Vale do Rio Taquari (Univates). Em 2017, lançou o livro "Recuperação de Mata Ciliar: um olhar entre a sustentabilidade e a legislação ambiental" pela Editora Lumen Juris. É doutoranda pela Univates e pela Universidade de Sevilha, Espanha. É mãe em tempo integral. Nas horas vagas, blogueira de viagem, escritora e corredora.

"Quero ser promotora de Justiça para poder ajudar as pessoas", eu disse em voz alta no gabinete da Promotoria de Justiça de Montenegro/RS, em uma segunda-feira chuvosa, após uma tarde inteira de atendimentos. Fechei a porta e sorri. "É isso!", falei.

Eu ainda me lembro desse dia quando penso no momento em que eu, estudante de Direito e estagiária voluntária do Ministério Público do Rio Grande do Sul (MPRS), decidi o que queria para meu futuro. Sabia que o caminho seria longo e difícil, mas jamais impossível.

Minha decisão de cursar Direito veio após ouvir um amigo, que havia trancado a faculdade, dizer, em uma entrevista, que pretendia retornar e se formar. E ele comentou algo mais sobre a prática e as possibilidades que o curso oferecia. Imediatamente me identifiquei com o que ele disse e, em uma visão, me vi atuando num julgamento. Estava naquela fase em que havia desistido da Medicina e não sabia que rumo tomar. Devia ter meus 16, 17 anos. Alguns anos depois, nós nos reencontramos nos corredores da Universidade do Vale do Rio dos Sinos (Unisinos) e, por coincidência, colamos grau juntos.

O início de tudo

Aos 18 anos, mudei de cidade com minha família, porque meu pai era bancário, prestei vestibular e passei. Durante o curso, fui selecionada para estagiar na Promotoria de Justiça de Montenegro/RS de forma voluntária. Foi meu único estágio e durou os dois últimos anos da faculdade. Foi nessa época que eu decidi seguir a carreira de Promotora de Justiça.

Após a formatura, advoguei com o firme propósito de conhecer o ofício e, de alguma forma, ajudar as pessoas a solucionarem seus problemas. Na época, e ainda em Montenegro, eu e um grupo de colegas criamos um escritório para atender pessoas de baixa renda, pois eram poucos os defensores públicos, que, sozinhos no interior do Estado, não davam conta da demanda, sempre crescente. Durante praticamente dois anos atuei no que batizamos de Assistência Judiciária Comunitária, atendendo, basicamente, casos de Direito de Família e Direito Civil.

A vida durante o concurso

Ao final do segundo ano, decidi voltar a estudar e focar no meu objetivo, que era passar no concurso para o MPRS e ser promotora de Justiça. Sabia que o cargo, além de me proporcionar uma carreira estável, permitiria que eu ajudasse as pessoas e, de alguma forma, fizesse a diferença na vida delas.

Durante dois anos a dedicação foi exclusiva: horas exaustivas de estudos, cursos teóricos, práticos, de oratória... No RS, o concurso está dividido em quatro etapas diferentes: uma prova objetiva de 100 questões (60 de conhecimentos jurídicos, 40 de língua portuguesa); uma etapa escrita, com pelo menos quatro dias de prova, sendo um eixo temático por dia; uma prova de tribuna (que consiste em sustentar um tema sorteado na hora por 15 minutos perante uma banca especializada) e, por fim, as provas orais (uma para cada matéria). E, para definir a classificação final dos aprovados, ainda é feita a análise de títulos do candidato. Do total de inscritos, cerca de 3% são aprovados. Não existe promotor de Justiça por indicação, apenas por aprovação em concurso público. Quando decidimos por essa carreira, temos que estar cientes de que a vida social e familiar vai ficar em segundo plano, pois são cerca de 12 horas diárias de estudo.

Ao final de um longo ano de estudos e provas, recebi a notícia de que não havia sido aprovada por décimos... Num primeiro momento, não acreditei, pois sabia que havia dado o meu melhor, mas logo em seguida recomecei a lutar: um erro no cômputo das notas, reconhecido pela comissão de concurso, e a avaliação incorreta da prova de títulos (o que gerou alteração na lei do concurso) garantiram a minha aprovação e a de outros colegas, bem como a nossa posse, após um processo judicial. Já cheguei brigando por justiça, pelo direito que entendia que tinha.

Eu jamais desisti. Houve um momento em que uma pessoa me disse que eu nunca conquistaria meu sonho "porque eu não era capaz de ser Promotora de Justiça" e que "não adiantava eu lutar". A partir daí eu busquei forças, concentração, energia, tranquilidade e muita dedicação para atingir o meu objetivo, aquele que eu havia traçado naquela segunda-feira chuvosa. E eu consegui!

Nessa época, fiz diversos concursos (quanto mais, melhor, para treinar tempo de prova, equilíbrio emocional, domínio dos temas, etc.) e em muitos deles fui aprovada. Porque é assim: quando você começa a estudar para concurso, você está no fim da fila. Os que estão mais à frente vão sendo aprovados e você, se não desistir, vai se aproximando do nível de conhecimento e de tranquilidade necessários à aprovação. O seu lugar está garantido, mas é preciso persistir sempre. Às vezes não é fácil, dá vontade de desistir, de largar tudo, de mudar de rumo, mas quando a decisão é tomada com o coração e você tem certeza – e eu tinha! – de que esse é o seu caminho, apenas lute pelo seu sonho. Tenho certeza de que conseguirá.

A carreira: do princípio aos dias atuais

Minha primeira comarca foi São Francisco de Assis, no oeste gaúcho. E aqui os primeiros desafios: morar sozinha, longe da família e atuar em um cargo de destaque na comunidade. O aprendizado que conquistei como estagiária foi fundamental para analisar os primeiros processos judiciais que chegaram. E eles eram muitos e dos mais variados temas: dos casos de família até aqueles de homicídio, em que o julgamento se dá pelo Tribunal do Júri. E foi no plenário do Fórum de São Francisco que eu estreei como promotora de júri, naquela cena que eu vi quando decidi seguir na carreira. Atuar na acusação não é algo simples, embora essa seja uma das principais atribuições dos promotores e promotoras de Justiça. Com isso, estamos defendendo o direito a uma sociedade mais justa e com menos violência.

Depois de alguns anos, atravessei o estado de oeste para leste e assumi uma das Promotorias de Justiça de Torres, no litoral. A atuação aqui foi mais voltada para delitos de menor potencial ofensivo, alguns crimes mais graves e muitos temas da área cível, que exigem a atuação do Ministério Público como fiscal da lei, outra das nossas funções. O Projeto Veraneio Cidadão, programa institucional, era realizado anualmente, na beira da praia, com o objetivo de divulgar aos veranistas questões referentes aos temas da proteção da criança e do adolescente, do código de defesa do consumidor, meio ambiente, trânsito, etc. Nesse dia, atendíamos na orla a quem precisasse de alguma orientação jurídica.

O sonho de morar na praia não durou muito tempo e eu decidi trocar de cidade: em Taquari, além de voltar a fazer júris – o plenário mais difícil que fiz aconteceu nessa época - comecei a atuar na seara dos direitos fundamentais, entre eles, na proteção socioambiental. Proteger o patrimônio histórico e cultural sempre foi algo de que gostei muito e em Taquari pude promover o tombamento do prédio, dos equipamentos, do processo produtivo e do acervo completo do único jornal da América Latina feito no sistema tipográfico, O Taquaryense, ainda em circulação. Ele é impresso em uma tipográfica Marinoni francesa, adquirida por seu fundador, Albertino Saraiva, do jornal Correio do Povo, em 1910. Foi fundado em 31 de julho de 1887, estando com mais de 100 anos de existência, sendo o segundo jornal mais antigo do RS.

Com dez anos de carreira, aceitei promoção para a entrância intermediária. Em Frederico Westphalen, atuei fortemente na defesa dos direitos das mulheres vítimas de violência doméstica. Juntamente com a Universidade Regional Integrada do Alto Uruguai e das Missões – URI e com o Poder Judiciário, criamos um programa de acolhimento dessas mulheres. Ao resolver o objeto do litígio, com o auxílio de profissionais de diferentes áreas (Serviço Social, Psicologia, Direito), através da mediação, conseguimos diminuir o número de casos no município, sendo de, apenas, 3% a reincidência na época. Durante esse período, também, em um programa semanal de rádio, respondia às perguntas da comunidade em parceria com um dos juízes da Comarca. Atuar na prevenção sempre foi meu ideal. Em razão disso, era palestrante fixa do Projeto Todos na Escola, da Brigada Militar. Além disso, fui uma das promotoras pioneiras das Audiências Crioulas, realizadas durante o principal evento cultural do Estado, a Semana Farroupilha, com o objetivo de mostrar para a comunidade como atuam o Poder Judiciário e o Ministério Público em sala de audiências, geralmente ambientada numa praça ou num Centro de Tradições Gaúchas (CTG), sendo que tanto a manifestação ministerial como a sentença eram prolatadas em forma de poesia, estando todos tipicamente trajados.

Em 2014, assumi a Promotoria de Justiça Especializada de Estrela, que atua na proteção dos direitos coletivos, basicamente. Assumi, também, a coordenação do Projeto Corredor Ecológico do Rio Taquari, que já estava em andamento desde 2008 e que foi objeto da minha dissertação de mestrado em Ambiente e Desenvolvimento, concluído em 2017, na Universidade do Vale do Rio Taquari (Univates). Em consequência, após modificação na sua abordagem, foi rebatizado de Programa de Recuperação Sustentável da Mata Ciliar do Rio Taquari, abrangendo 15 municípios, em que se busca a recuperação da vegetação ripária como forma de proteger o solo e o talude e melhorar a qualidade da água e do meio ambiente, além de criar um corredor de biodiversidade. Com essa ideia, a atuação do MPRS se dá de forma proativa, recuperando parte da área de preservação permanente lateral ao rio, garantindo a transição intergeracional e protegendo, desde já, o direito das futuras gerações de receberem um planeta com o meio ambiente ecologicamente equilibrado. Esse programa foi premiado pelo Conselho Nacional do Ministério Público, em 2017, como indutor de políticas públicas. Além disso, já foi apresentado em congressos na Argentina, na

Espanha e em diversas cidades do Brasil, pois é possível de ser replicado. Nesse mesmo ano, lancei meu primeiro livro, com o título: "Recuperação de Mata Ciliar: Um olhar entre a sustentabilidade e a legislação ambiental", pela editora Lumen Juris, já esgotado. Atualmente, estou levando o programa para as margens dos afluentes do rio Taquari, abrangendo quase 20 municípios, e desenvolvendo minha tese de doutoramento em Ambiente e Desenvolvimento pela Univates a partir dessa experiência.

Mas a atuação de uma Promotoria de Justiça não se limita somente à temática ambiental. Atua-se, também, na área da educação, da saúde pública, dos direitos do consumidor, dos direitos fundamentais, na proteção da criança, do adolescente e do idoso. Atualmente, estamos imbuídos dos temas referentes à saúde pública, por conta da pandemia mundial do novo coronavírus. Fiscalizamos o cumprimento da legislação em todas as áreas: saúde, consumidor, improbidade administrativa, violência doméstica, meio ambiente, educação... Todas as áreas atuando para que esse período tão complexo e único seja vencido.

O objetivo de promover a justiça e de fazer a diferença na vida de alguém é diário, seja em um processo individual, por exemplo, na entrega de uma criança ou adolescente para a adoção, após cumpridas todas as etapas e requisitos processuais, seja em um processo coletivo, como a recuperação e proteção do meio ambiente, em que todos serão beneficiados. Esse é o meu dia a dia.

Promover a justiça: um estilo de vida

É por isso que afirmo que promover a justiça é um estilo de vida. Claro que é mais cômodo ficar dentro do gabinete, impulsionando processos, em uma atuação meramente burocrática (e isso não é uma crítica a quem pensa diferente). Se apenas números forem analisados, a ideia de efetividade até pode estar bem demonstrada, nesses casos. No entanto, entendo que efetividade, de verdade, eu consigo estando próxima à sociedade, conhecendo as realidades e vendo de que forma é possível atuar para que a qualidade de vida das pessoas seja, de fato, melhorada. Promover a justiça, seja ela social, cultural, ambiental, individual ou coletiva, é isso. É mais que uma atribuição, é missão de vida. Essa é a minha missão de vida.

A diversidade de temas de atuação faz com que nenhum dia seja igual ao outro e sempre estão surgindo novas oportunidades de atuação dos promotores e promotoras de Justiça, pois a sociedade está em constante evolução e precisamos estar muito conectados com isso. Para que o trabalho seja efetivo, é imprescindível gostar do que se faz e eu sou completamente apaixonada pela minha profissão. Em alguns momentos, encontrei, claro, dificuldades, seja para a execução de um projeto, seja para eleger que caminho escolher para atuar, pois nas situações de vida cotidiana nem tudo é linear e diferentes soluções são possíveis e corretas, mas qual opção é a mais justa? Responder a essa pergunta nem sempre é algo fácil. Para isso existem os Princípios Constitucionais e de Direito, para amparar as nossas decisões.

Outro grande aprendizado que tive nos últimos anos é sobre a necessária interdisciplinaridade para a melhor aplicação do Direito ao mundo dos fatos. Durante muito tempo, o Direito foi entendido como uma ciência isolada e autossustentável, que se bastava em si mesma, pois a lei existia e deveria ser aplicada, sem qualquer intervenção externa. No entanto, hoje em dia, o necessário olhar sistêmico, holístico e interdisciplinar é o que melhor resultado produz. Por exemplo, para que a lei ambiental seja aplicada e produza efeitos positivos, é imprescindível que conhecimentos de Biologia, de Geologia, de Química, entre outras ciências, sejam conjugados para a solução de um determinado problema. O mesmo raciocínio deve ser feito com relação aos temas da infância e juventude, idoso e família: é preciso a atuação de uma equipe multidisciplinar para o melhor encaminhamento. Nestes casos, médicos, psiquiatras, psicólogos, assistentes sociais, professores e outros profissionais são ouvidos para que a decisão que vier a ser tomada esteja amplamente embasada. As ciências precisam conversar, afinal de contas já se sabe que a atuação isolada nem sempre é eficaz.

A carreira jurídica que escolhi não diferencia nem trata de forma desigual a mulher no ambiente de trabalho e isso é um ponto muito favorável. Atualmente, as mulheres formam grande parte da carreira no MPRS. Não há diferenciação salarial e as oportunidades são rigorosamente iguais para a ascensão na carreira. Já tivemos, inclusive, uma mulher como procuradora-geral de Justiça e outra como presidente da Associação do Ministério Público do Rio Grande do Sul.

Por fim, é preciso dizer que para ser uma profissional bem-sucedida nessa carreira faz-se necessário contínuo aperfeiçoamento, tendo em vista a volatilidade do panorama legislativo e jurídico pátrio. Além disso, é preciso ter empatia, respeito, ética e amor. Essas são as ferramentas que vão levá-lo ao sucesso.

Horizontes

Carmen Magali Cervantes Ghiselli

10

Carmen Magali Cervantes Ghiselli

Advogada graduada pela PUC-SP e pós-graduada em Direito do Estado pela ESPGE. Exerceu o cargo de procuradora do estado por 22 anos. Atuou no contencioso geral e na área da consultoria. Chefiou a Procuradoria Judicial e a Consultoria Jurídica da SPPREV. Integrou diversos grupos de trabalho e afastou-se da carreira, pelo período de quatro anos, para assessorar o secretário da Segurança Pública. Integra o Cadastro Nacional de Mediadores e Conciliadores Judiciais mantido pelo CNJ. Foi superintendente jurídica da CPOS, estatal paulista.

Acesso LinkedIn:

O convite para somar-me a outras mulheres e escrever sobre minha trajetória no Direito causou-me prazer e temor.

Penso ser um sentimento comum imaginar que há tantas outras narrativas interessantes e extraordinárias, mas o inesperado convite foi feito por uma querida amiga de faculdade, que testemunhou alguns obstáculos enfrentados à época, bem como o êxito alcançado na carreira jurídica que escolhi. Minha história poderia encorajar outras pessoas, quiçá outras mulheres a realizarem seus projetos e sonhos, foi o que ela me disse.

Pois sim, pensando bem, "atravessei o Rubicão" quando, aos 26 anos ingressei na PUC São Paulo e cursei a faculdade ao lado de colegas que eram oito anos mais jovens. Colei grau em 1993 e ingressei na Procuradoria Geral do Estado em 1994. Será gratificante refazer esse caminho e talvez concluir com os leitores, parafraseando o Pe. Fábio de Melo, que *"O que pude me tornar sempre esteve em mim"*.

Na verdade, aquela menina nascida em Novo Horizonte, interior de São Paulo, em 1962, sob o signo de Sagitário, alcançou o que sonhava antes de concluir o segundo grau - cursar faculdade e ter uma profissão. Inicialmente, seria Engenharia, porque havia optado por matérias na área de exatas.

Planos não faltaram. Sempre fui estudiosa por conta própria, pois não sofria qualquer cobrança. Além do segundo grau cursado em colégio estadual, no período diurno, formei-me em técnico contábil, curso pago que frequentava à noite, pois queria estar habilitada a obter emprego e ajudar no custeio dos estudos longe de casa.

Meu pai sinalizava que não me deixaria morar fora. Poderia cursar Administração de Empresas em Catanduva, cidade próxima, indo e voltando todos os dias. Isso não estava nos meus planos. Queria cursar Engenharia em São Carlos. Mas, nem uma coisa, nem outra...

Vi meus amigos deixando a cidade e amarguei a tristeza de sequer me inscrever para o vestibular. Senti, com certeza, uma das maiores frustrações da vida. As oportunidades de trabalho numa pequena cidade do interior são restritas, mas aos 18 anos eu fui contratada pelo Banco Mercantil de São Paulo. Trabalhei com pessoas queridas e aprendi muito.

Mudei-me de cidade e o desejo de continuar os estudos estava latente. Prestei concurso e ingressei como escrevente judiciário, na Comarca de Jaú, em 1987; fui chamada no final da lista de aprovados, pois houve falhas na convocação. Desde o início, tive a certeza de que o Direito seria minha fonte de estudos e ferramenta de trabalho. Casada, à época, acompanhada de uma amiga, fiz cursinho, prestei vestibular e ingressei na Instituição Toledo de Ensino (ITE), em Bauru. Após três semestres, já separada e viajando todos os dias para cursar a faculdade, com intenção de vir para a Capital, recebi o convite para trabalhar na Assessoria à Vice-Presidência do Tribunal de Justiça. Luzia Loureiro, jauense, funcionária da Corregedoria, disse-me que precisavam de alguém com o meu perfil. Não ousei questionar.

A escolha exigia coragem, porque a única certeza era de que eu seria transferida e continuaria a ter um salário que me permitiria pagar a faculdade. Outros motivos aconselhavam-me à mudança e decidi tentar. Minha transferência saiu em uma semana e, após o trânsito, lá estava eu, no Palácio da Justiça!

Como num passe de mágica, fui acolhida e integrei-me aos servidores, juízes e desembargadores. Encontrei pessoas como Armando S. Prado de Toledo, Renato de Salles Abreu Filho, Waldemar Mariz de Oliveira, que foram especiais por proporcionarem condições para o meu caminhar.

O maior desafio era a continuidade dos estudos. O ingresso na PUC permitiu-me prosseguir, mas o início foi extremamente desgastante. Como não havia total compatibilidade da grade curricular referente ao período cursado na ITE, fui autorizada a cursar o segundo ano, cumulando cinco matérias relativas ao primeiro ano. Rotina nada simples para quem acabara de chegar nessa grande cidade: assistia aula pela manhã, ia para o TJ e voltava para a PUC à noite, ao menos três vezes por semana. Estava casada e tinha o privilégio de descer no metrô e ir de carro até a faculdade, com direito a um lanche para comer no caminho.

Agia com normalidade, pois não havia alternativa para os meus planos. Estudava nas madrugadas e finais de semana, porque queria entregar meus trabalhos e participar ativamente dos seminários, especialmente os de Processo Civil. Àquela altura, meu desejo era prestar concurso para a Magistratura; queria aplicar o Direito e decidir com justiça. Para isso, meus estudos teriam que ser constantes; tinha que conciliá-los com o trabalho, pois não havia perspectiva de dedicar-me apenas aos estudos preparatórios. O estímulo para a advocacia privada vinha da querida professora de Processo Civil, Teresa Arruda Alvim, a "Didi", mas eu vislumbrava vocação e estabilidade na carreira pública.

No último semestre da faculdade, frequentei o curso preparatório para concurso, do saudoso professor Damásio. Voltei à maratona estressante e, quando percebi, estava com dificuldades para escrever, o que era assustador, porque, tanto a prova da OAB como o concurso que pretendia prestar exigiam prova escrita. Minha caligrafia começou a ficar ininteligível, a ponto de um cirurgião recomendar-me que escrevesse com a mão esquerda. Exercícios para relaxar e cirurgia do túnel do carpo resultaram numa melhora razoável, suficiente para escrever com dificuldade.

No final do ano, antes de colarmos grau, saiu o edital de concurso para a Procuradoria Geral do Estado de São Paulo. Não havia pensado em ingressar na advocacia pública, mas, à época, duas professoras da PUC, procuradoras do estado, incentivaram-me a prestar o concurso. Fui aprovada na primeira fase da PGE e também na OAB. A segunda fase ocorreu logo após a morte do Ayrton Senna, período em que foi extremamente difícil para me concentrar nos estudos, porque o país ficou enlutado por dias e eu, prostrada assistindo às reportagens na tv. Fui aprovada e não pude deixar de pensar no "Tema da Vitória"!

Antes da realização da prova oral, o Tribunal de Justiça de São Paulo lançou edital de concurso para ingresso na Magistratura. Certa de que era minha primeira opção, me inscrevi. A prova foi marcada e, na data da sua realização, eu estava aprovada no concurso da PGE, com ótima classificação, o que me permitiria trabalhar na capital e escolher a área de atuação.

Quando li o livro *A luta pelo Direito*, em 1988, grifei no texto a frase que me norteou desde então e que se faz tão atual:

> *"Não, não basta que o direito e a justiça floresçam em um país, que o juiz esteja sempre disposto a cingir sua toga, e que a polícia esteja disposta a fazer funcionar os seus agentes; é mister ainda que cada um contribua por sua parte para essa grande obra, porque todo o homem tem o dever de pisotear, quando chega a ocasião, essa víbora que se chama arbitrariedade e ilegalidade".*

Esse sentimento funcionava como uma bitola nas minhas escolhas. Advogar implicava defender um dos lados, nem sempre aquele que mereceria a guarida da justiça. A defesa da Fazenda do Estado não era tarefa fácil, mas representava a defesa do erário e de recursos para realização das políticas públicas.

Os pensamentos e sentimentos eram muito conflitantes. Estava prestes a ser chamada para assumir o cargo de procuradora do estado e inscrita no concurso para a tão almejada Magistratura.

Como funcionária do TJ, sempre me comportei e me vesti como candidata. Sabia o peso desses fatores num concurso, especialmente para fins de referências. Fui incentivada pelos desembargadores, juízes, assessores e servidores. Tudo parecia ser uma questão de preparo e tempo, ao menos até a aprovação em outro concurso.

Na época, eu trabalhava com o desembargador Odyr Porto, que foi presidente do Tribunal de Justiça e era exemplo de competência, dignidade, simplicidade e dedicação. Na sua gestão, vivemos um período de gratificante integração e respeito; eram comuns as confraternizações com a presença dos assessores, funcionários e desembargadores amigos que o visitavam. Ele aceitou o convite para a Secretaria de Segurança Pública e alguns de nós tiveram a honra de acompanhá-lo. E foi lá no casarão de Higienópolis que expus a ele minha angústia: assumir o cargo de procuradora do estado, ou prestar o concurso para a Magistratura? A observação que ele fez calou na minha alma inquieta: "Carmen, as mulheres têm sido excelentes juízas, mas com muito prejuízo da vida pessoal".

Eu sabia que as mulheres precisavam se destacar para serem aprovadas e se promoverem na Magistratura; até então, não havia nenhuma desembargadora no TJ. A Procuradoria também demandaria muito de mim, especialmente a mudança de mentalidade, pois teria que ser parcial, sem poder invocar objeção de consciência ao defender uma ação pleiteando medicamentos de alto custo, ou a realização de um transplante; teria que advogar a causa pública em juízo e sustentar os critérios eleitos pelo gestor. A consultoria jurídica não era área de ingresso, como é hoje; eu teria que optar pelo contencioso cível ou tributário, ou atuar na assistência judiciária, assumida a partir de 2006 pela Defensoria Pública.

Estava com 31 anos de idade, casada e aprovada numa carreira concorrida e respeitada, com possibilidade de atuar na Capital, sem precisar deslocar o esposo, ou viajar semanalmente nas mudanças de entrância e substituições, até me fixar numa comarca onde pudesse permanecer por mais tempo e, então, pensar em ter filhos.

O que define nossas escolhas nos momentos de dúvidas?

Confesso, além de todas as reflexões feitas, deixei-me influenciar pela propaganda do McDonald's, que apresentava pessoas rindo e se divertindo com os acontecimentos corriqueiros, com a simplicidade da vida e as pequenas coisas, terminando com a frase: *"Gostoso como a vida deve ser"*.

Deixei de seguir o conselho da minha sogra, a qual me sugeriu que "tirasse no papelzinho" se iria ou não prestar o concurso da Magistratura, tamanha a minha dúvida. Não compareci e deixei estupefatos os amigos que prestaram a prova e saíram rapidinho para não me encontrarem, arriscando-se a discutir as respostas... Eu tinha esse defeito.

Acredito haver feito uma opção de vida, não apenas de carreira. Tomei posse em setembro de 1994 e meu filho nasceu em junho de 1995. Liberei-me para tentar engravidar e fui presenteada. Não tinha a pretensão de imaginar que seria assim, tão rápido.

O querido Príncipe dos Poetas, Paulo Bomfim, com quem tive a honra de conviver no Tribunal de Justiça, brindou-nos com um lindo poema sobre os sentimentos ambíguos que brotam de nossas escolhas:

Aquilo que não fomos

Ninguém tem culpa

Daquilo que não fomos!

Não houve erros,

Nem cálculos falhados

Sobre a estepe de papel.

Apenas,

Não somos os calculistas

Porém os calculados,

Não somos os desenhistas

Mas os desenhados,

E muito menos escrevemos versos

E sim somos escritos...

A Procuradoria Geral do Estado permitiu-me ser uma profissional dedicada e vivenciar diversas experiências, tanto na área do contencioso, como consultiva, por vezes em funções de chefia e assessoramento. Permitiu-me, inclusive, o afastamento da carreira para assessorar o secretário estadual de Segurança Pública, por quatro anos e, nesse período, atuar na interlocução com as polícias, colaborar com a análise e encaminhamento de seus pleitos e projetos, representar o Estado na 1ª Conferência Nacional de Segurança, exercer as funções de secretária executiva do Gabinete de Gestão Integrada, despachar com ministros do STF e diversas outras atividades relevantes.

Durante o período em que atuei no contencioso, integrei grupos de trabalho especializados, entre os quais aquele constituído com a missão de disciplinar o procedimento administrativo para pagamento de indenizações, bem como o grupo que discutiu a indenização às vítimas do episódio "Escola Base".

Foi na chefia da Procuradoria Judicial que tive a oportunidade de coordenar colegas extremamente competentes, os quais fizeram desabrochar em mim a advogada aguerrida em que me transformei. O relacionamento com os juízes das Varas da Fazenda Pública era de excelência, pois havia respeito recíproco. Idêntica era a postura dos desembargadores nas audiências concedidas.

O gesto mais inesperado, nesse período, foi o convite manuscrito pelo ministro Cezar Peluso para comparecer a sua posse no Supremo Tribunal Federal. Havia assistido a uma sessão de julgamento no TJ e, informada por um servidor de sua indicação, pedi que lhe entregasse um bilhete com meus cumprimentos e votos de boa sorte, mas não poderia imaginar que a resposta viria de forma tão gratificante. Inesquecíveis as lições e incentivos recebidos do desembargador, no período em que era funcionária da presidência e já torcia para que ele ocupasse uma cadeira na Corte.

O Direito público é apaixonante e está presente em nossas vidas muito mais do que enxergamos. Auxiliar os gestores públicos nas escolhas e decisões diárias é um privilégio. Defender as ações propostas, mesmo quando temos vontade de confessá-las, é garantir que a decisão judicial seja proferida com observância às leis e à Constituição.

Ao me aposentar, em 2016, capacitei-me para atuar na utilização de métodos consensuais de solução de conflitos e, para tanto, participei do estágio perante os CEJUSCs, exigido pelo CNJ. Foi uma experiência enriquecedora, especialmente por desconhecer o adiantado das práticas e por ter contato com situações de enorme colaboração. O ser humano é surpreendentemente capaz de fazer escolhas pacificadoras, precisa apenas ser estimulado adequadamente. Havendo liberdade para promover um acordo, acredito que deva ser tentado.

Dizem que, ao contar nossa própria história, podemos ressignificar alguns momentos e isso contribui para que a trajetória de outros seja incrementada. Espero, de alguma forma, que essas poucas linhas, resultantes de uma breve digressão, tenham alguma valia.

Carrego em mim o sangue de meus avós, imigrantes espanhóis e italianos, que nos idos de 1900 vieram para o Brasil, fugindo da guerra e em busca de uma vida digna, pautada no trabalho. Foi preciso sonhar e acreditar para que eu pudesse dar continuidade as suas histórias!

Sobre a importância dos sonhos, me inspira Clarice Lispector:

"... As pessoas mais felizes não têm as melhores coisas.
Elas sabem fazer o melhor das oportunidades
que aparecem em seus caminhos.
A felicidade aparece para aqueles que choram.
Para aqueles que se machucam.
Para aqueles que buscam e tentam sempre.
E para aqueles que reconhecem a importância das pessoas
que passam por suas vidas".

Reconhecimento e gratidão são os sentimentos mais recorrentes em minha vida. Em todos os momentos dessa trajetória que me trouxe até aqui, tive verdadeiros anjos que estiveram ao meu lado e apoiaram-me verdadeiramente, das mais diversas e positivas formas. Sem eles, meus esforços não produziriam o mesmo resultado, razão pela qual estarão sempre nos meus melhores pensamentos. Cada um mereceria citação especial, mas não me arrisco a fazê-lo aqui. Espero que em seus corações eu tenha deixado clara essa impressão.

Neste momento, quero seguir atuante, inspirada pela longeva trajetória de Sobral Pinto e por meu filho, que também cursou a PUC e advoga na área criminal! Há novos desafios a enfrentar e o aprendizado precisa ser constante. Como dizia Tancredo Neves, "para descansar, temos a eternidade".

De todas as conquistas, a maior foi encontrar prazer no trabalho com o Direito. Digo encontrar, porque desde a adolescência eu enxergava nos estudos e no trabalho o passaporte para uma vida financeiramente melhor. A felicidade eu encontrei no caminho, enquanto caminhava... Se eu tive sorte? Sim, muita sorte!

O que me motiva ao protagonismo

Carolina Maria Gris de Freitas

11

Carolina Maria Gris de Freitas

Advogada do Itaú Unibanco, líder de *squad* da estratégia jurídica do contencioso massificado, tem mais de nove anos de experiência no setor financeiro. Reconhecida em todos os anos em que atuou no meio empresarial, é uma das advogadas seniores mais jovens do banco. Mestre e especialista em Direito Processual Civil pela PUC/SP, onde também se graduou e teve a honra de atuar como professora assistente de Processo Civil. É especialista em Direito e Economia nos Negócios pelo CEDES e Membro da Comissão de Processo Civil da OAB/SP – Pinheiros. Mulher lésbica, acredita que a luta por diversidade e inclusão é o caminho para uma sociedade mais justa e, por vivência própria, tem a certeza de que ambientes inclusivos e diversos promovem empatia, criatividade e inovação.

Acesso LinkedIn:

Como advogada de 31 anos, paulista, lésbica, amante do aprendizado, com mais de nove anos de experiência no jurídico de empresa, compartilho a minha singela experiência de vida para contribuir e incentivar tantas outras mulheres na busca de sua realização.

Valores como base profissional

Minha família sempre foi o pilar da minha trajetória. Com eles, eu pude construir o meu caráter e erguer os meus valores desde cedo, nas coisas mais simples. Além deles, praticamente no início de minha vida profissional, pude conhecer a minha esposa, que sempre me incentivou a ser a minha melhor versão.

Meus pais, Caterina e Orlando, tiveram cinco filhos, mas até os meus 11 anos éramos três. Como irmã do meio tive vários aprendizados: ao mesmo tempo que queria me espelhar na irmã mais velha (Caterina Maria) e amadurecer rápido, não deixava de brincar com o meu irmão mais novo (Vinícius). Aos meus 11 (2001) e, posteriormente, 13 anos (2003), ganhei mais dois irmãos (Victor e Beatriz). Numa família com cinco irmãos era praticamente natural pensar no próximo: tudo que ganhávamos, dividíamos, quando um se machucava, a brincadeira parava; e quando tinha bagunça todos ajudavam a arrumar. Uma lição de empatia e união.

Meus pais foram essenciais para nossa criação. Como autônomos, nossa vida sempre foi marcada por altos e baixos, mas eles nunca nos deixaram faltar nada, principalmente a educação, a qual sempre faziam questão de relembrar ser o mais importante. Desde então sempre coloco o ensino como um dos fatores essenciais para o meu desenvolvimento.

Os valores adquiridos com minha família me tornaram uma profissional melhor. Tal aprendizado sempre esteve nas coisas mais simples: na humanidade da minha mãe no trato junto a qualquer pessoa; no tratamento despendido pelo meu pai junto aos seus clientes; na dedicação da minha mãe no trabalho, mesmo depois de ter passado o dia cuidando dos filhos e da casa; e na paciência, aprendizado, reinvenção e otimismo do meu pai para lidar com as adversidades da empresa.

Talvez minha família não saiba até hoje a proporção do impacto deles em minha vida e o presente livro só é mais um capítulo construído em agradecimento a eles.

Quanto à minha esposa, Ingrid, nos conhecemos em 2014, no meu primeiro ano como advogada. É gratificante ver o quanto a nossa evolução profissional colaborou para a construção de nossos sonhos, como a aquisição de nosso primeiro carro e imóvel. Planejamos conjuntamente os próximos passos acadêmicos e profissionais, uma auxiliando, incentivando e torcendo pelo crescimento da outra.

Neste aspecto, o crescimento não foi somente na carreira, mas também no relacionamento, mesmo porque o trabalho é uma atividade que ocupa tempo expressivo de um dia e fazê-la participar e conhecer essa minha rotina só trouxe mais consciência, compreensão e estímulo entre nós. As horas extras, às vezes necessárias, o investimento em um curso específico ou até mesmo aquele *happy hour* com os colegas do trabalho passaram a fazer mais sentido.

Hoje sou alguém totalmente diferente da pessoa que eu era em 2014, quando a conheci, e com certeza querer ser cada vez melhor, em todos os aspectos, tem como grande motivo a pessoa que caminha ao meu lado e que me ajuda em todas as minhas jornadas.

A escolha e início da carreira

A escolha do Direito como profissão não foi algo pensado desde o início da minha vida estudantil. Na escola meu interesse sempre foi voltado para as matérias de humanas. Amava escrever, desenhar e criar histórias. Gostava de conhecer pessoas novas e me comunicar. O esporte também era uma paixão. Destacava-me nas modalidades coletivas, principalmente no handebol, adorava aprender novas jogadas ensaiadas com o time e me divertir.

Durante o ensino médio, ainda sem saber qual carreira seguir, minha irmã mais velha ingressou na faculdade de Direito. Aproveitei a oportunidade para assistir a algumas aulas dela e vivenciar o curso. Para minha surpresa, acabei por descobrir o que significava "ter amor por uma profissão". Lembro-me até hoje que a aula que assisti discorria sobre teoria geral do Direito, as mais diversas formas com que o Direito se manifestava e a complexidade da sociedade que demandava tais expressões. Tudo aquilo me fascinou.

Em 2009 ingressei na faculdade de Direito, e, apaixonada pela matéria, fazia questão de buscar dar o meu melhor. Foi na graduação que iniciei minha experiência no mercado de trabalho, por meio do estágio remunerado.

Conseguir o primeiro emprego foi um desafio à parte. Assim que ingressei na faculdade, o meu desejo era iniciar o quanto antes no mercado de trabalho, mas tal tarefa não foi fácil. Participei de diversos processos seletivos. Recebi muitos "nãos". Porém não desanimei.

Inicialmente confesso que fiquei abalada, afinal de contas era o meu primeiro contato com o meio profissional e, mesmo com tanta vontade de trabalhar e crescer, eu só recebia recusa atrás de recusa. Busquei entender no que melhorar e fazer diferente. A cada entrevista eu ganhava mais experiência. Cheguei até a pedir o contato das pessoas que estavam participando comigo das dinâmicas, para que, após, não sendo a escolhida, pudesse obter dicas de quem o fosse.

Até que percebi que o meu foco deveria estar no que eu era boa, naquilo que eu poderia acrescentar e me destacar, deixando de focar no porquê de não ter sido escolhida. Percebi a necessidade do autoconhecimento e de dar um passo atrás para entender os meus anseios e tudo aquilo em que eu poderia fazer diferença no meio profissional sendo eu mesma.

Então, finalmente, fui admitida no meu primeiro estágio. Dediquei-me o máximo que pude para demonstrar que a escolha tinha sido assertiva. Foi um aprendizado, a persistência e resiliência diante dos mais diversos tipos de rejeição, e posterior dedicação, até como forma de gratidão pela oportunidade.

O estágio foi uma importante ferramenta de aprendizado para o meu crescimento profissional. Utilizei a oportunidade de maneira estratégica. Sempre quando notava que algo não me acrescentava mais, eu mesma buscava criar algo além do estabelecido, para que meu crescimento fosse contínuo (método que utilizo até hoje).

Na faculdade não foi diferente, busquei ir além das aulas. Fiz *networking* com professores e me tornei representante de sala para poder me aproximar e entender melhor cada experiência profissional, desde eles como docentes, até as cadeiras que ocupavam como advogados de escritórios ou empresas ou como magistrados, promotores, etc.

Essa aproximação e dedicação nas matérias me proporcionou a indicação para novos estágios, o convite para aulas extras, o ganho e conhecimento de novos livros para leitura complementar, entre outros fatores que ampliaram a minha vivência na faculdade.

Durante tal período logo me apaixonei por uma matéria em particular: Processo Civil. Muito em razão de um professor exemplar (José Roberto) em quem me espelho. Suas aulas aguçaram minha curiosidade sobre a matéria, um dos fatores que me fizeram querer me especializar em tal ramo do Direito.

Na dinâmica dos estágios realizados busquei a experiência no meio corporativo e em pequenos e grandes escritórios de advocacia. Tudo isso, pois sempre acreditei que a prática seria a minha melhor aliada para a compreensão daquilo que eu buscava profissionalmente.

Antes do término da faculdade consegui a tão esperada efetivação na empresa em que trabalho até hoje, na qual neste ano completarei dez anos engrandecedores de carreira. Não foi algo simples, demandou muito aprendizado, dedicação e novas habilidades comportamentais.

O básico para que este vínculo funcionasse foi a sinergia entre os meus valores e os praticados pela empresa, afinal, desde sempre inseri tal convicção como essencial para a construção de qualquer relação. Mesmo porque, se nem este básico ditame se encaixar na sua vida profissional, qualquer segunda-feira será tortuosa. Agir contra os seus valores é agir contra si mesmo. Um bom exemplo disso foi poder ser quem eu sou, apresentar tranquilamente a minha esposa para os colegas de trabalho ou falar dela sem qualquer receio.

Tendo atendido tal expectativa básica, a prática me auxiliou a moldar minhas competências e habilidades, mas não deixei de lado a minha necessidade pessoal de crescimento no meio acadêmico, o que acabei unindo ao profissional.

Após o término da faculdade, iniciei na cadeira de professora assistente, acompanhando o meu professor de Processo Civil da graduação. Foi uma jornada única, não só por poder estudar o novo Código de Processo Civil junto ao meu querido professor, mas também pelo fato de acompanhar uma turma de graduação do início ao término de seu curso, a evolução de cada aluno e início de carreira.

Além disso, também emendei o curso de especialização em Direito Processual Civil, realizei outra especialização em Direito e Economia nos Negócios e, posteriormente, ingressei no mestrado em Processo Civil. E, assim como no meio profissional, ainda sinto ser só o começo.

Apenas o início de uma história profissional

Após a efetivação, construí um histórico profissional marcado por reconhecimentos. Em 2014, meu primeiro ano como advogada, recebi aumento. De 2015 a 2018 e em 2020 fui reconhecida pelo programa de remuneração por alto desempenho (PRAD) em todos os anos. Fui promovida nos anos de 2018 e 2019, e recebi aumento em 2020. Tais reconhecimentos são conquistas da carreira que tenho traçado, mas muito mais significativo é o conteúdo que carrego comigo, resultado de todo o caminho percorrido.

Como advogada no meio corporativo pude expandir meu conhecimento para além do técnico jurídico. Tal meio demanda muito mais que isso. Conhecer o negócio e suas necessidades; ser preventiva quando necessário; ter visão estratégica; ser multidisciplinar; e ter bons *soft skills* são alguns exemplos das competências necessárias para trilhar esse caminho.

Diria que minha principal qualidade é a paixão pelo aprendizado e pelo seu compartilhamento. A própria área jurídica demanda esta sede pelo aprendizado. Em poucos anos de formada, diversas alterações legislativas ocorreram e novos temas para estudo e discussão surgiram, por exemplo, a alteração do CPC, da CLT, criação da LGPD e a mudança do CDC.

Na minha experiência profissional passei por diversas áreas: Direito desportivo, contencioso e consultivo trabalhista, tutela coletiva e processos administrativos, consultivo de produtos e serviços bancários, contencioso e consultivo securitário, contencioso cível estratégico e massificado/contencioso consumerista. E, independentemente da área, carrego estas experiências comigo até hoje.

Em minha atual empresa já tive sete gestores para quem reportei os mais diversos tipos de atividades. Tais mudanças constantes me propiciaram ser uma pessoa com facilidade de adaptação e rápida curva de aprendizado. O que poderia ser visto como uma necessidade de recomeço tratei como oportunidade de aprendizado e acréscimo no meu desenvolvimento.

Cada gestor colaborou de uma maneira diferente para a minha carreira, mas destaco três em particular que me influenciaram de modo significativo: Mariana, que, com sua gestão humanizada e seu perfil empoderador e de compartilhamento de informações, me incentivou ao trabalho em equipe, além de ter me dado autonomia e exposição perante a alta gestão, mesmo quando eu era tão jovem; Cláudio, que estimulou meu senso crítico e analítico, me fez ser aberta a mudanças e me encorajou a inovar, mesmo dentro de cenários enrijecidos; e Silvia, que aguçou meu perfil técnico e atiçou minha sede por conhecimento, me proporcionou um planejamento diferenciado de carreira mediante conversas estruturadas, abriu portas para novos desafios e o envolvimento junto a diversas áreas da instituição.

Meus pares e parceiros também contribuíram para a minha formação como profissional. Com eles pude perceber que grandes ganhos ocorrem quando há troca e debate, seja de projetos ou temas jurídicos. É incrível o que se cria ao se compartilhar projetos e experiências no ambiente de trabalho.

A maioria das pessoas não tem noção do quanto fazem a diferença na vida dos outros. Às vezes, em uma simples experiência compartilhada, acabamos por ser lembrados para sempre. Isso me faz ter a certeza de que a profissional que sou hoje tem um pedacinho de cada um que me acrescentou nesta jornada. Espero ter provocado o mesmo e assim continuar.

Das experiências fora do institucional

Além da vivência profissional, julgo ser importante termos experiências de convívio que nos acrescentam no cotidiano. Para isso, passei a integrar três grupos que me auxiliaram a ter tal perspectiva: "Mulheres Alpha", "Rede Brasileira de Mulheres LBTQ+" e a "Comissão de Direito Processual Civil da OAB SP Pinheiros".

Participar do grupo "Mulheres Alpha", além de ser um lazer, mostra-se como relevante ato de sororidade. Nele, mulheres compartilham entre si suas experiências sobre os mais variados temas. Fui convidada a integrar o grupo pela Lina, organizadora da turma, a qual conheci quando da sua passagem pela empresa em que trabalho.

No grupo são propostos temas mensais para realizarmos encontros entre mulheres de diversas áreas e discutirmos assuntos como "Perfil do LinkedIn", "Descompressão", "Home office", "Viés inconsciente", "Sustentabilidade", entre outros. Durante a pandemia, inclusive, os encontros foram adaptados para serem virtuais e continuarmos a troca enriquecedora.

O grupo "Rede Brasileira de Mulheres LBTQ+" é um grupo que passei a integrar em razão da minha esposa, sendo liderado por uma ex-colega de seu trabalho. O grupo tem um importante papel de gestão do conhecimento, em que ficamos antenadas com as novidades quanto a eventos, notícias e pleitos relevantes para a comunidade LBTQ+, além de auxiliar na recolocação profissional das participantes.

Por fim, a "Comissão de Direito Processual Civil da OAB/SP Pinheiros" me instiga ao estudo contínuo de uma matéria que sou apaixonada e me proporciona o contato com acadêmicos pelos quais nutro profunda admiração.

Tais grupos me engrandecem como pessoa e profissional, sendo importantes ferramentas para a atualização profissional e comunicação em rede de apoio.

Próximos passos

Tudo que compartilhei é apenas o começo de uma jornada pautada em valores, na gratidão pelas pessoas que me rodeiam e me auxiliam em minha formação e na paixão que nutro pelo Direito.

Sei que sempre haverá altos e baixos em minha carreira, mas ao mesmo tempo tenho a segurança de atuar com algo que amo.

Isso torna tudo mais fácil. Além disso, a vida me ensinou que, independentemente de tudo, o seu conhecimento nunca será tirado de você e é a partir dele que nos reinventamos e nos erguemos.

Por fim, os maiores aliados nessa jornada, na carreira, na vida, são as pessoas, o legado que você deixa para elas, os valores construídos a partir da sua vivência, como você foi influenciado e como suas atitudes influenciam o mundo. Qual é o legado que você quer deixar para o mundo? É o que me motiva ao protagonismo.

Superação

Cristiane de Paula Guerra

12

Cristiane de Paula Guerra

Advogada e proprietária de escritório próprio/particular, há mais de 10 anos, composto por profissionais capacitados e atualizados. Atuando nas áreas do Direito: Cível, Administrativo, Trabalhista, Previdenciário e Desportivo, tanto no contencioso como no preventivo. Agindo com transparência e eficácia.

Acesso LinkedIn:

Superando limites

Nunca desista dos seus sonhos

Eu quero, eu posso, eu consigo

Eu sou Cristiane Guerra, advogada, e vou contar a vocês um pouco da minha história. Em 1978 nascia em Niterói/RJ, uma menina brasileira de mãe negra do interior de Minas Gerais e pai de descendência europeia do interior do Rio de Janeiro.

Venho de uma família muito humilde, porém de muitos valores. Os meus pais foram criados no interior, onde aprenderam a dividir e serem honestos mesmo diante de tantas dificuldades. O ambiente em casa na maior parte do tempo era calmo e tranquilo, com todos em casa. Somente o meu pai trabalhava fora, para levar o sustento para a família, e ele ganhava apenas um salário mínimo. Após um certo período, já com a idade avançada, ele não conseguia mais emprego.

As minhas tias nos ajudaram muito com as despesas e com alimentos. Até que meus pais decidiram empreender. Sem recursos e sem conhecimento. A partir daí toda a família, eu, meu pai, minha mãe e minha irmã começamos o negócio de venda de salgados e lanches em obras e depois na porta de um grande mercado em nossa cidade. E minha mãe também passou a fazer salgadinhos para festas por encomenda.

Durante muito tempo foi o que nos sustentou e manteve a nossa pequena família.

A minha infância foi muito feliz. Em uma época em que podíamos brincar na rua até tarde da noite sem perigo. As mães e vizinhos ficavam sentados nas calçadas em cadeiras conversando enquanto as crianças brincavam inocentemente. Mas foi uma vida difícil financeiramente. Até a 4ª série minha mãe pôde pagar um colégio particular para mim perto de nossa casa. Esse pequeno colégio não existe mais hoje em dia. Era conhecido carinhosamente em nossa rua como "Cebolinha".

Ali no "Cebolinha" eu estudei até a 4ª série. Na 5ª série fui para uma escola pública estadual, maior que a pequena escola particular. Foi um choque. Aprender a conviver em uma escola com muitas crianças e adolescentes? Mas acabei me adaptando bem. No próximo ano, na 6ª série, fui para outra escola, essa já era municipal, de São Gonçalo, onde morávamos na época. Outro choque, mudança de escola, novos amigos. Mas foi uma fase muito boa em que fiz bons amigos de que me lembro até hoje, com muito carinho. Infelizmente perdi o contato com eles, pois não existia internet nem redes sociais. Concluído o 1º grau, que alegria. Motivo de festa!!!

Rumo ao 2º grau. Outra mudança de escola, aquele frio na barriga novamente, fazer novas amizades. Eu era uma criança/adolescente muito tímida. A sorte é que algumas colegas vizinhas iriam para a mesma escola em turmas e séries diferentes. Mais uma etapa vencida. Grandes amizades feitas.

Com 17 anos concluí o 2º grau como professora, era curso pedagógico com o qual eu poderia dar aula para as crianças que cursassem da 1ª série à 4ª série do ensino fundamental. Enfim concluído o 2º grau em Pedagogia. E agora? Faculdade?

A faculdade era um sonho totalmente fora da minha realidade, naquela época.

Nesse período em que concluí o 2º grau, conheci o meu primeiro namorado, meu vizinho, que pouco tempo depois se tornaria meu marido e pai do meu filho, hoje com 21 anos de idade, o Hugo Guerra.

Sem condições de fazer uma faculdade, eu comecei a trabalhar, embora o meu primeiro emprego e salário eu recebi quando tinha 11 anos. Trabalhei como babá para ter dinheiro e comprar minhas coisas, roupas, sapatos, etc., já que os meus pais não tinham condições de me dar. Lembro-me até hoje do dia em que fui às compras com o meu primeiro salário. Que dia feliz!!!

Passados sete anos, já com 18 consegui o meu segundo emprego, esse de carteira assinada, já uma mulher casada e com responsabilidades.

Também era uma vida muito difícil, embora eu trabalhasse e o meu também, o dinheiro parecia que não dava. Estávamos construindo a nossa casa e agora tínhamos um bebê a caminho.

E a faculdade?

Sim, esse sonho eu mantinha em segredo no íntimo do meu coração.

Durante esse período ficava sonhando e analisando como poderia realizar o meu grande e maior sonho que era cursar uma faculdade. Pesquisava, analisava, conversava com pessoas que já haviam feito o ensino superior e o sonho ali estava.

Quando o meu filho estava com três anos de idade, eu trabalhava em um consultório médico em meio expediente e decidi que era a hora!!! E FIZ O VESTIBULAR em uma faculdade particular em Niterói.

Como dar a notícia ao meu marido?

Foi um choque para ele saber que eu ia fazer faculdade.

Choque e conflito no sentido de que eu pudesse querer ser superior a ele. Pensamento machista, pois eu nunca mudei o meu jeito de ser nem a minha essência.

Eu escolhi o Direito pois nasceu em mim a princípio um senso de justiça, eu queria corrigir a injustiça e ajudar as pessoas necessitadas que precisassem. Depois com o tempo decidi que iria fazer Direito para fazer concurso público e ser servidora pública com estabilidade (engano meu). Mas o desejo de ajudar as pessoas falou mais alto e hoje, após 15 anos de formada, a minha maior alegria é trabalhar na área do Direito previdenciário, apoiar as pessoas a se aposentarem e assim acabar de certa forma com a injustiça.

Como disse, venho de família humilde, não foi nada fácil começar a faculdade particular, tendo em vista que eu me casei com 17 anos, aos 21 já tinha meu primeiro e único filho, e concluir a faculdade foi difícil. A minha turma iniciou com 70 alunos e apenas 30 concluíram o curso se formaram.

O sonho da minha mãe era que eu fizesse faculdade, embora ela nunca tivesse me falado. Uma vez que as condições da nossa família sempre foram muito difíceis, como ter um sonho desses ou até mesmo ousasse falar e partilhar com alguém? Minha mãe guardou esse desejo com ela por muitos anos.

No entanto, sem eu saber disso, esse sonho nasceu e cresceu em mim também. Tentei até conseguir realizá-lo e anos mais tarde fui saber que não era só meu. Mas nosso, meu e de minha mãe.

A faculdade durou cinco anos. Foi uma época muito difícil. Não é nada fácil para uma mulher ter marido, filho, trabalhar fora, estudar, morar em um lugar em que não havia condução para voltar para casa. Foi uma época sombria, por várias vezes eu me perguntava como eu aguentava, mas nunca pensei em desistir, eu perseverei. O meu primeiro dia na sala de aula foi o mais feliz da minha vida. Eu não me cabia em mim de tanta felicidade. Era uma sala grande, uma turma com 70 alunos. Os professores sempre alertavam dizendo que só a metade iria concluir o curso e eu sempre pensava e falava no meu íntimo:

– Eu vou concluir essa faculdade no tempo, estarei entre os 30 formandos daqui há cinco anos.

Passado esse tempo, desde o início da faculdade, muitas lutas, muitas dificuldades. Andava a pé por 40 minutos todos os dias para economizar dinheiro para pagar as cópias dos livros, pois não tinha dinheiro para comprá-los. Eu não podia nem comprar, pois economizava tudo que podia para as xerox, para ter como estudar.

Uma das dificuldades é que eu era muito tímida, e em um dos meus empregos trabalhei como vendedora, antes de ingressar na faculdade. Isso já me ajudou bastante, pois tinha muita apresentação de trabalhos, e aquela experiência me ajudou a combater a "temida timidez".

O meu estágio no primeiro escritório com atendimento aos clientes, realização e acompanhamento para audiências e acordos, no início era difícil, mas consegui vencer as barreiras da timidez.

Quando iniciei a faculdade, eu trabalhava em um consultório médico na parte da tarde e estudava na parte da manhã. No 6º período da faculdade, três anos após o início, fiz um acordo no consultório médico, o meu empregador me mandou embora e eu comecei a procurar estágio. Foi difícil encontrar estágio, pois estava ainda no terceiro ano, mas eu consegui em um escritório de advocacia em Niterói (a minha intenção nessa época era estudar e passar em concurso público), porém ali já comecei a me destacar e chamar a atenção do chefe e dos advogados que gostavam muito do meu trabalho e ganhei o apelido de "Santa Cris". Após ficar naquele escritório por quase dois anos, decidi sair por não me identificar com o trabalho. No 9º período, em que também é praticamente impossível conseguir estágio, eu consegui um na prefeitura de Niterói. Deus honrou a minha fé e ali fiquei por mais ou menos cinco anos, até que abri meu próprio escritório.

Chegou o grande dia da formatura. Não havia Uber na época e o carro usado que o meu marido comprou parcelado quebrou no dia da formatura. Cheguei atrasada, mas a tempo da colação de grau. Que foi muito emocionante, chorei como criança. É um sentimento enorme de gratidão por ter vencido e chegado junto com os 32 formandos da minha turma. Muitos não conseguiram concluir, ficaram pelo meio do caminho como os professores haviam alertado desde os primeiros dias de aula.

Agora bacharel em Direito, o meu filho com oito anos de idade, meu fiel escudeiro e parceiro, que ficava acordado até tarde me esperando chegar da faculdade. Ele dizia que não conseguia dormir enquanto não me visse chegando em casa bem.

Agora, começava outra etapa da minha vida acadêmica. Passar na prova da OAB.

Eu costumo dizer que tudo para mim é mais complicado. Quando chega a minha vez, as coisas se tornam mais difíceis.

Eu fiz três provas da OAB até passar, não consegui nas duas primeiras por apenas um ponto. Quando passei na 3ª prova, foi a mais difícil, cada pergunta tinha meia folha! A prova era unificada, para todo o Brasil, por isso o nível de dificuldade era maior.

Para me preparar para as provas da OAB eu começava estudando às 3 horas da manhã e ia até as 5 horas. Chegava no trabalho duas horas mais cedo para estudar, estudava na hora do meu almoço e sábado ia para a biblioteca da faculdade bem cedo e ali ficava o dia inteiro.

Na véspera da 3ª prova, na qual eu passei, havia acabado de me separar do pai do meu filho, período muito doloroso e triste para mim. A minha alma doía, mas sobrevivi e passei no exame. Eu nem tinha forças para ver o resultado, um amigo de faculdade foi que me deu a notícia de que eu tinha passado na 1ª fase, estudei mais e passei na 2ª.

Havia superado a época mais crítica. Agora o sentimento era de alívio.

Nessa época eu já trabalhava na prefeitura de Niterói. Anos mais tarde decidi sair e abrir o meu próprio escritório. Deixei o salário fixo para ser empreendedora.

Outra fase da minha vida, esse negócio foi uma sociedade que não deu certo.

Decidi então abrir o meu escritório sozinha, sem dinheiro e sem recursos foi um grande desafio. Superei os desafios do início e todo dia é uma luta, uma batalha a ser vencida, mas tenho muita fé, força, foco e determinação. Tinha perseverado e após 14 anos de formada na faculdade e passar por tantas lutas, trabalho duro, dormi no escritório numa cama improvisada juntando cadeiras, levava trabalho para casa, trabalhava sábado, domingo e feriado, hoje começo a colher os primeiros frutos.

Não foi nada fácil, mas consegui, graças a Deus. Passei na prova da OAB mais difícil e no pior momento familiar, em plena separação e o divórcio do pai do meu filho, mas Deus me honrou. Deus honrou a minha fé.

Não foi nada fácil abrir o meu primeiro escritório. É difícil dizer quem me inspirou ao longo da minha vida, tive e tenho pessoas muitas que me inspiraram e me inspiram: o meu pai (Péricles de Paula Guerra – em memória), doutor Mário, um chefe médico que destacava a importância de tratar bem o cliente; doutora Luciana, a primeira advogada com quem trabalhei e me ensinou a ser corajosa e destemida; doutora Carla, que me ensinou a ser elegante, andar bem vestida e maquiada; Isabel e Pera, que me ensinaram a ter confiança em mim, me indicaram para ver o filme "O Diabo veste Prada" e ler o livro "O segredo", e todas as outras pessoas que me motivam até hoje.

Eu procurei assistir a muitas audiências no período do estágio, e foi o que me ajudou muito a saber me comportar nos fóruns e nas audiências. Confesso que no início dava um pouco de insegurança e frio na barriga, mas a cada novo dia e a cada novo desafio as barreiras eram quebradas e eu saía do fórum e das audiências mais segura e fortalecida. Sempre em oração silenciosa em cada início e fim das audiências.

Sinceramente não me lembro de um caso específico de agradecimento do cliente. Graças a Deus são muitas as histórias de sucesso em que uma ou outra se destacam, mas no fundo o objetivo foi alcançado: "ajudar pessoas", propósito que sempre tive desde o início, quando decidi fazer a faculdade de Direito.

Sim, a cada dia eu fico mais agradecida porque faço o que gosto, atuo na área do Direito que me deixa muito feliz, eu costumo dizer que me encontrei na previdenciária. Não tolero injustiça. A questão da ética eu creio ser fundamental para o ser humano como pessoa e cidadão de bem em prol do bem comum.

O meu conselho para quem está começando é: não é fácil, mas sim é possível, acredite em você, você pode, você consegue, seja determinado e não desanime diante as dificuldades que são muitas e se surgirem no meio do caminho tenha fé em Deus e persevere. Você não sabe o tamanho da sua força até você olhar para trás e dizer: "Eu consegui, eu venci os meus medos e traumas". Você é capaz, acredite!

Eu digo que estou em constante movimento a cada dia, eu me

desafio e traço novas metas cada vez mais difíceis de serem alcançadas, mas estou em movimento para realizá-las e ver os meus sonhos concluídos.

Sinceramente não acredito em uma fórmula pronta e/ou mágica, eu creio na força de Deus, na fé e na determinação que nos guiam. São elas que me guiam e me fazem avançar cada dia mais e mais.

Sim, os obstáculos, imprevistos, decepções existem e sempre vão existir para você vencer, vai depender de como você irá encará-los a cada dia, não é fácil, mas não é impossível.

Eu creio que as mulheres são mais valiosas, pois conseguem fazer várias coisas ao mesmo tempo, conseguem ter várias ideias e colocá-las em prática ao mesmo tempo. A mulher no Direito não é diferente, eu sempre digo que as mulheres têm um olhar mais humanizado e que unidas elas conseguem mudar o mundo.

O dia em que as mulheres perceberem a força que elas têm unidas tudo será melhor, viveremos em um mundo e em uma sociedade mais "humanizada".

Eu costumo usar palavras que me inspiram no meu dia a dia:

*Eu posso, eu quero, eu consigo.

*Não coloque limites nos seus sonhos, coloque Deus e fé.

*Eu coloco o pé e Deus coloca o chão.

*Tudo posso naquele que me fortalece.

*Não é fácil, nada nesta vida é fácil, mas vale a pena lutar.

*Não desista dos seus sonhos!

*Você é capaz de realizar cada um deles!

Lembre-se, tudo começa na mente, mantenha sua mente sempre confiante e acreditando que vai dar certo porque vai dar certo, não importam as lutas e as dificuldades.

Você é capaz. Você é o autor da sua história de sucesso.

Sobre ter fé, confiar e agradecer

Cristina Samara Siqueira Breve

13

Cristina Samara Siqueira Breve

Filha de David e Célia, esposa de André, mãe de Lucas, advogada especializada em Direito Empresarial pela Fundação Getulio Vargas (FGV) em 2011, trabalhou por 20 anos em empresas e escritórios de advocacia. No início de 2018, se deparou com o Direito Sistêmico e os ensinamentos de Bert Hellinger, despertando seu interesse no assunto. Em abril de 2018 iniciou sua especialização em Direito Sistêmico na Faculdade Innovare/Hellinger Schule, sendo nomeada presidente da Comissão de Direito Sistêmico da Ordem dos Advogados do Brasil - 116ª Subseção, Jabaquara/Saúde em agosto daquele ano. Idealizadora do Vivências Sistêmicas, em abril de 2019 começou a realizar encontros em grupos e individuais para troca de saberes e experiências a partir das Constelações Familiares. Atualmente, presta consultoria jurídica e sistêmica, orientando empresas e empresários na condução de seus negócios. É também coordenadora do Projeto Integração Sistêmica, em parceria com o Fórum do Jabaquara, que compreende a realização de oficinas de Direito Sistêmico e Constelação Familiar desde maio de 2019. Para ela, o Direito Sistêmico possibilita o resgate da essência do Direito e o exercício da advocacia com propósito, sendo o advogado agente transformador das relações jurídicas e humanas.

Acesso LinkedIn:

Quando criança, minha mãe costumava me dizer que eu tinha que estudar, trabalhar e não depender financeiramente de ninguém. Como boa filha que sou, busquei nos estudos um caminho para o sucesso profissional, sempre trabalhei e possuo independência financeira. Levou algum tempo para eu perceber o quanto a fala da minha mãe define quem sou, o que faço e por que faço. Levou algum tempo para eu ter consciência da minha lealdade.

Muitas mulheres do meu sistema familiar dependiam e ainda dependem do trabalho de seus maridos para sobreviver. Algumas delas viviam e ainda vivem de uma maneira submissa, transferindo para seus maridos a responsabilidade pela sua vida e pela sua felicidade.

Agradeço à minha mãe por ter clamado pela independência financeira, pois através do trabalho adquiri autonomia e autorresponsabilidade. Além disso, aprendi a liberar os outros das minhas expectativas e também a me liberar das expectativas dos outros, de forma que eu pudesse vivenciar relacionamentos mais equilibrados e construtivos. Afinal, sempre temos escolhas!

O trabalho fora de casa é uma conquista recente para as mulheres da minha família. Honro todas essas mulheres que talvez sonharam em ter uma profissão e trabalhar fora de casa, mas dedicaram a sua vida às tarefas domésticas e à educação dos filhos. E da forma como foi, essas mulheres possibilitaram o fluir da vida, de geração em geração. Graças a essas mulheres e também aos homens dessas mulheres, estou aqui hoje. Minha profunda gratidão e singela homenagem a essas mulheres, que deram um "sim" para a vida. Hoje, com a bênção e permissão dessas mulheres, faço um pouquinho diferente, com muito respeito a cada história.

Por que escolhi o Direito?

Com 17 anos eu não sabia muito bem qual profissão eu gostaria de exercer para o resto da minha vida, então meu pai sugeriu que eu fizesse Direito, porque sempre gostei de estudar e tirava boas notas na escola. Na visão do meu pai, o Direito certamente era uma profissão promissora para mim.

Há pouco menos de cinco anos compreendi que a escolha da profissão não se deu única e exclusivamente por causa do meu pai, mas foi movida por um desejo inconsciente de conhecer os direitos da minha família e fazer justiça. *Você já se perguntou o que o levou a fazer o que você faz hoje?*

Como tudo começou?

Comecei a estagiar no primeiro ano da faculdade no departamento de cobrança de uma empresa especializada nessa área. Após dois meses, recebi uma proposta para trabalhar no jurídico administrativo. Fiquei muito feliz, mas também intrigada com essa proposta, pois na verdade almejava trabalhar no jurídico contencioso. No dia seguinte, disse para a gerente que não poderia aceitar a proposta. Apesar do receio de chateá-la, senti que era isso que eu precisava fazer. Poucas semanas depois, abriu uma vaga no jurídico contencioso, me candidatei e fui selecionada.

A minha primeira lição foi: **Persista no seu objetivo.**

Alguns meses depois, apesar de gostar do trabalho, senti vontade de buscar um estágio em uma empresa maior, onde eu pudesse me desenvolver, fazer carreira e ganhar o dobro (sim, meu sonho era ousado e talvez um pouco audacioso para uma estudante do terceiro ano do curso de Direito, mas sonho não tem limite, não é mesmo?!).

Na época, lembro-me que alguns amigos da faculdade diziam que isso era impossível, mas continuei confiante e saí em busca de vagas de estágio. Após três longos meses de espera entre testes, dinâmicas e entrevistas, fui contratada por uma grande instituição financeira para trabalhar no departamento jurídico. O meu sonho tinha se tornado realidade e acredite: o valor da minha bolsa de estágio era exatamente o dobro do que eu ganhava!

A minha segunda lição foi: **Sonhe alto.**

Quando eu comecei a trabalhar no banco, foi como viver um sonho. Eu adorava o local de trabalho, o ambiente, as pessoas, as tarefas, exatamente tudo. Foram anos muito felizes, de muito estudo, aprendizado, crescimento e desenvolvimento, até ocorrer a incorporação por outra grande instituição financeira. Esse movimento fez com que muitas pessoas fossem demitidas, inclusive pessoas que haviam me ensinado muito e a quem eu era muito agradecida por todo ensinamento. Fiquei triste e um pouco confusa com as mudanças que estavam acontecendo. Afinal, *qual era o critério para permanecer? O que viria depois?*

Essas mudanças movimentaram algo dentro de mim, pois já não sabia mais se fazia sentido eu almejar fazer carreira no banco, principalmente após presenciar a demissão de profissionais que eu considerava excelentes. Contudo, anos mais tarde compreendi que mudanças são necessárias para o crescimento.

A minha terceira lição foi: **Tudo tem o seu tempo.**

A incorporação propiciou a mudança do local de trabalho e também do clima organizacional. O que antes parecia familiar passou a ser mais profissional, tornando as relações mais frias.

Durante algum tempo fiquei internamente procurando o meu lugar dentro da nova estrutura e também buscando rostos conhecidos. Era tudo muito novo e estranho para mim.

Pouco a pouco fui me despedindo do passado e dando espaço para o novo. Afinal, não havia nada que eu pudesse fazer a respeito.

A partir desse momento, foi possível desenvolver minhas habilidades e crescer dentro do banco. Algum tempo depois, recebi uma proposta de trabalho de outra grande instituição financeira e decidi partir para um novo desafio.

A minha quarta lição foi: **Vida é movimento.**

A chegada ao banco foi um tanto peculiar, pois na época eu estava organizando meu casamento e montando o apartamento, portanto qualquer ajuda financeira era muito bem-vinda. Como na época eu não estava procurando trabalho, a chegada dessa proposta soou como um presente do universo. Contudo, logo no primeiro dia de trabalho tive a sensação de que aquele trabalho seria passageiro, o que depois se confirmou.

Pois bem, lá vivenciei a melhor e a pior experiência da minha vida. A melhor com relação aos desafios que me propiciaram um desenvolvimento profissional acelerado, mas a pior quanto ao clima organizacional, pois presenciei e vivenciei diversas situações de desrespeito, o que me fizeram questionar a minha carreira dentro de um banco e a minha profissão.

Algum tempo depois saí do banco e decidi fazer um intercâmbio, não apenas para aprimorar o Inglês, mas também para ter novas experiências. Eu precisava de um tempo para assimilar a minha trajetória até aquele momento e pensar nos próximos passos.

A minha quinta lição foi: **Bem-estar em primeiro lugar.**

Quando retornei para o Brasil, decidi procurar trabalho em empresas de outros segmentos. O meu desejo era trabalhar numa empresa em que o clima organizacional fosse bom e o trabalho pudesse agregar algo para minha vida pessoal e profissional.

Em poucos meses fui contratada por um escritório de advocacia para trabalhar como *secondment* numa empresa, para cobrir o período de licença-maternidade da advogada responsável pelo departamento jurídico. Esse trabalho foi um divisor de águas na minha vida!

Mais uma vez meu desejo se tornou realidade. Apesar de exercer uma série de atividades diferentes das quais eu estava habituada, rapidamente me adaptei ao trabalho. Me sentia muito feliz dentro da empresa, pois sentia que essa experiência estava verdadeiramente agregando algo para minha vida.

Um pouco antes de terminar o contrato, recebi uma proposta de trabalho do mesmo escritório. Com muita alegria, aceitei-a, para trabalhar na área cível consultiva.

A minha sétima lição foi: **Permita-se recomeçar.**

A chegada ao escritório foi bastante acolhedora, pois eu conhecia praticamente todos os colegas, já que eu conversava com eles quando estava no cliente. O ambiente era jovial e amistoso.

Um pouco antes de eu completar um ano de escritório, a maternidade bateu na minha porta e a partir daí tudo mudou. Eu sabia que no dia em que me tornasse mãe eu teria de repensar a minha rotina de trabalho e tomar algumas decisões. Naquele momento, eu trabalhava até tarde praticamente todos os dias e olhar para isso era um dos meus maiores desafios.

Após o término do período de licença, saí do escritório para me dedicar à maternidade. Apesar de nunca imaginar que um dia eu pudesse parar de trabalhar por conta da maternidade, lá estava eu, feliz e realizada com a nova fase: a de mãe.

A minha oitava lição foi: **Revisite suas crenças limitantes.**

O desejo de ser mãe sempre existiu, mas junto com ele houve a preocupação de como conciliar a maternidade e o trabalho. Até hoje é desafiador, principalmente porque gosto de trabalhar e amo minha profissão.

Depois de nove meses em casa, comecei a sentir saudade da minha vida profissional e aí vieram as dúvidas: *Seria possível trabalhar apenas oito horas por dia? Como seria a partir de agora?*

Então, como se fosse uma luz no fim do túnel, surgiu uma proposta de sociedade de uma colega para montar um escritório de advocacia. Apesar de eu nunca ter sonhado em ter escritório, não tive dúvida de que essa seria uma ótima oportunidade para retornar ao trabalho, junto com minha colega que era bastante experiente.

A minha nona lição foi: **Abra-se para novas possibilidades.**

Os primeiros dias foram bem marcantes. Lembro-me de que, enquanto eu trabalhava, eu pensava no meu filho e me sentia culpada por não estar cuidando dele. Quando estava com ele, me sentia culpada por estar pensando no trabalho. Na verdade, eu não estava em lugar nenhum e levou algum tempo para eu me ajustar internamente e me libertar desse sentimento de culpa.

Os primeiros meses foram empolgantes, pois pela primeira vez eu estava empreendendo, mas aos poucos fui percebendo que empreender é uma arte e o caminho de aprendizado é longo, principalmente para mim que estava acostumada apenas a executar o trabalho.

Passado algum tempo comecei a ficar triste com a escolha que havia feito. O que havia de errado? Qual era o problema? E agora?

Numa imersão de autoconhecimento ficou claro que o problema não era a profissão, mas a forma como eu olhava para ela, o que eu buscava e como eu atuava. Percebi também que o escritório era um sonho da minha colega e que eu estava tentando me encaixar nele, ao invés de procurar o meu sonho.

Alguns dias depois uma amiga comentou comigo que estava fazendo uma especialização em Direito Sistêmico e que as pessoas enxergavam as relações jurídicas de forma mais humanizada. Naquele instante percebi que talvez aquele fosse o meu caminho e fui buscar mais informações.

Aquela conversa foi mais um divisor de águas na minha vida, pois comecei a participar de diversos eventos de Direito Sistêmico e decidi também fazer a especialização nessa área. Então, ao perceber que não fazia mais sentido continuar no escritório, decidi sair da sociedade e fui procurar o meu caminho.

A minha décima lição foi: **Busque o seu caminho.**

Com a saída do escritório passei a me dedicar aos estudos sobre Direito Sistêmico e constituí meu próprio escritório, Siqueira Breve Advocacia, focado na consultoria cível e empresarial, para que eu pudesse agregar o Direito Sistêmico.

Entregue ao que tinha chegado até mim, senti também o desejo de criar uma Comissão de Direito Sistêmico na OAB Jabaquara/Saúde, convidando aquela colega que me apresentou à área para ser vice-presidente.

Assim, segui por quase um ano até a minha reserva financeira chegar ao fim, pois naquela época as minhas despesas eram maiores que a receita do meu escritório.

Ao me ver dependente financeiramente do meu marido, senti um forte impulso para retornar para o corporativo e me abri internamente para o mercado, desejando verdadeiramente que eu pudesse continuar estudando e expandindo o Direito Sistêmico.

Alguns dias depois, o imprevisível ocorreu: recebi uma proposta de trabalho em uma empresa e uma intimação para perícia judicial. Recebi as duas propostas como uma bênção.

A minha décima primeira lição foi: **Confie na Vida.**

A empresa onde trabalho chegou na minha vida de maneira um tanto inusitada: o escritório onde eu trabalhei me colocou em contato com ela. Tudo ocorreu exatamente na hora em que eu precisava e fluiu de forma muito natural.

Hoje me sinto muito feliz por fazer parte dessa empresa e poder agregar não apenas minha experiência profissional e pessoal no desempenho de minhas atividades, mas também meus conhecimentos sistêmicos.

Agradeço a cada gestor e a cada colega de trabalho que fez parte da minha trajetória, principalmente nos momentos mais desafiadores, pois me possibilitaram grandes aprendizados.

Aprendi a confiar e a me colocar a serviço da vida. Acredito que quando estamos alinhados com o nosso propósito e entregues à vida Algo Maior nos conduz.

Reconheço a força do meu pai em mim para ir ao mundo, sem medo de encarar qualquer desafio, pois nada é impossível. Reconheço a força da minha mãe em mim no fluir da vida, na força vital.

Reconheço também a importância da minha irmã e do meu marido na minha vida, principalmente nos momentos mais desafiadores, pois seu apoio foi essencial para resgatar a minha essência e recuperar a minha força.

Meu marido sempre respeitou as minhas escolhas, ainda que não entendesse ou não concordasse. Ele sempre me disse que ninguém tem o direito de interferir nas minhas escolhas, muito menos na minha felicidade. Essa é a maior prova de amor que alguém pode ter. Me sinto muito feliz e abençoada por cuidarmos juntos de nosso relacionamento, com a maturidade que fomos adquirindo ao longo dos anos. Amo o que nos une e o que nos torna únicos.

No decorrer da caminhada, ficou claro que para termos sucesso na vida e na profissão o primeiro passo é honrarmos nossos pais no coração. Essa é a base de qualquer relacionamento e da nossa existência. O próximo passo é tomarmos consciência de nossas escolhas, nos responsabilizando por elas. Somos eternos aprendizes!

A minha décima segunda lição foi: **Seja contribuição.**

Com meus pais no meu coração, tomo minha profissão com amor e faço algo de bom com ela.

Que o exercício da sua profissão possa ser fonte de inspiração e contribuição!

Um novo olhar, novos caminhos

Daliane Magali Zanco

14

Daliane Magali Zanco

É advogada, juíza leiga, terapeuta integrativa (reikiana, taróloga e facilitadora em constelações sistêmicas - familiares e organizacionais), mentora e empresária. Desenvolveu o método de autoconhecimento feminino sistêmico e deu à luz o seu curso – Expansão Essencialme-se, que felizmente tem transformado a vida de muitas mulheres.

Acesso Instagram:

Ressignificando o caminho

Eu precisei ressignificar muitos aspectos da vida, aprendi que por vezes é preciso mudar a rota, agir diferentemente do que se esperava, mas isso não obsta o crescimento, a evolução, tampouco que se atinja o objetivo, e este, por sua vez, também pode ser mudado. A vida é dinâmica, nossas decisões não precisam ser definitivas, está tudo bem mudar!

E, nesse contexto, não se deve fechar os olhos para a beleza do caminhar, acreditando, cegamente, que só haverá encanto e felicidade na linha de chegada. Com tal crença, muitos momentos especiais se perdem no tempo, sem a oportunidade de serem vividos novamente, infelizmente.

Sou filha do José e da Inêz, que além da vida – o mais importante, sem sombra de dúvidas – deram-me, ainda, o necessário para desfrutar dela, estudar, crescer e me desenvolver. Foram pais exigentes comigo e com a minha irmã mais velha, Daniela, contudo, essa exigência contribuiu sobremaneira para nos tornarmos as mulheres delicadamente fortes que somos. Nossos pais foram nossos exemplos de coragem, idoneidade, disciplina, dedicação ao trabalho e humildade. Mesmo com o pouco de que dispunham, eles nos fizeram acreditar que seria possível alçarmos voos mais altos, não nos permitiam desistir daquilo que iniciávamos, e isso nos tornou perseverantes. Obviamente que toda relação familiar possui seus desafios, mas é certo que eu devo o que sou às minhas origens, àqueles que me deram o mais importante: A VIDA!

Começo e escolhas

Eu comecei minha jornada profissional bem jovem, fui babá dos 13 até os 17 anos. Essa foi uma experiência incrível na minha vida, que me fez crescer "na marra", no entanto, não foi nada fácil conciliar o trabalho com os estudos, sobretudo porque no segundo ano do ensino médio eu consegui uma bolsa de estudos parcial numa escola particular, onde o ensino era rigoroso e me exigia bastante dedicação.

Ao final do terceiro ano do ensino médio eu havia escolhido cursar Direito, mas isso me trazia certa preocupação, pois mal tínhamos condições financeiras para custear a mensalidade da faculdade, que dirá para pagar livros e demais despesas. No entanto, era o que eu queria, era o curso que ressoava com a minha alma, e, apesar de um pouco de resistência do meu pai, eu felizmente pude cursá-lo.

O medo da reprovação contribuiu para a superação

Os cinco anos de faculdade foram demasiadamente cansativos e, também, de privação financeira. Eu trabalhava oito horas diárias e cursava Direito no período noturno. Durante as semanas de provas eu nem "via a vida passar", só pensava em estudar, meu maior medo era ser reprovada em alguma matéria, já que não conseguiria custear o valor de uma DP (dependência), além da mensalidade.

A atitude dos meus pais de manter eu e a minha irmã na faculdade mesmo com uma renda familiar baixa foi admirável, e eu não podia decepcioná-los. Tamanha sabedoria de um casal que praticamente não teve estudo, mas se sacrificou em prol da nossa formação superior. **Eu olho para trás e concluo que meus pais simplesmente acreditavam que seria possível e faziam acontecer, sem ficar pensando muito a respeito.**

Graças ao esforço conjunto – da minha família e meu – eu me formei em dezembro de 2005, sem nenhuma DP e com nota máxima no trabalho de conclusão de curso (monografia), ufa! Que sensação de alívio e de alegria!

E quanto a mim, tenho tanto orgulho de tudo o que eu realizei naquela época, da minha responsabilidade e compromisso, da minha força de vontade de conciliar estudos e trabalho desde muito jovem. Uma palavra que expressa bem essa época da minha vida é **SUPERAÇÃO**, que foi possível por meio de um paradoxo interessante. **Eu partilhava da mesma "ingenuidade sábia" dos meus pais, ou seja, eu não ficava pensando se aquele objetivo era possível, simplesmente me propunha a realizá-lo, arregaçava as mangas e partia para a execução, com garra e determinação.**

Aqui eu percebo que não é o "ter", mas sim o "fazer" que define o "ser". Por vezes temos tanto, mas não realizamos nada. Eu tinha tão menos do que hoje e fiz coisas tão grandiosas. Hoje eu enxergo que eu possuía o essencial!

Nesse ponto faz muito sentido o ditado popular de que "o exemplo arrasta", porque eu, tão jovem, vendo o exemplo dos meus pais, simplesmente fazia, sem pensar muito racionalmente se seria difícil ou possível.

Contudo, a despeito de eu tirar boas notas e me destacar entre as melhores alunas, eu não era formidável, digo isso porque para obter os resultados que eu tive não era simples e fácil, eu precisava estudar muito, e, além disso, tinha dificuldade de concentração.

Bem mais tarde, já aos 36 anos, e após a suspeita de um deficit na audição periférica, a investigação médica concluiu que sou portadora do distúrbio do processamento auditivo central (DPAC). A fonoaudióloga me explicou, metaforicamente que, diferentemente do que ocorre com as outras pessoas sem esse diagnóstico, a estrada que eu preciso percorrer no tocante à compreensão é mais adversa, "esburacada", sendo necessário que eu faça um esforço maior.

Ao tomar conhecimento desse diagnóstico, ao mesmo tempo que tudo fez sentido para mim, eu fiquei surpresa com a minha capacidade de perseverar e produzir ótimos resultados além do puro talento, o que a autora e psicóloga Angela Duckworth denomina GARRA.

A profissional do Direito

Assim que me formei fui convidada para trabalhar no escritório de advocacia de dois ex-professores, certamente a realização de um sonho. O início de uma atuação profissional é sempre desafiador, e comigo não foi diferente. Eu não havia estagiado durante a faculdade - o que certamente me auxiliaria - e, portanto, desconhecia muitos termos jurídicos, ficava insegura nas audiências, sobretudo naquelas em que o(a) juiz/a não agia com tanta cortesia.

Lembro-me de uma audiência na Vara do Trabalho, em que a juíza agiu de forma grosseira e com tamanho desrespeito às prerrogativas da advocacia, e eu não soube como me posicionar contra aquela postura arbitrária. Faz parte! **Nem tudo fluirá na mais perfeita harmonia, mas todas as experiências contribuem para o nosso aprendizado e evolução como pessoa e profissional.**

Naquele escritório eu aprendi a advocacia consensual e a litigiosa, atuei de forma administrativa e judicial, e em praticamente todas as áreas do Direito. Porém, mais que isso, eu aprendi que a advocacia não deve se dissociar da idoneidade, que a prestação de serviços deve ser sinônimo de respeito e seriedade.

Depois disso, eu me mudei e lecionei no curso de Direito na Universidade Federal do Estado de Mato Grosso do Sul, e, novamente, mais um desafio incrível. Estava com 27 anos e não tinha experiência com a docência. Na ocasião eu trazia comigo um padrão exigente aprendido com os meus pais e alguns professores e, portanto, eu conquistei amores e desamores. Isso também faz parte!

Eu achava que exigindo muito dos alunos os faria crescer e desenvolver o senso de responsabilidade, como havia acontecido comigo, ou seja, eu agi com a melhor das intenções, conforme eu havia aprendido e sabia fazer. Eu trabalho em mim a consciência de que não posso me cobrar por não ter tido, há 10 anos, a postura que eu teria hoje, pois é certo que ao longo desses anos adquiri maturidade e mudei muito, não sou mais aquela Daliane. **A cada dia somos novas pessoas, e como é bom termos essa oportunidade/possibilidade.**

Após aprovação num processo seletivo, me tornei juíza leiga, dessa vez com o desafio de não mais defender um dos lados, mas sim agir de forma imparcial. A partir de então, eu instituí ainda mais na minha atuação o sentido da frase dita pelo ilustre Ruy Barbosa: *"A força do Direito deve superar o direito da força".* Nessa atividade na qual permaneço, eu realizo as audiências de instrução e julgamento, e, eventualmente, lido com a irresignação de partes e/ou advogados, o que exige controle e inteligência emocional, e muito contribuiu para eu me desapegar de um modo de agir, como advogada, por vezes reativa e combativa.

Expressar-se com autoridade: conhecimento e postura

Nessa jornada de mais de 15 anos de advocacia, constatei que nós mulheres enfrentamos muitos desafios em diversas áreas, sobretudo naquelas em que a classe masculina é maior. Saber se posicionar diante de outros homens numa audiência, por exemplo, pode não ser algo tão simples. Eu já participei sozinha figurando como advogada da parte e também como juíza leiga, e me deparei com homens mais velhos que subestimaram a minha competência e a minha habilidade jurídica, mas é necessário manter o controle.

Expressar-se com autoridade não pressupõe responder à altura das afrontas, mas sim ter **conhecimento** sobre a questão e sustentar uma **postura respeitosa**. Estudar o caso traz autoconfiança e expressa credibilidade; e agir com respeito e educação demonstra maturidade e controle emocional. Para mim, portanto, esses são os dois pilares do empoderamento feminino no Direito: **Conhecimento e Postura.**

Ademais, não se pode olvidar que o fato de o colega advogado patrocinar interesses distintos do seu cliente não o torna seu inimigo, muito pelo contrário, vocês pertencem à mesma classe, trata-se de uma relação contínua, logo, você deve enxergá-lo como aliado. A desinteligência deve ser evitada, contudo, quando inevitável, deve cingir-se ao processo, sem respingar na relação entre colegas.

A terapeuta holística, a mentora e a empresária: integração dos saberes

A despeito de eu amar o Direito, eu me permiti descobrir novos caminhos que igualmente ressoam com a minha verdade, e me tornei terapeuta holística – dentre as técnicas com as quais eu trabalho estão o reiki, o tarô terapêutico, o xamanismo e as constelações sistêmicas – familiares e organizacionais.

E, após ter conhecido as constelações familiares, eu mergulhei nos estudos dessa abordagem que mudou a minha forma de pensar e agir. Atualmente tenho formação em constelações sistêmicas e na aplicação delas no Direito, e trago, portanto, esse novo olhar para a minha atuação jurídica. O Direito Sistêmico pressupõe a observância às leis sistêmicas descritas pelo alemão Bert Hellinger, quais sejam: a Lei do Pertencimento, a Lei da Hierarquia/Ordem e a Lei do Equilíbrio entre o dar e o receber.

Além de advogada, juíza leiga e terapeuta integrativa, eu me tornei mentora e empresária, desenvolvi o método de autoconhecimento feminino sistêmico e dei à luz o meu curso **EXPANSÃO ESSENCIALME-SE**, cujo propósito é auxiliar mulheres a se reconectarem com a sua essência, com a sua sabedoria divina, curarem feridas emocionais, ressignificarem suas relações e emoções, aprenderem a se amar, aproximarem-se do/s seu/s propósito/s de alma, conquistarem sua autoconfiança, assumirem o controle de suas vidas e manifestarem as suas melhores versões.

Como bem disse Bert Hellinger, o observador das constelações sistêmicas, *"Quando uma mulher decide curar-se, ela se transforma em uma obra de amor e compaixão, já que não se torna saudável somente a si própria, mas também a toda a sua linhagem"*.

Eu, portanto, ressignifiquei a advocacia, além de ter adotado um novo olhar para a minha atuação profissional, e me permitido viver a minha verdade, apesar do preconceito que ainda existe a respeito das técnicas com as quais trabalho, sobretudo a interpretação do tarô, que é um valioso instrumento de autoconhecimento.

Atualmente eu integro os meus saberes, todos, indistintamente, porque eles fazem parte e exercem grande importância em quem eu sou!

"A aceitação é a paz com o agora." Eu aceitei a minha realidade, não obstante, adotei um novo olhar e descobri novos caminhos!

Por fim, deixo aqui uma poesia de minha autoria, simbolizando um abraço caloroso a todos os leitores:

SENTIR, PARA FAZER SENTIDO!

Antes de falar, eu sinto

Antes de agir, eu sinto

"Porque se faz sentir, faz sentido"!

O sentir é a conexão com a própria verdade, com a voz interna que se cala diante do excesso de razão, da pressa insana da mente em racionalizar e "resolver" aquilo que, por vezes, já tem em si a própria solução.

Eu desejo que possamos recuperar a capacidade de sentir, cada um a sua maneira, porque o SENTIR é muito particular, e não poderia ser diferente, já que somos seres singulares.

Só por hoje, SINTA!

Mas não se esqueça de viver, diariamente, o seu HOJE!

Por Daliane Magali Zanco.

Mulher Múltipla

Damarys Rodriguez Viganó Montes

15

Damarys Rodriguez Viganó Montes

Graduada em Direito – Universidade Capital, pós-graduada em Direito e Processo do Trabalho – Universidade Mackenzie, e em Direito Corporativo e Compliance – Escola Paulista de Direito. Especialista anticorrupção CPC-A – Legal, Ethics & Compliance. Certificada Data Protection Officer – EXIN® e cursando pós-formação DPO. Associada ao Compliance Women Committee e membro do Comitê Jurídico da ANPPD®. A passagem pelas áreas do Direito proporcionou-lhe aprendizado contínuo. Por anos, achou que nenhuma outra área a encantaria tanto quanto a trabalhista. Surpresa! Foi apresentada ao compliance, área fascinante e educativa. E, ainda que lhe dissessem que, um dia, atuaria com IA e dados, ela duvidaria. Aqui está ela, atuando na área de proteção de dados, portanto, abram as portas para o novo, sempre!

Acesso LinkedIn:

"A vida me trouxe uma dose diária de inquietude, superação, criatividade e amor! Se for para ficar estagnada, nem vale a pena!" Damaryz Rodriguez Viganó Montes

Minha infância foi incrível, sou a caçula dos primos, então, sempre foi fácil abrir caminhos já trilhados pelos demais. Morei durante a minha infância e adolescência em um prédio pequeno e lá fiz amigos que carrego pela vida, e, para completar o meu universo, estudei em um único colégio em que todos também se conheciam e isso fazia do meu mundo um conforto. Sempre nos sentimos confortáveis quando estamos entre os "nossos". Fui a típica criança que andava de bicicleta na rua, cuidava dos gatos que apareciam no prédio e colocava a mão na terra para plantar na casa da minha avó materna. Aliás, a infância na casa dela é a minha melhor recordação.

Aos 11 anos, vi minha avó, uma senhora portuguesa de lindos olhos verdes, com pouca instrução, mas de uma garra sem tamanho, receber flores na porta de sua casa, porque tinha acabado de perder um de seus filhos. O entregador solicitou que ela assinasse um papel em branco, anuindo o recebimento das flores e assim ela o fez, desconhecendo a pretensão de quem as enviou.

Pouco tempo depois, em um processo de inventário, ela descobriu que abriu mão de uma herança e que, inclusive, sua assinatura constava no termo de doação de sua cota-parte. Nesse dia, eu descobri o sentimento de justiça e o meu amor pelo Direito, mesmo que ainda não soubesse, de fato, o que compunha o *"efetivo objetivo do sistema de normas que regula as condutas humanas por meio de direitos e deveres".*

Aos 18 anos, ingressei na Faculdade de Direito e via, nos olhos dos meus pais, Ana Maria e Admir, a alegria em saber que a minha maior motivação foi entender o que era justo e, durante toda a minha trajetória pessoal e profissional, são sempre aqueles olhos verdes que me relembram o meu propósito.

Aprenda a voar

O primeiro ano da faculdade foi marcado por muito estudo e dificuldades - acordava às 4h30, pegava o ônibus, depois o trem e caminhava cerca de 2 quilômetros para chegar até a faculdade e fazia o mesmo itinerário para voltar –, como todo universitário, os perrengues aconteciam, mas desistir nunca foi uma opção. A minha incentivadora dos olhos verdes adoeceu e, aqui já com seus 92 anos de idade, infelizmente, acabou partindo.

No início da faculdade são apresentadas as matérias como introdução ao Direito, Sociologia Jurídica, História do Direito brasileiro e a prática e o debate sobre diferentes pontos de vista do Direito só aparecem alguns anos depois, mas, sempre curiosa, me propus a ser estagiária voluntária na Justiça do Trabalho de São Bernardo do Campo/SP. Grande acerto! Lá eu aprendi muito, primeiro trabalho, me sentia útil em revisar as páginas dos processos, até então físicos e cheios de carimbos de "em branco" nos versos das páginas - neste ponto, os novos universitários não sabem a dor no braço de tanto carimbar –, aprendi a analisar os processos, suas fases, participei de inúmeras audiências como ouvinte e acompanhei o debate naquelas mesas compridas em que os advogados e as partes assinavam a ata, após as audiências, no final da mesa. Aprendi a analisar a postura das partes e convivi com advogados incríveis, histórias doloridas, discussões intermináveis e, como tudo tem dois lados, o inverso também fez parte do meu aprendizado.

No quarto ano da faculdade, já municiada de mais informações, saí da Justiça do Trabalho e fui estagiar em um pequeno escritório de advocacia, atuando em diversas áreas do Direito e como, até então, meu único contato profissional havia sido com reclamações trabalhistas, sofri para entender a dinâmica dos processos cíveis e tributários, principalmente. O apoio do sócio do escritório no meu crescimento profissional foi um diferencial, ele era um professor paciente, participativo e, também, exigente. Quando finalizei a faculdade, recordo-me que ele me chamou na sua sala e disse que me daria um mês para estudar e passar na prova da Ordem dos Advogados do Brasil, não trabalhei nesse período concedido, me concentrei no estudo e deu certo! Carteirinha da OAB na mão! Foram quatro anos de grandioso aprendizado no escritório, entrei como estagiária e saí como advogada generalista, atuando no Direito ambiental, civil, comercial, criminal, trabalhista e tributário.

Ao longo dos anos atuando em escritório, ganhei alguns aprendizados: (i) não importa o que aconteça, prazos são prazos e devem sempre ser cumpridos antecipadamente; (ii) correr de salto; (iii) carregar processos físicos; e (iv) entender que "j.p. conclusos" não dizia nada e era necessário perguntar, reperguntar, beber um copo de água e voltar para perguntar - lembrem-se de que atuar com Direito é manter sempre sua inquietude ao que não é compreensível.

Como próximo passo profissional, optei pela pós-graduação em Direito e Processo do Trabalho na Universidade Mackenzie/SP, o que me proporcionou aprofundar o meu aprendizado e ser especialista em algo que sempre gostei. Foram dois anos incríveis, repleto de trabalhos e apresentações, mas com um grupo muito divertido que, até hoje, trago como grandes amigos e parceiros de debates jurídicos.

Nesse ínterim, tive o privilégio de atuar como assistente da querida juíza do Trabalho dra. Erotilde Minharro, na Faculdade de Direito de São Bernardo do Campo/SP, as nossas manhãs de sábados eram para auxiliar os alunos na vivência prática do processo do trabalho, com a instrução e auxílio na elaboração das peças processuais. Foram anos incríveis e que me proporcionaram aprendizado contínuo. Foi na FDSBC que tive a oportunidade de ministrar o meu primeiro curso, voltado para a execução trabalhista e a acolhedora instituição permitiu que meus pais participassem do curso ministrado, como ouvintes. Hoje, como mãe, sei o valor da participação deles nesse momento de crescimento profissional. E, desde então, descobri que ensinar é uma arte maravilhosa e ver um aluno compreendendo a explicação e questionando o tema traz uma sensação de dever cumprido.

Novos voos, agora com foco nos clientes

A pós-graduação abriu portas e eu recebi a proposta para assumir a coordenação de clientes especiais, na área trabalhista, em um grande escritório de advocacia de São Paulo e, aqui, com o Direito do Trabalho enraizado em mim, topei. Aprendiz em um mundo diferente do vivenciado até então - escritório pequeno, flexibilidade, direcionamento direto do sócio - passei a interagir com um time extremamente qualificado, muitos com mestrado e doutorado, clientes seniores que exigiriam a condução de seus *cases* com primor. Dificuldade? Nenhuma. Dê o melhor de você, estude, seja gentil e profissional que aquele mundo que poderia parecer um imenso desafio torna-se sua segunda casa.

Os desafios são diários em um escritório de advocacia, prazos processuais, demandas de última hora, consultas, relatórios, audiências, reuniões, mas o retorno e reconhecimento dos clientes é combustível para a dedicação. Tive gerentes incríveis, que acreditaram no meu trabalho, me impulsionaram e me corrigiram - acreditem, a correção é essencial para o crescimento -, a proximidade das sócias, na época, também foi uma alavanca na minha evolução profissional. Fui gerida por mulheres incríveis, abertas às ideias e firmes nas decisões. Ganhei clientes que viraram amigos, colegas de trabalho que viraram parceiros de vida e, acima de tudo, conhecimento; aqui vesti a toga e fiz a minha primeira sustentação oral no tribunal. Construí um time engajado e muito parceiro, também, de mulheres incríveis, cheias de garra para as entregas e comprometimento com os clientes, escritório e comigo.

A nova vida, agora, foco nos clientes internos

Depois de quase três anos à frente de uma carteira de clientes especiais trabalhistas em um escritório de advocacia, parti para um novo desafio profissional, na posição de advogada corporativa, experiência diferente da vivida até agora. Como seria? Quais desafios encontraria como uma advogada interna? E a resposta é bem simples: acima de conhecer as leis, conheça o negócio. Não importa quanto conhecimento jurídico você tenha, se você não conhecer, com profundidade, o negócio e o *business* da organização, o resultado não será satisfatório.

Conhecer o negócio requer habilidade, traquejo para aproximar-se das operações, dos colaboradores, entender o que é necessário para apoiar a organização, sem estancar os processos e projetos. Aqui, o departamento jurídico não pode ser um empecilho, mas um facilitador de solução das demandas, apresentando os riscos e possíveis soluções, sem infração à lei.

O advogado corporativo dentro de uma organização é instrutor de conhecimento, precisa conversar, expor riscos e explicar temas do Direito, de forma simples e objetiva, para disseminar conhecimento e ter acesso, com clareza de compreensão, ao interlocutor final. *Juridiquês*, aqui, não funciona.

Fui impulsionada por pessoas incríveis, atuei à frente da área trabalhista, mas, também, como apoio às outras áreas contenciosas - ambiental, cível, criminal e tributária - e, dentre todos os desafios profissionais do dia a dia, manter um time engajado e parceiro é o maior deles, ganhei bagagem por participar de ações internas, *joint venture*, aquisição, auditorias e a possibilidade de levar conhecimento, com os treinamentos, à organização.

Recordo-me, quando houve a alteração legislativa, com a Reforma Trabalhista, pela Lei nº 13.467/2017, que houve uma considerável diminuição das reclamações trabalhistas e, com isso, o trabalho volumoso passou a dar maior ensejo para o projeto preventivo e consultivo, dentro da área, sempre tão necessário. Na época, tinha uma parceira de trabalho, minha querida Renata que, em um bate-papo sobre a reforma trabalhista, plantou uma semente sobre a área do Compliance. Poucas empresas tinham essa área implantada e, depois dessa conversa, ela me incentivou e, muito mais do que isso, ela me impulsionou à nova área e foi aí que optei por abrir o leque do conhecimento jurídico para o de conformidades e fui especializar-me em Compliance.

Aliás, a Renata representa aquelas pessoas que passam no nosso caminho, nos ajudam e apoiam, dentre tantas outras incríveis que carrego na minha trajetória profissional, e foram muitas, mesmo. Aprendemos no apoio e, ainda mais, nas dificuldades e, inclusive, aprendemos o que não queremos na vida profissional e como reagir às pessoas que nos ensinam a como não ser igual a elas.

As gestões impulsionam ou derrubam um time, vivi os extremos e, se me permitem um *insight*: aprendam na dificuldade, aqui vem o maior ganho. Lidamos diariamente e diretamente com pessoas e esse é o maior ativo de qualquer organização, importe-se como parte de um time, como líder ou como parceiro, não importa a sua função no ecossistema, lidar com processos, tecnologias e fluxos é importante, mas nada importa mais do que as pessoas e minha melhor professora, neste caminho, foi a querida Elisabete Souza, uma diretora de recursos humanos inspiradora, firme, forte e doce. Ela sempre foi disponível, acessível e com todos os temas que envolvem a rotina da área de RH, que não são poucos, ela tinha espaço para um café e uma solução. Aprendi a amar a área de recursos humanos com ela e, como eu digo que a inquietude traz oportunidades, passei a atuar com a área jurídica dentro da área de recursos humanos e foi um duplo aprendizado, com a prática de análise no início da cadeia de contratação até os treinamentos aos colaboradores. Foi uma jornada incrível!

Dois novos propósitos

E, aqui, o Compliance já estava no DNA e parti para o desafio de gerir a área em uma organização que detém um acolhimento ímpar.

Desafios? Aos montes, mas, se é para ficar estagnada, nem vale a pena. E carregando todo o aprendizado de entender a necessidade do negócio, mas, acima de qualquer coisa, entender as pessoas, unir o propósito pessoal e profissional para manter o equilíbrio, o aculturamento foi o principal passo, com a comunicação direta e simples ao público interno, fácil acesso e disposição de mudança.

Quando falamos da área de Compliance, imediatamente, grande parte das pessoas pensa em uma área investigativa, mas é muito mais do que essa atividade, é uma composição de ações internas para gerar conformidade às regras legais e, também, empresariais. Tive a oportunidade de participar do desenvolvimento e aculturamento do programa de integridade e a área ganhou visibilidade como apoio às demais áreas da organização, com a participação dos *heads* e o tão necessário *tone at the top*.

O trabalho realizado trouxe frutos e quando achei que, novamente, nenhuma outra área traria tamanho encanto quanto o Compliance, a necessidade de implantação da Lei Geral de Proteção de Dados, Lei nº. 13.709, de 2018, que passou a vigorar em setembro de 2021, chegou como uma necessidade às corporações e, diante de tantos aspectos legais, adequações de fluxos e novos alinhamentos visando a segurança dos dados pessoais dos titulares, me vi mergulhada em tecnologia, inteligência artificial, *cyber security* e proteção de dados e, mais encantada, portanto, permita-se sempre novos caminhos, você pode ser surpreendido.

Reflexão do aprendizado contínuo

Depois de anos atuando na área jurídica, faço uma retrospectiva de 20 anos atrás, quando ainda era necessário bater o carimbo *em branco* no verso das peças processuais e que se peticionava em máquina de escrever e me deparo, hoje, com o peticionamento eletrônico e a inteligência artificial à frente de grande parte de nossa rotina corporativa e penso como estaremos daqui há 20 anos. A série animada *The Jatsons*, exibida originalmente entre 1962 e 1963 nos Estados Unidos e relançada com novos episódios produzidos entre 1984 e 1987, trazia uma família de 2062 que convivia com um grande avanço tecnológico. Chegamos em 2021, com a força-tarefa de adaptação profissional e pessoal, diante de tantas dificuldades apresentadas pela pandemia do Covid-19 e que possibilita que o mercado de trabalho, também, se adapte.

A inteligência artificial, cada vez mais, estará em nossas rotinas e a necessidade de equalização entre o tecnológico e o contato pessoal é um desafio para as corporações e para nós, diariamente.

Manter o contato com o nosso time, com a corporação, com os clientes, parceiros e fornecedores em um formato nunca antes experimentado é desafiador. Diariamente, a reinvenção de estratégias, de alcance e, com isso, não sobrecarregar as pessoas envolvidas neste processo, é algo novo para todos nós. Como liderança, erramos e aprendemos e, como liderados, erramos e aprendemos, ou seja, não há fórmula mágica e, assim, seguimos o ciclo contínuo do PDCA - *Plan* (planejar), *Do* (executar), *Check* (checar/controlar) e *Act* (agir).

E, por fim, acumulando aprendizado, passando por todas as áreas do Direito, amando a área de Compliance e em aprendizado contínuo na área de proteção de dados, também sou filha da Ana Maria e do Admir, esposa do Roberto, mãe do Davi e múltipla, como muitas mulheres, e com a lição aprendida de que estou em constante aprendizado. Desejo que você também!

A defesa como uma escolha de vida

Érica Neves

16

Érica Neves

Advogada, fundadora da Érica Neves Consultoria. Especialista em Direito Empresarial e em Direito do Estado, atuante há 20 anos na área empresarial. Exerceu a função de Diretora Secretária Geral Adjunta da OAB-ES (2016-2018), membro titular da Comissão Nacional do Direito do Agronegócio da OAB (2016-2018).

Acesso Instagram:

Nem me recordo quando surgiu minha obsessão pela advocacia, mas sempre refutei situações que senti injustas na infância e principalmente na juventude. Nunca fui uma menina que acatava ordens com facilidade e sempre queria entender os argumentos que as precediam. Claro, havia o custo de não ser compreendida ou de engolir decisões sem me convencer. Porém, aquela menina não desistia de sua liberdade de pensamento crítico.

Nos precedentes de minha vida profissional, presenciei meu pai se formar em Administração, enquanto minha mãe ministrava aulas noturnas no antigo Mobral. Depois, ela fez do seu dom na cozinha a fonte que melhorou nossas vidas. Com este exemplo familiar, soube desde sempre que apenas o estudo poderia melhorar minhas oportunidades. Assim, para garantir educação gratuita (e sem descuidar da qualidade), busquei a aprovação na Escola Técnica Federal - ETFES e, ao sair, consegui êxito no vestibular para cursar o tão sonhado curso de Direito da Universidade Federal do Espírito Santo (UFES) em 1994.

Entendo que as grandes transformações sociais e políticas nascem da sociedade, mas as faculdades de Direito são adjuvantes especiais na institucionalização desses avanços, já que as alterações normativas sempre permeiam o mundo jurídico. Neste cenário, a advocacia, por sua vez, é a profissão autônoma de controle da proteção dessas normas em sua incidência na sociedade, pois todos os outros atores jurídicos estão, de uma forma ou outra, submissos ao interesse e poder estatal.

Da posição contestadora, defensora e libertária, mantenho a menina que pouco obedecia mansamente, que sempre argumentava e precisava seguir em frente, mesmo discordando. Com essa percepção, entendi no tempo certo que nenhuma outra profissão seria tão adequada à minha personalidade. A advocacia, a defesa do direito e da liberdade como objetivo de vida.

O início e uma vontade

A primeira oportunidade para conseguir trabalhar enquanto estudava Direito apareceu por meio de vizinhos do prédio onde morávamos. Lembro-me com imenso carinho das simples atividades de recortar publicações no Diário Oficial ou servir café para as reuniões importantes na Presidência da Assembleia Legislativa do Estado do Espírito Santo. Fazia ambas as funções com muito respeito, carregando toda a vontade de começar a minha vida profissional.

Em uma aula de Direito Penal do professor e criminalista Homero Mafra, ao responder uma pergunta sobre prisão cautelar, recebi o convite para estagiar em seu escritório. E permaneci no escritório do notável tribuno até me formar, o que claramente influenciou a minha escolha em tentar ser uma criminalista.

Entretanto, a minha vida profissional mudou quando um delegado da polícia civil desrespeitou a minha prerrogativa de advogada em conversar privativamente com meu cliente, dando como única opção entrar na cadeia e percorrer um longo corredor entre as celas para conseguir a assinatura da parte na procuração. Naquele trajeto recebi todas as humilhações que uma mulher pode sofrer e fiquei semanas sem dormir. O cliente, um motorista de ônibus, foi preso por engano e liberado dois dias depois. E eu decidi nunca mais atuar na área criminal.

O ambiente e a imaturidade profissional daquela época, jovem de 23 anos, levaram-me a essa decisão dura, a qual não tenho vergonha de reconhecer. A minha expiação é que nos 21 anos subsequentes (agora de carreira) não passei um dia sequer sem defender as prerrogativas de qualquer advogado ou advogada, principalmente dos mais jovens, que mais estão suscetíveis aos autoritarismos.

Confesso ter passado tempos difíceis e sem rumo, sem saber se acabaria sucumbindo à segurança de uma carreira pública ou se exerceria a advocacia privada. Por fim, segui meu sonho, nunca prestei concurso e segui apaixonadamente a advocacia.

É claro que essa incerteza acompanha milhares de jovens advogadas e advogados pelo Brasil e a decisão nunca é fácil. Por vezes, as circunstâncias da vida decidem por nós, mas entendo que o ideal é perseguir um sonho mantendo sempre a realidade como balizadora da nossa responsabilidade nas decisões para, assim, não perseguir ilusões.

Por algum tempo fiquei sem local para trabalhar e fazia diariamente dezenas de audiências para grandes escritórios que mantinham as contas de telefonia no ES (a famosa advocacia de correspondência), até ser convidada a me associar a um escritório empresarial. Como são as coisas do destino, pouco tempo depois o sócio-fundador decidiu se retirar da advocacia e acabei, junto com outra colega, assumindo a sua carteira de clientes.

E se engana quem enxerga esse fato como simples sorte, pois reputo esse momento da carreira como o mais desafiador, quando a coragem precisava superar o medo para assumir minhas fragilidades profissionais e superá-las todos os dias. Hoje, após 15 anos na área empresarial, muito realizada com o que faço, assisto advogadas corajosas e competentes em todas as áreas e reconheço que fraquejei naquele momento diante do delegado, mas os tempos mudaram e as advogadas estão mais preparadas para essas situações. Ainda bem!

Várias são as decisões que podem mudar o nosso futuro na advocacia, mas sempre precisamos sopesar entre o que temos a oferecer e o risco que devemos correr, pois nunca podemos colocar em risco o direito de quem nos procura e, muito menos, renunciar à ética e à honestidade.

Outrossim, as conquistas materiais são extremamente importantes e concretizam a satisfação pessoal em ter uma vida confortável e trazer uma segurança familiar, mas nada se compara a uma história profissional pautada na ética, no trabalho, no estudo, no respeito aos colegas, na honestidade, mantendo sempre a humanidade, pois para quem não sabe, a nossa reputação chega sempre antes de nós e seleciona os nossos clientes. A escolha é nossa.

São 20 anos na advocacia, são 20 anos me apaixonando a cada dia pela minha profissão. A felicidade do êxito de uma defesa na advocacia nenhuma outra profissão pode proporcionar, simples assim. Expeça-se o alvará!

Uma profissão em transformação

Por admirar e amar tanto a advocacia, lanço aqui uma análise pessoal diante das percepções que tive ao longo desses anos no exercício da minha profissão. Galgando processo por processo e cliente por cliente, acrescido à experiência singular e que me faz orgulhosa como diretora da Ordem dos Advogados do Brasil – Seccional do Espírito Santo no triênio 2016 a 2018.

Como sabemos, a produção intelectual sempre foi pressuposto essencial da boa advocacia e essa premissa serviu, ao longo da história, à imagem de que os advogados e advogadas produziam teses novas e possuíam uma exímia escrita com um rebuscado vocabulário. Características que nos asseguravam uma colocação de classe culturalmente nobre na sociedade.

Hoje, o arcabouço legal, os julgamentos transmitidos *online*, os entendimentos dos tribunais, os atores do Judiciário e as interpretações doutrinárias estão ao alcance de todos, e esse acesso direto da sociedade com todo o ambiente jurídico mudou substancialmente as nossas funções. Ademais, nos últimos 20 anos o curso de Direito perdeu aquele aceno elitista das renomadas faculdades ou das raríssimas vagas das universidades públicas, e passou a ser um curso possível para todas as classes sociais e culturais.

Nos últimos anos também deixamos de ser uma advocacia litigiosa e passamos a receber em nossos escritórios demandas em busca de soluções mais rápidas e eficazes aos problemas do cotidiano. Deixamos de ser parte do problema como uma despesa e passamos a ser um investimento no caminho da economia e das soluções. Aprendemos por meio disso que nem tudo se resolve com petições ou recursos e que a advocacia precisa capacitar-se em novas habilidades e frentes de trabalho para manter-se protagonista.

Além disso, a transformação tecnológica do mundo, principalmente do mercado, é fato inquestionável, e o ambiente jurídico no Brasil precisa urgentemente acompanhar tais transformações. Sermos uma atividade intelectual definitivamente não é incompatível com os avanços da tecnologia, mas a insistência no pensamento contrário nos atrasa. Precisamos sair deste confronto insustentável, onde todos perdem, para conseguir viabilizar um cenário de *ganha-ganha*.

O passado, tanto de perfil quanto de mercado, não pode e não conseguirá mais impedir que a evolução atinja e carregue a advocacia a outro nível de atividade intelectual.

Precisamos nos colocar amigáveis a uma nova advocacia, que nasceu mais eclética e está crescendo na era digital, com acesso a todas as ferramentas que facilitam a nossa vida pessoal e profissional, fatores de diversidade que nos levam a um nível maior de produtividade e assertividade e, claro, trazendo-nos melhores oportunidades.

Nesse caminho, a produção intelectual se torna 'apenas' uma das funções a serem exercidas com esmero, para que todos, ao final e a cabo, tenham êxito. Definitivamente não basta um enorme conhecimento jurídico para ter garantido um sucesso na advocacia. Hoje, é preciso ter várias habilidades e conhecimentos que estão em ambientes diversos do jurídico e da sociedade.

Nesse sentido, precisamos ler o mercado para entregar o serviço que ele precisa em determinados tempos e espaços, identificarmos oportunidades, estarmos conectados com as inovações tecnológicas e sabermos empreender com essas novas tecnologias. Além disso, é preciso investir no que é rentável a certos nichos de atuação, investir em marketing jurídico adequado ao seu público-alvo e gerir suas finanças. E mais, iniciar os pequenos escritórios com base em *compliance*, ter interação com outras áreas que complementam a sua especialidade, ter noção da relação "oferta x demanda" que melhor lhe convém, gerir os recursos humanos internos e as parcerias necessárias e, ainda, ser hábil em sistemas de controle processual e financeiro, para conseguir começar ou crescer de forma correta. Assim, podemos diminuir o risco de fracasso prematuro por falta dessas habilidades e conhecimentos, mesmo sabendo tudo de Direito.

Existe um ditado que diz que, quando o rolo compressor do progresso vem para cima, você fará parte do rolo ou da estrada. Chegou a hora do desapego às formatações tradicionais e de respeitarmos as diversas modalidades do exercício da advocacia que o mercado implora e necessita, para seguirmos prosperando.

A advocacia de hoje definitivamente é vibrante, é jovem, é moderna, é conectada, é eclética, é dinâmica, é inovadora, é disruptiva, é cada vez mais apaixonante e a sociedade se beneficia de tudo isso. No entanto, todas essas transformações precisam fluir, sempre caminhando ao lado do conteúdo intelectual, sóbrio e ético, mantendo a responsabilidade das nossas funções primordiais e essenciais para o estado democrático de Direito.

A inquietude da profissão

A desistência nunca foi uma opção, mas qualquer profissional passa por momentos de dúvidas ou infelicidade. Na advocacia não é diferente, menos ainda quando dependemos de um Judiciário absurdamente lento e por muitas vezes incongruente, o que atinge fatalmente a nossa produtividade.

No entanto, a nossa liberdade e independência, junto às emoções de novas legislações na área em que atuamos, além dos casos novos que chegam em nossos escritórios, aliadas ao *networking* com pessoas diferentes o tempo todo e o nascimento de novas práticas para os novos "*fronts*" e oportunidades, nos trazem a certeza de que a advocacia é uma missão que nunca acaba. Essa inquietude é o combustível que até hoje encontro para exercer uma advocacia vibrante, como a boa advocacia deve ser.

Buscar capacitação constante para me adequar como uma advogada que busca soluções, encampar novas formas de se comunicar com o cliente e com o Judiciário, acatar as novas áreas complementares de fora do Direito e novas especializações, aprender novos saberes que começam a ser necessários em um escritório, tudo isso traz uma motivação estimulante e impede que a inércia nos atinja.

Vale lembrar que o que não sabemos que existe é mais relevante do que o que já sabemos, pois é no desconhecido que evoluímos de verdade, como ensina Nassim Nicholas Taleb, em sua obra "O Cisne Negro". A essa obra, que indico, dedico uma mudança em meus próprios receios profissionais diante dessa nova dinâmica na advocacia.

Espero que venha uma revoada de novidades, para que a tecnologia seja mais acessível a todos, trazendo todas as facilidades que potencializam e monetizam o nosso dia a dia. Nessa linha, vejo com bons olhos a chegada das surpreendentes *startups*, especialmente as Legal Techs, torcendo para que atinjam a nossa atividade de forma democrática, seja impondo maior competitividade (que é sempre bom em qualquer atividade) ou positivamente na produtividade de todos.

Alguns números que mostram caminhos

Estamos aqui em um livro exclusivamente de advogadas e confesso que nunca incentivei ou fomentei debates identitários como refúgio ou escudo de conquistas profissionais ou pessoais. Contudo, os números representativos desta pauta precisam ser analisados para avaliarmos nosso passado, entendermos o presente e nos projetarmos para o que queremos para nosso futuro.

Começando pela representatividade feminina no Judiciário, com os dados do último censo se denota que o Brasil tem um total de 35,9% de magistradas, 23% de desembargadoras e apenas 16% dos ministros de tribunais superiores, uma escala decrescente e inversamente proporcional à objetividade das nomeações. É dizer, quanto mais possível alcançar o cargo pelos critérios objetivos de mérito, maior a presença feminina.

Em dez estados do Brasil temos mais advogadas do que advogados e, no total, mais da metade da advocacia brasileira é composta por mulheres. Esse número, por si só, revela que a nossa profissão deixou (ou deveria ter deixado) de ser um ambiente hostil para as mulheres.

Além disso, segundo levantamento do Centro de Estudos das Sociedades de Advogados (Cesa), a contagem geral dentro das sociedades de advocacia mostra um empate técnico de sócios (51% a 49% para eles), mas basta olhar para cima para notar o tamanho do problema: apenas 29% dos postos de comando nos escritórios são ocupados por mulheres.

No sistema da Ordem dos Advogados do Brasil, ao longo dos seus 90 anos de história e onde, até hoje, o poder institucional e político eleva apenas homens aos cargos de poder, temos um cenário numérico afrontoso, pois nas 27 seccionais temos hoje 27 advogados eleitos como presidentes e no Conselho Federal, apenas 17 são mulheres dentre as 81 posições, nenhuma como diretora da Nossa Casa.

Esses números nos mostram que as mudanças estão acontecendo mais rapidamente onde o êxito das conquistas se baseia em normas objetivas de competências e de produtividade, como é o caso dos escritórios de advocacia e dos concursos de acesso à carreira da magistratura. Mas, também, claramente demonstram que a ladeira se mantém mais íngreme ao gênero feminino em posições que dependem de critérios subjetivos dos que estão na posição de escolha ou dependem do compartilhamento do poder historicamente exclusivo do ambiente masculino.

E que não entendam que estou neste momento incentivando o confronto, pois precisamos de todos juntos para mudar este quadro. Também não se trata de resolver o passado por decreto. Jamais. Porém, é necessário ter esses dados em mente para olhar para frente e reconhecer que hoje em dia sabemos o que as rupturas significam para o progresso e que, em tudo nesta vida, a alteridade entre o olhar masculino e o feminino traz uma enorme vantagem.

Para concluir

Com a humildade de quem tenta manter-se ávida por oportunidades e ingênua quanto ao conhecimento, deixo as minhas impressões que vêm de um balançar de olhos entre o meu ingresso na advocacia, o que vivi nessas duas décadas e o horizonte.

Para qualquer advogado e advogada, a atuação ética, persistente, técnica e combativa poderá trazer alegrias profissionais e satisfação material. Basta paciência e a compreensão de que profissões liberais têm duas características bem definidas: a) são cumulativas no que se refere à visão dos colegas e do mercado quanto a sua qualidade e, por isso, o tempo acresce exponencialmente; e b) normalmente a remuneração é um retorno de um investimento. Ou seja, nós plantamos e depois colhemos. Normalmente com um considerável intervalo entre uma ação e outra.

A advocacia está sendo transformada pelo ambiente atual e aquele profissional que só sabe de Direito, hoje, provavelmente, nem de Direito sabe. É essencial exercitar o conhecimento interdisciplinar no Direito e fora dele, para cada vez mais se aproximar do universo dos clientes e das novas dinâmicas sociais em torno da informação e do conhecimento.

Para as advogadas, o que falta é compreender que o poder está conosco. O ambiente privado assumiu a pauta ESG (*enviromental, social and governance*), que, dentre outras questões, vem trabalhando agudamente a questão de gênero como um valor essencial. E não fazem isso por caridade. Toda pauta ESG tem esteio no princípio chamado *"show me the money"* (mostre-me o dinheiro). Ou seja, adotam a pauta ESG da diversidade do gênero, porque compreenderam que a falta da alteridade na visão da empresa significa menos dinheiro no caixa e, normalmente, menor sustentabilidade corporativa a longo prazo.

Isso significa dizer que, se no seu atual ambiente de trabalho a diversidade de gênero não tem espaço, ele está fadado ao insucesso, sendo uma grande oportunidade para que você e outros colegas que compreendam esse valor possam empreender e ocupar esse vácuo de mercado, decorrente de uma cultura histórica que precisa ser interrompida mostrando resultados.

Do ponto de vista institucional, recebi diversos (e vou fazer questão de enfatizar que estou falando de muitos, inúmeros, incontáveis) relatos de advogados que acreditam na falta que faz o olhar feminino no ambiente relacional interno da advocacia, com a sociedade civil e com os poderes com os quais a Ordem dos Advogados do Brasil naturalmente interage.

Com todo este ambiente atual, tanto de mercado quanto institucional, quero acreditar que a vez da mulher, que naturalmente será alternada e composta com a vez do homem, está chegando para o bem de todos nós.

Acreditar no que é certo, praticar o direito

Estela Soares de Camargo

17

Estela Soares de Camargo

Advogada formada pela Pontifícia Universidade Católica (PUC) de São Paulo, em 1980. Sócia-fundadora do Huck, Otranto Camargo. Diretora presidente da Mesa de Debates de Direito Imobiliário – MDDI, exercendo sua coordenação desde 1998. Obteve o título de Especialista em Direito Tributário pelo Centro de Estudos de Direito Tributário. Membro do Conselho Consultivo do Ibradim. Coordenadora Geral das Comissões do Ibradim. Diretora Jurídica do Clube de Campo de São Paulo. Membro do Conselho Curador da Fundação Dorina Nowill para Cegos.

Quando recebi o convite para escrever este capítulo do livro "Mulheres no Direito" me senti honrada e já comecei a pensar no tema jurídico sobre o qual escreveria, ou se iriam apontar algum.

Depois de uma conversa muito agradável com Andréia Roma entendi que deveria escrever sobre mim mesma, minha história e minha trajetória no mundo do Direito.

Ainda estou em dúvida por onde começar, mas tenho um agradecimento especial a fazer, não apenas a Andréia, como a toda a equipe da Editora Leader. Vocês me deram a oportunidade de parar por alguns momentos as inúmeras tarefas do dia a dia, para mergulhar um pouco no meu passado, na minha história e como cheguei ao atual estágio de vida, profissional e pessoalmente.

Aqueles que já me conhecem devem entender a sinceridade e profundidade desse meu agradecimento: "parar" não é uma característica minha... Eu costumo ter uma lista de coisas para fazer e essa lista está sempre sendo atualizada. Cada começo de ano faço uma relação dos projetos que quero desenvolver e incentivo todos da minha equipe a fazerem o mesmo. Na verdade, estou sempre olhando para frente e, por conta deste artigo, estou sendo forçada a olhar para trás. Um mergulho interessante e uma experiência diferente.

As mulheres da minha família

Este livro é sobre mulheres e eu me sinto muito à vontade para falar delas. Venho de uma família de mulheres fortes e marcantes. Minhas avós nasceram no começo do século passado. Minha avó paterna, Donga, era uma poetisa e seus versos povoaram nossa infância. Minha avó materna, Elvira, nasceu em Piracicaba, interior paulista, veio para São Paulo casada com um médico muito extrovertido e bem-sucedido, mas ela sempre foi a alma e o esteio da casa e da família. Uma curiosidade: essas duas mulheres muito fortes e de personalidades bem diferentes tiveram dois filhos e duas filhas, que se casaram entre si. Assim, a única irmã de minha mãe se casou com o único irmão do meu pai. A bem da verdade, foi o contrário, pois meus tios se casaram antes e depois, meu pai e minha mãe.

Eu tenho cinco irmãs e sempre fomos e continuamos sendo muito próximas e muito unidas. Fomos criadas com muito amor e até hoje sempre falamos no plural. É difícil alguma de nós dizer "eu sou isso ou aquilo", sempre dizemos "nós somos", "nós fazemos" "nós iremos". Somos, com muito orgulho, as "cinco filhas de Malu".

Minha família era de médicos. Tanto meu avô paterno como o avô materno foram médicos e meu pai e meu tio também. Assim, quando decidi estudar Direito, fui a pioneira. Mas na geração de meus sobrinhos vários seguiram minha profissão, o que muito me orgulha.

Eu vou ser advogada

Sempre me perguntam porque eu escolhi fazer Direito ou quando tomei a decisão de seguir essa carreira. Pois bem, desde que eu estava no primário (sim, na minha época chamava-se primário), minhas professoras do Externato Assis Pacheco já tinham decidido: eu seria advogada, pois falava muito e sabia argumentar. E eu nunca tive dúvida, sabia que seria advogada. E não me arrependi, pois amo muito o que faço.

Na minha visão, minha carreira foi construída com muito mais trabalho do que talento. Eu sou daquelas que põe a mão na massa, carrega o piano, não tem medo do trabalho. E o meu maior apoiador, meu incentivador, meu companheiro de todos os momentos é meu marido, Paulo. Estamos juntos há 40 anos e nossa parceria é tão grande quanto nosso amor.

O começo da carreira

Logo que me formei, fomos morar em Paris, mais precisamente em Rueil-Malmaison, nos arredores da cidade, pois o Paulo trabalhava em uma empresa multinacional e foi transferido para lá. Nós moramos na França durante um ano e nesse período, além de fazer um curso (mais para aprimorar o francês), eu também trabalhei no escritório de advocacia onde tinha feito estágio durante a faculdade, que tinha uma representação em Paris. Foi um desafio bem grande, pois estávamos acostumados com família numerosa e lá estávamos nós, sozinhos, do outro lado do oceano.

Naquela época, começo da década de 80, não tínhamos internet e nossa comunicação era feita por carta (escrita à mão). Vez por outra minha mãe nos enviava uma fita cassete, para ouvirmos as vozes de todos.

Curioso lembrar dessa época, quando a comunicação se fazia por cartas, tão distantes da agilidade dos meios que dispomos hoje em dia. Mas não posso deixar de destacar que a comunicação naquela época parecia mais intensa, mais esperada, mais curtida. Eu geralmente escrevia minhas cartas no começo da semana e eram quase um diário, um relato detalhado do nosso dia a dia. Quem tem tempo hoje para escrever um diário? Não havia *selfies* e apenas mostrávamos nossa vida, com palavras e muito sentimento, especialmente de saudade.

O recomeço da vida no Brasil

Voltando ao Brasil retomamos nossa vida e eu acabei montando um escritório, onde fazia de tudo. Menos de dez anos depois, comecei a etapa mais vitoriosa da minha vida profissional, no escritório hoje denominado Huck, Otranto e Camargo, no qual atuo com muito orgulho e muitas realizações.

Entre algumas outras profissões, a advocacia é uma das poucas carreiras que pode ser exercida de forma autônoma, isto é, podemos atuar como profissionais liberais. E a estrutura do nosso escritório é perfeita para isso, pois todos os advogados são sócios e com isso temos nossa independência e autonomia para trabalhar e "praticar o Direito". O principal valor do nosso escritório é dar o melhor atendimento ao cliente, entender suas necessidades e entregar, com competência, o que nos foi demandado.

Esse é um ponto importante para todo advogado: entender as necessidades do cliente. Com a maturidade aprendemos que não devemos fazer o que o cliente quer, mas sim o que ele precisa. Não quero com isso dizer que somos donos da verdade, mas, quanto mais nos distanciamos do que achamos que é o certo a ser feito, pior vai ficando a situação.

Tenho um cliente há muitos anos, aliás, eu já era advogada do pai, depois dos filhos e agora também estou atendendo os netos. Pois bem, estávamos numa reunião de fechamento de um negócio com esse cliente, daquelas reuniões que levam horas e em muitas delas estamos apenas jogando conversa fora, enquanto as minutas finais são revistas, para se acertar os últimos detalhes. Estávamos comentando quantos negócios já tínhamos fechado com a família desse cliente e ele soltou esta pérola: "O melhor negócio em que a dra. Estela me assessorou foi aquele *deal* que ela não me deixou fechar. Parece que ela tinha bola de cristal, pois o negócio não seria bom mesmo". Na hora fiquei um pouco decepcionada, afinal, eu já tinha fechado grandes negócios para essa família, mas o mais marcante teria sido o que não tinha sido fechado. Contudo, essa passagem me chamou a atenção e reforçou meu pensamento no sentido de que não devemos nos afastar dos nossos princípios e convicções, ainda que fosse para "agradar" nosso cliente.

Aqui fica um conselho: dê sempre o seu melhor para o cliente, mas não se afaste do que você acredita ser o certo e o justo.

Ampliando os horizontes

Tenho um orgulho enorme do nosso escritório, pois temos sócios de várias gerações, todos muito bem formados e apaixonados pelo Direito e pela profissão. Se estamos com alguma questão intrincada para ser resolvida, é só dar uma passeada pelo escritório que encontraremos um bom advogado para conversar e trocar ideias.

Mas mesmo estando num escritório com muitos colegas e operadores do Direito em todas as áreas, eu sentia falta de tratar de temas mais específicos, relativos ao Direito imobiliário, área em que sempre atuei mais ativamente. Assim, reuni um grupo de colegas de outros escritórios e de empresas, todos bastante atuantes no Direito imobiliário, para debater temas específicos da área. Com esse espírito e propósito nasceu a MDDI – Mesa de Debates de Direito Imobiliário. Esse grupo de especialistas reúne-se quinzenalmente há quase três décadas e os debates, além de acalorados, são enriquecedores e interessantíssimos. Mais do que colegas, somos amigos que se dispõem a compartilhar conhecimento e experiências.

Esse é um ponto muito importante na vida profissional. Cercar-se de pessoas melhores do que você, pois elas vão nos inspirar, nos ajudar a crescer, mostrar alternativas, que sozinhos não estávamos vislumbrando.

E nesse ponto eu sou uma pessoa abençoada; estou cercada de pessoas maravilhosas, advogadas e advogados competentíssimos, conhecedores do Direito e pessoas justas e equilibradas. Certa vez meu sócio Marcelo Huck disse que seus amigos sempre indagavam por que ele ainda trabalha tanto e a resposta foi: "Vocês conhecem meus sócios? Como posso parar, se eles me encantam e me desafiam a cada dia?"

A verdade é que o sucesso vem da união e sinergia que você consegue conquistar na sua vida. Seu dia somente terá 24 horas, mas se você está cercada de pessoas interessantes, empreendedoras, essas horas podem se multiplicar e produzir muitos frutos.

Minha atuação no agronegócio

Voltando um pouco ao começo da nossa história, eu já mencionei que minha família é de mulheres fortes e empreendedoras. Pois bem, temos um patrimônio que é o nosso porto seguro, o lugar onde sempre nos reunimos: uma fazenda de gado no Pantanal sul mato-grossense, chamada Olhos d'Água. Esta fazenda foi comprada por nosso avô, depois administrada por nosso pai e agora estamos nós, "as cinco Marias", administrando. Conseguimos montar uma estrutura societária sólida e eficiente, posto que além das "Marias" temos, já participando ativamente, a geração dos "netos de Malu". Como disse, a família é grande, de forma que numa assembleia de acionistas participam, no mínimo, 12 pessoas. Além da assembleia, temos o conselho de administração, o comitê estratégico, a assessoria jurídica, a diretoria executiva e um competente grupo de funcionários.

Poderiam dizer que é uma estrutura sofisticada para se tocar uma fazenda, mas, se a estrutura societária não estivesse solidamente organizada, não conseguiríamos engajar os acionistas e preservar esse patrimônio para as próximas gerações. Costumo pensar que não fizemos nada para herdar esse lindo patrimônio (aliás, quem conhece o Pantanal sabe o quão lindo ele é) e nossa obrigação é preservá-lo para as próximas gerações e criar condições para que ele siga sendo o porto seguro da família.

E para fechar com chave de ouro, os cavalos

Vejam que num piscar de olhos já descrevi para vocês os pontos mais importantes da minha vida: meu marido, minha família, meus sócios no escritório, meus amigos da MDDI, minha experiência no agronegócio. Mas ainda está faltando uma parte muito interessante da minha vida: a equitação.

Esse pode ser um capítulo à parte e bastante prazeroso da minha jornada. Escutei outro dia um pensamento muito interessante: toda criança deve praticar, no mínimo, três esportes: natação, futebol e equitação. Na natação aprende-se a sobreviver, no futebol aprende-se a socializar e na equitação, aprende-se todo o resto!

E é a pura verdade! Apesar de ter montado a cavalo na fazenda desde criança, confesso que nunca fui muito apaixonada. Já quase na casa dos 40 anos de idade, ficamos sócios do Clube de Campo de São Paulo. O Paulo logo se encantou pelo golfe, que joga apaixonadamente até hoje. Para não ser uma "viúva do golfe", o Paulo me incentivou a entrar para a escola de equitação e no começo até ele participava das aulas. Não preciso dizer, mas ele era bem melhor do que eu. Só que eu continuei e, vez por outra, é ele que se sente um pouco "viúvo do hípico".

De fato, eu fui me apaixonando pelo esporte e pelos cavalos, especialmente. Costumo dizer que na equitação vivenciei os mesmos desafios que enfrentava na vida profissional, social ou familiar. A vantagem é que na equitação os desafios vieram de forma bastante didática e eu podia contar com a parceria dos cavalos, cada um me ensinando o que estava precisando aprender.

Nem sempre as lições foram fáceis, muitos tombos aconteceram, muitos sustos. Mas felizmente nunca me machuquei seriamente. Para ser bastante honesta, por vezes o ego ficou bem machucado, porém o aprendizado foi bom.

Sempre que vou começar uma prova ou competição, a tensão é grande, a adrenalina fica a mil, o coração parece que vai sair pela boca. Meu instrutor, que está sempre ao meu lado, fala a frase mágica: "Você está pronta, então vamos nos divertir". E aí tudo acontece.

Eu sempre costumo me preparar para tudo, dificilmente farei algo de improviso. Lembram-se de quando falei que minha professora no primário já sabia que eu seria advogada? Numa determinada ocasião, o colégio foi convidado para um passeio no Zoológico de São Paulo e algum aluno deveria dizer algumas palavras de agradecimento e ela pediu que eu me voluntariasse. Pois bem, eu subi no palco e fiz um belo discurso, mas não foi de improviso, eu já tinha escrito e preparado com antecedência.

Voltando à equitação e aos cavalos: para fazer uma pista, eu trabalho muito com meu cavalo, treinamos, fazemos exercícios, repetimos várias vezes os mesmos obstáculos. Assim, quando entramos na pista, para a competição, tudo já foi bem ensaiado, eu e meu cavalo já estamos afinados, pois já treinamos naqueles obstáculos várias vezes.

Mesmo assim, nem sempre dá certo, não importa o quanto a gente tenha se preparado. Daí entra a beleza da equitação: você tem que se adaptar, é necessário improvisar (pensem no quanto isso é difícil para mim), tem que arriscar, mas você sabe que tem um companheiro que vai ajudá-lo. E como vale a pena! Como a gente se diverte!!

Talvez a principal lição que aprendi com a equitação é aceitar que não estamos sempre no controle. Temos que confiar no companheiro, soltar as rédeas e dar oportunidade do outro fazer o que sabe.

Uma palavra final

E com esses apontamentos posso encerrar meu mergulho na minha trajetória, que ainda não está no fim. Penso que cheguei numa deliciosa etapa de vida, pois ainda tenho desafios, mas tenho a tranquilidade de saber que, se não conseguir vencer todos, ainda assim estarei feliz por estar tentando. É importante saber aonde queremos chegar, mas é mais importante aproveitar a jornada, construir cada etapa da vida com alegria, muito trabalho e dedicação, e, sobretudo, respeitando nossos princípios e valores.

Se comecei com um agradecimento, terminarei com outro: meu muito obrigada a todas e todos que me acompanharam nessa jornada, cada um contribuindo para meu crescimento, minha realização. E obrigada a você, que está lendo este capítulo. Espero que tenha conseguido transmitir algo útil a você e que com isso possamos fazer este mundo cada vez melhor.

Advocacia, liderança e equidade: substantivos femininos

Fabiana Alves

18

Fabiana Alves

Bacharela em Linguística pela FFLCH-USP, licenciada em Português (Língua e Literatura) também pela FFLCH-USP. Bacharela em Direito pela USP e advogada em São Paulo. Especialista em Direito de Família e das Sucessões pela Escola Paulista de Direito, em Direito Empresarial pela PUC/SP e em Métodos Alternativos de Solução de Conflitos pela Escola Paulista da Magistratura. Mediadora privada capacitada pela Algi/Mediaras, pela Escola Superior da Advocacia da OAB/SP e capacitada em Mediação Transformativa-reflexiva pelo Instituto Mediativa. Advogada colaborativa capacitada pelo Instituto Brasileiro de Práticas Colaborativas. Fundadora do Movimento Mulheres com Direito. Conselheira Seccional Efetiva da OAB/SP (gestão 2019-2021). Palestrante e autora.

Acesso LinkedIn:

A advocacia não é profissão para covardes. Disto nós já sabemos muito bem. A célebre frase proferida por Heráclito Fontoura Sobral Pinto é uma conhecida de quase todos os profissionais do Direito.

A advocacia é responsável pela defesa das liberdades e pela administração da justiça. É uma profissão, nas palavras de Rui Barbosa, com uma dignidade quase sacerdotal.

Contudo, ainda é uma profissão de padrões masculinos, que parece seguir um *script* sexuado, e, não obstante esteja passando por um intenso processo de feminização, ainda apresenta um espesso teto de vidro inibidor da ascensão de muitas advogadas aos cargos de liderança e decisão no mundo jurídico.

Você deve estar se questionando do porquê desta introdução. Explico-me. Porque foi justamente a tomada de consciência desse contexto que me fez repensar a minha vida profissional, a minha atuação no mundo jurídico e tem marcado a minha trajetória no Direito.

A faculdade de Direito foi minha segunda graduação. Tendo me graduado como bacharel em Letras, com habilitação em Linguística, e me licenciado em Português, trabalhei por mais de nove anos como professora de Inglês. Aos 26 anos, já casada e estabilizada na carreira em educação, sentia-me incompleta e sem propósito na minha profissão. Amava lecionar, mas não me via apaixonada pelo objeto dos meus estudos e da minha docência. Em crise com relação a qual caminho profissional seguir após o término da primeira faculdade, sonhava em ter uma profissão pela qual nutrisse amor e paixão, que me fizesse querer estudar, me aperfeiçoar cada vez mais e que me possibilitasse um horizonte de oportunidades.

Amante da comunicação e das ciências humanas, sempre gostei muito de estudar, de ler, de me envolver em debates políticos, de flertar com questões econômicas, mas sem me afastar da complexidade e da beleza da natureza humana. Queria encontrar uma carreira na qual pudesse somar todas estas paixões e aproveitar minhas habilidades, pois, já naquela época, sentia que integrar fazia muito mais sentido do que segregar. Já naquele momento tinha em mim a crença de que é quase sempre possível compatibilizar cenários e ideias.

O ano era 2006 e o momento era de tomada de decisão. Tinha receio de deixar para muito tarde a escolha por um novo rumo profissional. Afinal, na época já casada, sendo mulher e pensando em constituir família, tinha medo de desistir da mudança por fatores externos.

Após muitos meses de pesquisa sobre as áreas de atuação possíveis no Direito, as faculdades em que poderia cursar esta graduação de cinco anos e, em grande medida, atraída pela possibilidade de ingresso na magistratura ou no Ministério Público, acabei tomando a decisão de fazer um cursinho pré-vestibular, largar a profissão de professora de Inglês, deixar de lado os estudos em Psicolinguística que, na época, me atraíam e começar uma nova profissão.

Minha irmã mais nova cursava Direito na época e acabou, sem saber, sendo uma grande influenciadora da minha nova trajetória profissional.

Entre a decisão de tomar coragem para uma nova graduação e a aprovação no vestibular da Faculdade de Direito da USP, foram seis meses de estudo, revisão de conteúdo do Ensino Médio e muita dedicação.

Foi uma fase cansativa, na qual o trabalho de mais de 40 horas semanais como professora e as aulas e o estudo para o vestibular tomaram-me quase todo o tempo disponível. Mas, seguramente, foram um esforço e uma dedicação que valeram a pena.

O ingresso na faculdade de Direito me fez enxergar um mundo completamente novo, em que até mesmo a linguagem era completamente distinta daquilo com que eu estava acostumada.

Durante a graduação em Direito, descobri o paradoxo entre a advocacia tradicional nitidamente adversarial, cuja mentalidade ainda hoje prepondera em grande parte dos cursos jurídicos, os quais se caracterizam por uma lógica ainda bastante masculina de resolução de controvérsias por meio da cultura do litígio e da sentença judicial, e o crescimento de conflitos cada vez mais complexos e multifacetados, que demandam soluções mais adequadas e eficientes do que as judiciais, de uma sociedade em rápido processo de mudança em um contexto no qual não podemos mais esperar o tempo do Poder Judiciário, ainda hoje caracterizado por indesejável morosidade.

A complexidade dos conflitos sociais levou-me à procura de cursos de especialização, capacitação e aperfeiçoamento, já a partir do final da graduação em Direito.

No primeiro ano como advogada, após uma breve experiência em uma banca de advocacia de São Paulo, por ter um filho pequeno com três anos à época, nascido durante o curso de graduação em Direito, optei pelo exercício da advocacia inicialmente em tempo parcial e de forma autônoma.

Entretanto, desde então, investi fortemente em aperfeiçoamento e capacitação profissionais, tendo escolhido as especializações em Direito de Família e das Sucessões e também em Direito Empresarial, por conta de meu interesse em atuar em casos que envolvessem empresas familiares.

Para além do aprofundamento dos estudos de Direito material, a consciência das intensas mudanças de uma sociedade que tem demandado novas formas de resolução de controvérsias levou-me a perceber a necessidade de inovação da advocacia, com o emprego de meios mais adequados e integrativos de solução de conflitos, possibilitando uma atuação mais contemporânea dos profissionais do Direito na efetiva administração da justiça.

Concomitantemente aos cursos de pós-graduação, organizei um plano de metas para a realização de capacitações em mediação – naquele momento, ainda não prevista no diploma processual vigente –, em Práticas Colaborativas, negociação e, aproveitando minha formação em Linguística e meu contínuo interesse pelos estudos de comunicação e linguagem, cursos de teoria da comunicação voltados para solução de conflitos, comunicação não-defensiva e comunicação não-violenta.

Pouco a pouco, minha atuação como advogada foi "tomando forma" e passei a me ver como advogada familiarista, ganhando experiência a cada caso, que sempre tratei como único, e acumulando conhecimentos.

Ao final do terceiro ano como advogada, fiquei grávida novamente. A chegada do segundo filho me levou a dar uma pausa nas atividades profissionais. Sim... Ser mãe me fez dar um tempo do Direito e me dedicar quase que exclusivamente à maternidade e à família por aproximadamente um ano. Digo isso porque, se você fez ou está pensando em fazer isso, saiba que não há resposta ou decisão certa. Desacelerar a vida profissional acaba, muitas vezes, sendo uma escolha, ainda hoje, feita por muitas mulheres.

Ao retornar às atividades profissionais, depois do nascimento de meu segundo filho em 2015, busquei na OAB/SP a rede de apoio e o *networking* que faltavam para mim naquele momento. Finalizados os cursos de pós-graduação, capacitação e extensão, e em meio à dupla maternidade, tendo optado pela advocacia autônoma, o vazio relacional com outros profissionais do Direito e a ausência de parcerias levaram-me a uma gradual aproximação com a Ordem dos Advogados do Brasil.

Muitos advogados e advogadas desconhecem, mas em todas as seccionais da OAB – presentes em todos os Estados – existem comissões temáticas, com encontros, reuniões, palestras e congressos sobre as mais variadas áreas do Direito, as quais proporcionam um interessante e rico contato com outros profissionais da área jurídica, sem custo nenhum para os advogados e advogadas.

Foi na OAB/SP que tomei consciência da ausência de *networking* feminino no mundo jurídico e também foi lá que percebi o quanto a conexão de qualidade com outros profissionais pode ser essencial para a nossa evolução profissional. Trabalhando com dezenas de outras advogadas, grande parte delas em início de carreira ou retomando as suas atividades profissionais após a maternidade, fomos gradativamente formando uma rede de contatos de mulheres no Direito atuantes nas mais diversas áreas, por meio de atividades acadêmicas voluntárias e diversos grupos de estudos na Comissão da Jovem Advocacia, que era a porta de entrada para a OAB à época e da qual fui coordenadora do Núcleo Acadêmico.

Em 2016 e 2017, como coordenadora daquela comissão, pude organizar várias palestras e eventos, integrando o necessário aprofundamento teórico de nossas áreas com os essenciais aspectos práticos da atuação na advocacia.

Também tive a satisfação de organizar e coordenar o 1º Simpósio sobre Constelações Sistêmicas e Solução de Conflitos para capacitação e valorização da advocacia nos meios integrativos de resolução de controvérsias, bem como de coordenar um grupo de estudos de Gestão Estratégica de Conflitos com ênfase nos meios consensuais, trazendo para a OAB/SP um debate que ainda encontrava muita resistência naquela instituição.

Contudo, minha atuação na instituição que representa a advocacia como classe profissional também revelou o lado ainda preponderantemente masculino da nossa classe. Milhares de advogadas, pouco a pouco caminhando para a formação da maioria dos integrantes dos quadros da OAB, não asseguravam a efetiva e muito menos equilibrada participação das mulheres em nosso órgão de classe, ocupando presidências de comissões temáticas ou diretorias de subseções e muito menos da seccional paulista – reproduzindo um padrão de ausência feminina em postos de liderança claramente percebido também nas demais seccionais da OAB e suas respectivas subseções ao redor do Brasil.

Foi, então, que surgiu a ideia de formar um grupo de advogadas para lutar de maneira mais organizada e efetiva pela ampliação da quantidade de mulheres em cargos de liderança e decisão no mundo jurídico. Com a participação de colegas da advocacia e várias mulheres atuantes em outras áreas do Direito, foram lançados, em abril de 2018, a campanha #nãoqueremosserplateia na internet e, em maio daquele ano, na Assembleia Legislativa do Estado de São Paulo, juntando mais de 100 profissionais do Direito e de mulheres atuantes na política, o Movimento Mulheres com Direito, para lutar pelo aumento de espaço feminino.

Inicialmente voltado para a conquista de uma real equidade de gênero dentro da OAB e nas demais instituições e espaços jurídicos, incluindo desde escritórios de advocacia até Ministério Público e Tribunais de Justiça, no segundo semestre de 2018, com o apoio de outros coletivos feministas, o Movimento Mulheres com Direito passou a lutar pela renovação da política nacional por meio do incentivo a candidaturas femininas para fortalecimento do debate e da implementação de políticas públicas voltadas para mulheres. Naquele ano, o Movimento organizou vários eventos na Câmara Municipal de São Paulo.

Em setembro de 2019, com uma rede de entidades da sociedade civil, o Movimento subscreveu três anteprojetos de lei lançados pelo Ministério Público de São Paulo, com o objetivo de assegurar mais mulheres na política.

No tocante à luta pela equidade de gêneros na gestão e nas diretorias das seccionais e subseções da OAB, em 2019, o Movimento Mulheres com Direito impugnou a chapa OAB Forte e Unida – chapa única – exclusivamente masculina para a eleição da diretoria do conselho e sua presidência. O recurso foi uma iniciativa do Coletivo Advogadas do Brasil e resultou da insurgência de vários coletivos feministas contra a chapa que não observou a necessidade de reserva de 30% de seus cargos para o sexo feminino. O pedido foi indeferido sob o argumento de que a presença mínima de 30% de cada sexo na diretoria do Conselho Federal da OAB seria obrigatória tão somente no pleito de 2021.

A chapa exclusivamente masculina foi duramente criticada pela advogada Valéria Pelá, representante do Coletivo Advogadas do Brasil, e por mim, representando o Movimento Mulheres com Direito, nas sustentações orais que fizemos na sessão de 31 de janeiro de 2019 no Conselho Federal da OAB. A total falta de representatividade feminina foi considerada uma ação discriminatória contra as mulheres advogadas.

Passados alguns anos, o resultado positivo de todo esse trabalho já pode ser constatado. Em fevereiro de 2020, o diretor da Faculdade de Direito da Universidade de São Paulo publicou uma portaria determinando que os eventos acadêmicos da faculdade passassem a ter, pelo menos, 25% de participantes do gênero feminino na composição das mesas de expositores, mediadores, debatedores e oradores.

Também em 2020, em dezembro, a paridade de gêneros para registro de chapas nas eleições da OAB tornou-se uma realidade. As mulheres, que já correspondiam à metade dos profissionais inscritos na OAB, viram finalmente a distorção de representação existente dentro da entidade corrigida. A proposta, apresentada por Valentina Jungmann, conselheira de Goiás, foi resultado da luta de vários coletivos e movimentos de advogadas das várias regiões do Brasil, tendo sido aprovada pelo Conselho Federal da OAB, que assegurou, ainda, a aplicação imediata de cota racial de 30% nas eleições da entidade de classe da advocacia.

Em paralelo a essas atividades, segui advogando na área de Direito de Família e das Sucessões, em Direito Empresarial, com ênfase em empresas familiares, planejamento patrimonial e sucessório, tendo, no final de 2018, aberto a minha sociedade individual de advocacia, o que é possível desde a promulgação da Lei nº 13.247/2016. Para aquelas que atuam de forma autônoma na advocacia, recomendo fortemente que sigam o caminho da abertura de suas sociedades individuais e foquem suas energias e esforços na construção de sua identidade profissional nas redes sociais e no meio jurídico, sem nunca se esquecerem de investir em educação continuada, seja por meio de cursos de pós-graduação ou de extensão e aperfeiçoamento em suas áreas de atuação. Façam de suas carreiras a sua verdadeira paixão e não se esqueçam da importância do *networking*!

Não tenhamos medo de empreender na advocacia, pois esta profissão é sim atividade de mulher e necessita de uma participação ainda maior e mais efetiva do gênero feminino.

Podemos dizer, já em 2021, que nós mulheres deixamos de ser plateia e estamos, pouco a pouco, ocupando o papel de protagonistas no Direito. Todavia, a trajetória ainda é longa e requer a participação e a consciência de todas nós para consolidarmos a ocupação dos cargos de liderança e decisão no mundo jurídico.

Impossível não perceber que, na realidade jurídica atual, não só as mulheres, mas também a própria advocacia, são compelidas a retomar o seu protagonismo, mas deverão fazê-lo de forma mais adequada ao contexto atual. E esta forma depende da inclusão das mulheres no Direito, da valorização das características femininas de gestão, sob pena de deslegitimar o próprio Direito, que, sem equidade de gêneros interna, isto é, sem o reconhecimento da importância e a efetiva inclusão das mulheres em todos os níveis e áreas, será incapaz de desempenhar o seu papel de regular a sociedade, por total dissonância entre a teoria e a prática.

Se o cenário ainda é muito mais conservador, machista e patriarcal do que gostaríamos, cabe a nós, mulheres no Direito, lutarmos intensamente pela mudança, quebrando paradigmas que, mais do que nunca, precisam ser superados para a integração entre homens e mulheres no mundo jurídico.

Daí a relevância da feminização do Direito, do aumento do número de mulheres na advocacia, que não é profissão para covardes, e que necessita de mulheres corajosas que lutem pela defesa dos direitos de todas nós e pela ampliação de nosso acesso a cargos de liderança e de decisão.

Viver por decisão e não por condição

Flávia Nascimento de Oliveira

19

Flávia Nascimento de Oliveira

Natural de Nova Odessa (SP), tem 36 anos. Formada em Direito pela Universidade Metodista de Piracicaba, advogada atuante há nove anos nas áreas de Direito do Trabalho e Previdenciário. Pós-graduada em Direito do Trabalho pela Faculdade Casa Branca. Curso em especialização em Aprimoramento Profissional em Técnicas Procedimentais Trabalhistas na Escola de Pós-Graduação Facamp. Especialista em prática trabalhista pela Escola Superior de Advocacia da OAB/SP, e especialista em Revisões e Cálculos Previdenciários pelo Legale Cursos Jurídicos.

Presidente da Comissão de Cultura e Eventos da OAB/SP 236ª Subsecção Nova Odessa, gestões 2013-2015; 2016-2018; 2019-2021. Membro da Comissão de Direito do Trabalho da OAB/SP 236ª Subsecção Nova Odessa, gestões 2013-2015; 2016-2018; 2019-2021. Voluntária na Comunidade da Fé Church, desde 2019.

Acesso Instagram:

Meu nome é Flávia Nascimento de Oliveira e minha história no Direito começou em 1º de agosto de 1985, no dia em que nasci: meu direito de nascer foi garantido, o direito de gerar respeitado e o sonho dos meus pais, José Ferreira de Oliveira e Anabel Nascimento Leite de Oliveira, realizado.

Lembro-me que comecei a ler muito cedo, aos seis anos de idade aproximadamente, alfabetizada pelo meu pai, os livros sempre estiveram presentes em nossa casa. Na escola onde minha mãe trabalhava, ela ganhava muitos livros e quando sobrava algum dinheiro comprava também. Recordo-me de ter coleções de histórias infantis, por exemplo, da Chapeuzinho Vermelho e companhia, cheios de gravuras e que me motivaram a ler as primeiras palavras.

Desenvolvi uma personalidade muito forte desde a infância, um pouco herdada da minha mãe é verdade, mas havia um fator de sobrevivência. Sempre existiu o "bullying" nas escolas, as crianças faziam piadas com a cor da sua pele, do tipo do seu cabelo, a diferença entre aquela época e hoje é que éramos ensinados a resolver nossos desafios na escola e de certa forma tínhamos que aprender a desenvolver uma autodefesa.

Minha autodefesa consistiu em palavras e argumentos, mas também foi me isolar, por isso desenvolvi uma certa timidez e gagueira, tinha dificuldade para me comunicar especialmente com pessoas que não conhecia e a vergonha de falar em público, de apresentar um trabalho em sala de aula, até na apresentação da minha monografia na faculdade foi desafiador.

Mais tarde, estudando sobre desenvolvimento pessoal descobri que o meu problema em falar estava ligado com o meu propósito, argumentar, defender, discursar.

Me recordo ainda da minha professora de Português do ensino médio e também advogada, dra. Lana Ave Bassi, quando havia alguma discussão na sala e eu achava que era errada aquela "chamada de atenção" ela dizia que eu era defensora dos fracos e oprimidos e mal sabíamos que depois de quase 15 anos seríamos colegas de profissão. Seria o destino? Para algumas pessoas sim, mas acredito que já carregava esse dom e desejo, só não sabia ainda onde iria usá-lo.

Terminado o colegial com sucesso no ano de 2003, fiquei à deriva nos meus pensamentos sobre o que fazer no meu presente e no meu futuro, mas, de uma coisa sabia, não queria ficar parada, precisava me movimentar e assim o fiz, fui procurar um emprego.

Então, por indicação da minha tia Adriana fui trabalhar numa empresa embalando as trufas que saíam da produção, isso mesmo, uma fábrica de trufas de chocolate de todos os sabores que vocês possam imaginar, e foi trabalhando nessa empresa que me saltou aos olhos a possibilidade de cursar Direito.

Compartilhei essa ideia com meus pais, me inscrevi no vestibular, prestei a prova no final de 2004 e passei, porém, junto com a aprovação veio o boleto da matrícula, recordo até hoje do valor, R$ 745,00, igual ao 13° do meu pai. Lembro-me da minha mãe sentada na mesa da cozinha pegando o boleto na mão e mostrando para o meu que havia acabado de chegar do trabalho com o holerite na mão e o dinheiro do 13° terceiro que acabara de receber.

Minha mãe sem titubear bateu o martelo e disse que iriam pagar a matrícula e eu ia estudar; meu pai ficou meio na dúvida inicialmente pelos compromissos já assumidos, mas no final concordou e me apoiou.

A partir daquele momento sabia que havia sido presenteada com uma oportunidade única, não podia falhar e desistir não era uma opção nem havia um segundo plano.

Em fevereiro de 2005 começou um novo ciclo na minha vida, entrar na faculdade foi um divisor de águas, para mim foi como a descoberta de um novo mundo.

Na nossa primeira aula, o professor de Filosofia perguntou a cada um de nós porque estávamos ali e o que esperávamos da faculdade. Minha resposta foi: "Eu não espero nada da faculdade, o fato de estar aqui já é um sonho realizado".

E de fato, no ano de 2005, com mudança de governo, a faculdade ainda não era acessível a todas as classes sociais como vemos hoje em uma sala de aula com 60 alunos, três eram negros, duas mulheres e um homem, e uma delas era eu.

Foram cinco anos desafiadores, desafio para conseguir bolsa, pagar a mensalidade, o transporte, livros, enfim, foi uma fase em que aprendi muito e tive experiências únicas, que contribuíram para meu desenvolvimento pessoal e profissional.

Durante o período da faculdade fiz estágio em escritórios de advocacia, trabalhei no Banco do Brasil, em padaria, aos finais de semana trabalhava em festas como cerimonialista e nos últimos dois anos estagiei no Juizado Especial Cível do Fórum de Nova Odessa. Em cada lugar por onde passei adquiri experiências e conhecimento, além de fazer *networking*.

Podem perguntar: para que serviu trabalhar como cerimonialista em festa de casamento e aniversário? Na primeira gestão em que meu sócio, o dr. Osmar, foi eleito vice-presidente da Ordem dos Advogados de Nova Odessa, assumi a presidência da Comissão de Cultura e Eventos no primeiro ano do mandato no ano de 2013, e com o meu *know-how* em festas conseguimos realizar o primeiro Jantar dos Advogados da nossa subseção.

Por isso, **não despreze sua trajetória, toda experiência traz um aprendizado**.

Quando estagiei no Juizado Especial Cível do Fórum de Nova Odessa, aprendi a atender o público, ampliei meu vocabulário, convivi com servidores, juízes, advogados e promotores, tive a honra de ter como chefes as servidoras Rita Jirschick da Cruz e Ivone Toffoli, que não pouparam esforços em me ensinar; aprendi a redigir uma petição inicial, a dar andamento nos processos, ler e interpretar os despachos processuais e conduzir as audiências de conciliação. Foram dois anos de estágio em que aprendi na prática a didática do ambiente forense, fiz amizades, me desenvolvi como pessoa e como profissional.

O operador do Direito lida com pessoas e seus problemas, isso é intrínseco ao exercício da advocacia e saber lidar com pessoas é o que vai determinar seu sucesso em qualquer área profissional.

Para advogar precisamos de clientes, sem eles não há petições, prazos e audiências. E o cliente se conquista com relacionamento, indicação, *networking*, o conhecimento também agrega, mas não é único fator.

Tive um professor de Processo Civil que dizia: "O sexto ano é o mais difícil, pois é o ano em que você não terá mais o professor em sala de aula e terá que resolver suas dúvidas sozinho", e complementava: "Só os fortes sobrevivem", fazendo alusão ao livro de Alexandre o Grande. De fato o sexto ano é o mais desafiador, lembro-me de que, no "sexto ano", encontrava-me desempregada, tinha concluído o estágio e precisava trabalhar e passar no exame da Ordem, então, minha primeira atitude foi imprimir 50 currículos e bater na porta de cada escritório em Americana, uma cidade vizinha de Nova Odessa, onde havia mais escritórios, mas ninguém me ligou.

Estava determinada a não trabalhar em outra área que não fosse a jurídica, e assim o fiz, passaram-se 11 meses e por indicação da minha manicure, que na época falou de mim para a esposa de um advogado e no salão mesmo ela me contratou e em menos de uma semana estava trabalhando na Rocamora Advocacia.

Detalhe: nessa época minha mãe pagou um pacote para eu fazer as unhas, porque disse que eu estava muito deprimida, ainda bem que aceitei, porque Deus tinha um propósito.

Fiquei por sete meses nesse escritório e aprendi muito, atuávamos na área cível na busca e apreensão de veículos, e nesse período passei na primeira fase do exame de Ordem.

Depois de 30 dias, no dia 11 de setembro, iniciei no escritório em que sou sócia hoje, também por indicação de uma funcionária do Fórum da época em que estagiava.

Foi até engraçada essa história, porque ela me viu caminhando às 9 horas da manhã e achou estranho, perguntou se eu estava desempregada e se podia me indicar para um advogado que estava precisando de uma estagiária e eu disse que sim.

Na minha vida profissional, só fui contratada para trabalhar através de entrevista e currículo nos dois estágios que fiz durante a faculdade. Todos os demais empregos foram por indicação.

Seu comportamento, suas atitudes dizem mais sobre você do que suas palavras, somos observados o tempo todo, e podemos excluir oportunidades sem dizer uma palavra, mas podemos atrair o mundo com um gesto, um olhar.

As oportunidades não surgem, você as cria, a partir do seu posicionamento, talvez você esteja esperando o dia perfeito para fazer sua inscrição na faculdade, a motivação Tony Robbins para concluir seu curso, o estado emocional perfeito para fazer o exame da Ordem. Ei, posso lhe dizer uma coisa? Não existe dia perfeito, existe o querer e o efetuar, se você não quiser de todo seu coração, nunca vai realizar, nunca sairá do lugar.

Quando cheguei no escritório em que trabalho atualmente, para minha surpresa era o mesmo lugar do meu primeiro emprego. Quando subi as escadas passou um filme na minha cabeça, pois naquele lugar trabalhei embalando trufas e voltei para trabalhar como advogada.

O escritório era simples, pequeno, o salário era mínimo, mas meu objetivo não era o dinheiro, era o aprendizado, era ganhar horas de voo para voar mais alto, era tirar as rodinhas da minha bicicleta para ir mais longe e de pronto agarrei aquela oportunidade.

Comecei a trabalhar dia 11 de setembro de 2011, na semana seguinte à entrevista, e uma nova fase começava na minha vida. Em dezembro desse mesmo ano passei no exame da Ordem após quatro tentativas, uma reprovação na primeira fase, duas reprovações na segunda fase, noites em claro estudando, porém com lágrimas, suor e sangue consegui passar.

Mas como valeu a pena, como é gostoso passar e ser aprovado, como é gratificante e empolgante colocar seu nome numa petição, se apresentar como advogada, a gente ganha um pouco de respeito (risos), mas, mais do que respeito, adquirimos responsabilidade e compromisso de prestar um serviço com excelência.

E para minha alegria esse escritório trabalhava com áreas em que eu não tinha nenhuma experiência: Trabalhista e Previdenciário. Graças ao bom Deus, o dr. Osmar tinha paciência para ensinar desde que eu mostrasse empenho nos estudos e assim foi, dei tudo de mim, fiz especialização e pós em Direito do Trabalho, aprendi a advogar no Direito Previdenciário na teoria e na prática do dia a dia.

Descobri estudando Direito Previdenciário e Trabalhista que eu não gostava dessas áreas porque eu não sabia fazer, muitos de nós temos tendência a criticar aquilo que não conhecemos e deixamos passar oportunidades únicas.

Hoje posso dizer que amo advogar nessas duas áreas, pois aprendi e ainda aprendo todos os dias, desenvolvi uma técnica de advogar pela pesquisa, não sei tudo, mas sei pesquisar sobre tudo.

A advocacia não é uma profissão qualquer, é um sacerdócio à medida que exercemos um atributo do próprio Cristo, é guardiã das garantias constitucionais que envolvem a vida, a liberdade e a igualdade.

O reconhecimento do seu trabalho não vem pelas roupas que você usa ou pelo carro que você possui, mas pelos problemas que você conseguiu resolver, pelas causas que ganhou, pela coragem e perseverança com que atuou. Como dizia o saudoso Sobral Pinto: "A advocacia não é profissão de covardes".

Nesses nove anos de advocacia, identifiquei que as pessoas carecem ser ouvidas atentamente, o sentimento de vitimismo atrapalha o processo, perder faz parte e não diminui quem você é, não negocie seus princípios por dinheiro, seja humilde, mas destemido, sempre recorra dos seus processos até a última instância e nunca crie desafeto com advogado e juiz, porque o processo e o cliente passam, mas o juiz e o advogado não.

Lembre-se de que você não é o que você faz, mas o que você faz reflete quem você é.

Sou grata a Deus por ter recebido esse dom e compartilhá-lo com você.

Meu processo de autoconhecimento

Flavia Regina Costa de Almeida

20

Flavia Regina Costa de Almeida

48 anos, mãe de Cecilia de A.D. e madrasta de Carolina D.G.D., filha de Sônia Maria Costa Corrêa de Almeida, professora, e Eduardo Corrêa de Almeida, advogado, é advogada, conciliadora, mediadora, especialista em Direito das famílias. Facilitadora em constelação familiar e organizacional. Membro da comissão de Direito de Família e Direito Sistêmico Estadual e da Barra da Tijuca OAB/RJ. Membro correspondente da comissão de Direito Sistêmico da OAB/SP. Terapeuta em técnicas integrativas Reiki Master.

Graduada pela USU (Universidade Santa Úrsula) em Direito. Graduada em Artes Cênicas pela Universidade da Cidade, com MBA em Direito Tributário (UCAM). Pós-graduada em Direito de Família com ênfase no Direito Sistêmico pela ESA-MG (em andamento), e, pela Faveni, em Conciliação, Mediação e Arbitragem (em andamento). Certificada em Constelação Familiar pelo IDR; certificada em Constelação Familiar pelo IGV; certificada em Constelação Familiar pela facilitadora Alcione Antunes. Certificada pela Faculdade Innovare e Instituto Bem Te Vi, em Direito Sistêmico e Constelações Familiares. Certificada pela Idesv em Constelação Organizacional. Certificada em Práticas Sistêmicas pela B.P. Atuação Sistêmica no Direito de Família e Sucessões SBDSIS.

Acesso LinkedIn:

Meu processo de autoconhecimento se iniciou há 24 anos por ocasião do falecimento de minha amada mãe. Sou a filha do meio, e sempre fui a questionadora e a revolucionária da família, ou seja, a "ovelha negra", aquela que faz coisas diferentes do seu bando. Mas, recentemente, buscando referências da minha infância meu pai me revelou:

– **Você sempre foi inteligente, minha filha, porém, medrosa.**

Ao ouvir essa declaração, minha irmã caçula indagou:

– **Mas, aos oito anos a Flávia não foi a primeira a se atirar da chalana no Rio Amazonas, em pleno pantanal, antes mesmo do barco ancorar?**

Então, ele me fitou e arrematou:

– **Sim, você sempre foi assim, minha filha, o medo nunca lhe impediu.**

Nunca esperei estar plena para ser ou fazer algo. O convite para escrever este capítulo foi tão inusitado quanto o momento em que me joguei no Rio Amazonas, mas aqui estou, pronta para submergir em minhas lembranças trazendo meus melhores e piores momentos para inspirar você a prosseguir mesmo quando estiver insegura.

Apesar de ter gozado de uma infância estável e protegida, meu pai sempre nos surpreendeu com viagens inesperadas, roteiros surpresa, entre outros movimentos que, subitamente, nos tiravam da rotina. Este modo de vida, consequentemente, me treinou para o improviso. Ele sempre teve um jargão que na verdade é um ditado búlgaro que diz assim: "A oportunidade é careca, se deixar ela passar, não adianta mais tentar agarrar". Até hoje, ele encena com a mão na tentativa de agarrar os cabelos invisíveis com o gesto no ar!

Sou a terceira filha de cinco irmãos, dos quais, dois não seguiram vivos. Minha mãe, professora, pianista e pintora, era uma mulher carinhosa, sensível e introspectiva. Meu pai, radialista, jornalista, músico, comerciante, contador e advogado, hoje, com 82 anos, continua extrovertido e comunicativo. Ambos nos deram muito mais do que receberam, sem dúvida alguma.

Toda essa diversidade e sensibilidade me conduziram para as artes. Ainda no colégio, aos nove anos, comecei a declamar poesias. Lembro-me da expressão da minha avó materna e da plateia quando declamava obras complexas para minha idade. A poesia me levou ao teatro, que me levou à música. Cada vez que subia aos palcos ou no espaço delineado onde o "show" aconteceria, sentia calafrios, enjoos, entre outras sensações. Com o tempo, fiz dessas percepções um sinal de sorte. Uso as emoções e sensações que chegam em meu corpo e mantenho esse estado como um ensaio.

Aos 21 anos, me graduei em Artes Cênicas. Posso dizer que nem tudo no mundo artístico é leve e bonito. Percebi que esse universo exigia muito mais que o meu talento, então renunciei. Nesse momento da vida, aprendi que o ato da renúncia traz liberdade e crescimento. E, assim, pude me abrir para novos recomeços.

Era muito difícil de admitir, mas havia algo dentro de mim que me direcionava ao Direito. Eu era a única na família, até então, que não havia me rendido à advocacia. Embora eu sentisse um estranho orgulho de não fazer parte desse modelo familiar, fui me deixando ser tomada por este padrão. Voltei à faculdade para fazer Direito. No segundo período, recebi um convite de estágio de um grande escritório civil e criminalista, no Rio de Janeiro. Com 27 anos lá estava eu comemorando minha OAB, conquistada na primeira tentativa. Tive que aprender a lidar com suborno, assédio de clientes, de chefes, e muito mais. Advogar na área criminal e familiar, também, nos faz amadurecer rapidamente. Foram quatro anos de estágio e um ano trabalhando como advogada. Transitei por muitos fóruns e comarcas, mas apesar da diversidade de locais percebia sempre o mesmo molde. Ao meu entender havia algo de errado na "justiça". Notei que nem sempre um advogado ou um cliente permanecem vivos para verem a solução de seus casos chegarem ao final, tamanha a morosidade do sistema. Compreendi que quase ninguém se preocupa com o que leva as pessoas a brigarem e jamais se entenderem. Não importa em qual seara eu atuasse, todas me pareciam injustas, limitadas e procrastinadoras. Por que tanta raiva, desamor e competição?

Resolvi me casar. Talvez, eu tivesse nascido para ser esposa e mãe, pensei. Casei-me com meu primeiro marido, em 2001, e resolvemos nos mudar para Rio Branco, Acre. Ao chegar fui recebida, desde sempre, com muito amor e alegria naquela cidade. Tudo fluiu ali para mim, mas meu casamento, nem tanto. Queríamos coisas opostas. Eu era louca para ser mãe antes dos 30 anos e ele queria enriquecer e curtir. A vida foi acontecendo e, rapidamente, fui contratada como advogada por um conceituado escritório local, que defendia, naquela época, uma pessoa que ficou internacionalmente famosa por ter sido condenada por crimes terríveis na região. Meu lado artístico também foi, curiosamente, trazido de volta. Pela manhã era advogada e à noite me apresentava em bares cantando para os colegas de trabalho que faziam questão de me prestigiar. Em RB, como chamávamos carinhosamente Rio Branco, conheci a tristeza no amor e a felicidade nas artes e na advocacia. Após alguns meses, recebi o convite para trabalhar como conciliadora no JEC (Juizado Especial Cível), na época, Juizado Especial de Pequenas Causas. Algo ali se expandiu em meu coração, que jamais voltou ao estado anterior. Fui elogiada em Diário Oficial pela quantidade de acordos diários realizados. Que novidade para mim! Fazer parte de algo que trazia solução a um litígio de anos ou meses sem a necessidade da máquina judicial.

Algum tempo passou e meu casamento não deu certo. Adoeci, gravemente. Logo que me restabeleci, me divorciei e retornei à minha cidade natal, Rio de Janeiro. Minha família me recebeu de braços abertos. Decidi, então, que era hora de trabalhar com meu pai. Seu escritório era pequeno, fisicamente, mas possuía uma vasta clientela. Era composto por meu pai, seu sócio, outro advogado, minha irmã mais velha, um amado primo, ainda estagiário, outro estagiário e um *office boy*. Mas, àquela altura, depois da vivência que tive com a Conciliação já não me via mais seguindo os passos do meu querido pai, apesar de admirá-lo muito, sempre. Foi quando algo surpreendente começou a acontecer. Os clientes idosos do escritório passaram a me procurar. Eles contavam histórias, pediam conselhos, ouviam meus pareceres e receitas holísticas para amenizarem seus conflitos. Ah, sim! Esqueci de mencionar que em 1997 comecei a estudar e praticar técnicas holísticas e meditativas sem que meus colegas soubessem. Apesar de os advogados pertencerem às ciências humanas, não lidávamos até então com a emoção, apenas com a razão. Se soubessem que eu praticava Reiki, que meditava, cantava e atuava, não seria levada a sério no meio. Enfim. Guardava meus talentos artísticos e esotéricos, apenas para mim.

Contudo, minha agenda começou a ser preenchida por aqueles queridos senhores. E, claro que não demorou muito para ser chamada à sala do meu pai e levar uma advertência por estar transformando o escritório num consultório! Meu pai chegou a sugerir que seguisse minha irmã mais nova, e cursasse Psicologia, pois o escritório não era lugar de choro ou desabafo. Além disso, pelo fato de minha mesa estar posicionada na entrada do escritório, pegava muito mal clientes passarem e verem pessoas emocionadas, acrescentou ele. Improvisei! Comecei a oferecer àqueles clientes ação de revisão de aposentadoria. A fila de senhores se formava na antessala. Enquanto peticionava com eles discursando em minha frente, sentia no ar os mais variados perfumes e emoções. O dinheiro fluía. Eu amava o que estava fazendo. Sempre amei estar entre crianças e pessoas idosas. Entretanto, a contradição de sentenças sobre o mesmo fato em uma mesma vara não fazia sentido para mim. Mais uma vez, tive a sensação que não havia utilidade naquilo que eu estava fazendo. Era como jogar com a vida daquelas pessoas.

Não compreendia como leis e documentos comprobatórios não eram suficientes para determinar a justa razão do Direito Previdenciário de um cidadão. Eu me perguntava onde estava a flexibilidade no ordenamento jurídico para possibilitar a solução mais favorável do litígio. Ora, não havia nada a ser discutido, apenas provado. Assim, a divergência unilateral sem uma forma de composição me impelia, cada vez mais, para fora dos tribunais. Ali pensei em buscar apoio psicológico. O problema só podia estar em mim. Por que não me encaixava naquilo que escolhi, sendo que não desejava fazer outra coisa, profissionalmente? Parecia que nada tinha continuidade em minha vida. Tive muito medo de morrer só e sem um propósito.

Entrei na análise. Um tempo se passou. Me reconectei ao que fazia sentido para mim e como num estalo a Conciliação ressurgiu em meus pensamentos. De imediato, propus serviços de negociação ao meu pai e, posteriormente, aos outros escritórios em que trabalhei. Aos poucos este novo movimento foi ganhando força. Amigos insistiam em dizer que eu havia nascido para ser psicóloga. Mas, afinal, qual advogado não é um pouco? Em suma, clientes chegam até nós falando, contando enredos, mostrando papéis, fotos, etc. Pude reconhecer esta realidade fazendo análise por seis anos. Ali comprovei que, de fato, escritórios e consultórios são parecidos. Havia uma antessala, gente e muita história para se ouvir. O fato era que as estatísticas do meu trabalho agradaram a todos. Apesar do preâmbulo de nossa Constituição Federal trazer o incentivo aos mecanismos adequados de solução de controvérsias, no âmbito infraconstitucional, a primeira proposta de regulamentação da Mediação surgiu com o Projeto de Lei nº 4.827/1998, apresentado à Câmara dos Deputados em 1988! Porém, somente após muitas emendas, pareceres, relatórios, devoluções e mudança de número, foi, finalmente, aprovado como Lei de Mediação em junho de 2015 sob o nº 13.140, entrando em vigor apenas em dezembro daquele ano. Mas, veja, o que eu fazia desde 2003 até 2011, já era algo parecido, sem saber. Mesmo dando resultado, os advogados e clientes não compreendiam o porquê de pagar bons honorários por um serviço que não os levava ao

Judiciário. Por mais que eu explicasse que era merecido, justamente por poupá-los de uma demanda judicial que poderia perdurar por anos, a maioria não compreendia. O estigma de que advogado, justiça e litígio eram necessários ainda imperava.

Em 2011, após 15 anos de militância diária, engravidei do meu segundo marido e, assim, comecei a me afastar do Direito. Como havíamos perdido nosso primeiro filho, resolvi curtir a maternidade. Ser mãe era algo que sempre quis. Ele me trouxe uma linda menina de seu primeiro matrimônio e depois de mimá-la por nove anos, estando ela com 11, me sentia pronta para viver a maternidade. Compreendo a importância do masculino quando reconheço que os dois maiores presentes que já recebi vieram por meio dessa força representada pelo meu pai, que me concedeu a vida, e a do meu 2º marido, que me deu a minha filha. Contratei babá, algumas vezes, para podermos jantar fora, mas sempre de maneira pontual. No entanto, como a maioria dos pais que conheço, lá estávamos nós, falando de nossas filhas em meio a um jantar romântico, compartilhando fotos e doces momentos, até o coração não aguentar de tanta saudade e pedirmos a conta para voltarmos correndo para casa!

Por quatro anos, não me lembrei de como era dormir e acordar pensando num cliente, numa sentença, num recurso, acordo ou em uma sustentação oral. Não sentia a menor saudade de colocar toga, terno nem *tailleur*. Então, eis que chega o dia em que promulgaram a Lei de Mediação, em 2015. Ao lê-la foi como ter despertado de um coma e descoberto um novo mundo. Finalmente, além da efetividade de acesso à justiça, que é, também, para mim uma questão no Direito, a mediação trouxe soluções efetivas no intuito de superar a cultura do litígio. Aristóteles já falava a respeito da mediação, explicando que ela visava à justiça corretiva nas transações entre os indivíduos, nos delitos em geral, ocorrendo de modo voluntário.

Assim, em 2015, voltei a estudar e me atualizar. Num desses movimentos conheci a Constelação Familiar e me apaixonei. Aliás, uma das amigas que ganhei através desta filosofia foi a coautora da Lei de Mediação que, inclusive, é filha de um acreano! Este conhecimento, realmente, mudou minha vida, conectando todas as técnicas que eu já possuía. Tive meu cérebro expandido por percepções jamais sentidas. Esse saber é um processo eterno de autoconhecimento. E, após a conclusão de duas formações em Constelação Familiar Fenomenológica e Estrutural, me senti preparada para me inteirar sobre a moção que tomava conta do Judiciário brasileiro e do Conselho Nacional de Justiça (CNJ), através do juiz Sami Storch, precursor do Direito Sistêmico. Era 6 de novembro de 2019, e no dia seguinte haveria um simpósio sobre "O Direito Sistêmico na Gestão de Conflitos" na OAB do meu bairro. Fiquei empolgada!

Como diz um amigo, eu não tinha nem roupa para aquele evento! Liguei para duas amigas da minha última formação e fomos. Logo que as palestras começaram a emoção tomou conta de mim. Imediatamente, eu queria fazer parte daquilo. Cada palestrante trazia um relato que parecia com minha própria trajetória! Lágrimas desciam pelo meu rosto, sem som. O resultado foi começar a atuar como membro da Comissão de Direito Sistêmico da Barra da Tijuca, ainda naquele ano. Após aquele evento, ingressei em duas novas formações focadas no Direito Sistêmico. Uma delas, com o próprio dr. Sami Storch. Com ele, e outros profissionais, aprendi que esta filosofia aplicada ao Direito nos traz uma visão aprofundada sobre nossa postura como advogadas diante do cliente, processo e conflito. Descobri até que apenas com perguntas em conformidade com esse método filosófico (o fenomenológico) é possível revelar ângulos jamais vistos sobre a dinâmica de uma desavença. Apesar de bem amparada pela Política Pública de Tratamento Adequado dos Conflitos de Interesses, Resolução de nº 125 do CNJ, e por diversos dispositivos do Código de Processo Civil de 2015, bem como do Projeto de Lei sob o nº 9.444/2017, ainda em trâmite na Câmara, dispor sobre a inclusão da Constelação Sistêmica como instrumento de mediação entre particulares, devemos atentar ao nosso Código de Ética da OAB para o uso correto das constelações na advocacia.

Ajudar é uma arte e como advogadas somos profissionais

da ajuda. E para que a ajuda seja efetiva devemos estar isentas não apenas de julgamentos e indignação, mas em consonância às normas, bem como à vontade das partes. Não digo mais "meus processos". São processos, sim, em que atuo como advogada trazendo a melhor tutela jurisdicional, mediando interesses e promovendo a paz, mesmo numa contenda judicial. Isto é leve! Isto, para mim, é advogar com propósito.

"E até quando será isso?" Eu não sei. A enigmática frase de Sócrates insiste em representar-me: **"Só sei que nada sei"**, porque a vida é movimento e acontece percorrendo a estrada em direção a algo que projetamos como mais importante a cada instante.

Um sonho que se tornou realidade

Francielle Cristina de Lima

21

Francielle Cristina de Lima

Advogada familiarista, formada em 2013, Faculdade de Direito de Itu-SP. Pós-graduada em Direito de Família, pela Faculdade de Direito Damásio (2017). Pós-graduada em Direito de Família e Sucessões, pela Faculdade de LFVG (2018). Pós-Graduada em Direito de Família e Sucessões, pela Faculdade Legale (2019). Curso de formação em Direito Sistêmico com Práticas em Constelação Sistêmica Familiar, SBDSIS (2019/2020), membro efetivo da Comissão Direito de Família e Sucessões na OAB/SP (2016/2018). Grupo de Estudos "Alienação Parental" pela OAB/SP (2019/2020). Grupo de Estudos "Direito Sistêmico" da OAB/SP, idealizadora do projeto parental como uma ferramenta de comunicação entre pais e filhos após o divórcio, trazendo uma comunicação não-violenta e de forma lúdica, autora do "Card Games - Planejamento Parental", produzido pela Editora Leader, e escritora do livro "Multiparentalidade na Visão Sistêmica", que será lançado ainda em 2021, e coautora deste "Mulheres no Direito".

Acesso LinkedIn:

Acreditar que um sonho é possível é a única forma de torná-lo real. Ser advogada no século XXI é um grande desafio para muitas mulheres que almejam essa posição dentro da sociedade, já que, por muitos anos, esse título pertencia na maior parte aos homens. A mulher quando nasce precisa vencer duas vezes, a si e a tudo que subestima a sua capacidade de chegar ao topo. Francielle Cristina de Lima, nascida e criada numa cidade interiorana no ano de 1982, no dia 10 de novembro. Família humilde, a junção entre um índio caboclo e uma italiana a quem honro e apresento-lhes como meus pais, Célia e José Carlos. Dessa união, além de mim, nasceram outros dois, Grazielle e Cristiano.

Minha trajetória antes da advocacia

Persistência e motivação são sinônimos da minha descrição enquanto pessoa. Sempre acreditei em todas as possibilidades que imaginei para mudar a minha vida. Idealizei, planejei, elaborei projetos e mesmo sendo tão nova me imaginava num futuro em que todas as minhas ambições fossem alcançadas. Eu cresci escrevendo no meu "livro" tudo o que eu poderia ser e conquistar. Nunca tive medo de desafios, e isso se tornou minha marca registrada. A força com que encarei todos os meus problemas iniciais na vida, desde a infância, encantava as pessoas.

O primeiro grande desafio.

Aos 17 anos, descobri que estava grávida. E agora? Mulher, mãe, adolescente e solteira. Seriam obstáculos para desistir ou a alavanca que eu precisava? No ano de 2001, a minha filha Bárbara chegava ao mundo. Passei a me dedicar todos os dias pela vida dela, a minha primeira e única filha até o momento. No ano do seu nascimento, eu findava o ensino médio na escola pública da minha cidade. Nesse período, encarei os meus maiores medos, e enfrentei todos os preconceitos em ser mãe solo na adolescência. Me tornei mulher precocemente, pois agora eu lutaria por duas. A Bárbara, minha filha, foi a minha maior companheira nesta vida, e embora eu tivesse dividido a vida com outras pessoas, a existência de uma nova vida gerada por mim deu sentido para que eu entendesse o valor e o processo de ser uma família. Independentemente de como fosse. Foi pela Bárbara que meus sonhos saíram do papel e se tornaram reais.

O início – Experiências profissionais

Na esfera profissional, encarei grandes desafios desde muito jovem. Por vezes, ganhei mais experiências do que dinheiro, mas foi com estas oportunidades que pude desenvolver minhas habilidades interpessoais. Cuidei de crianças, fui manicure, vendedora, secretária, agente de acesso e controle e, com isso, me mantive em pé. Acreditando que no futuro eu seria aquilo que planejei. Neste período o maior objetivo era não deixar faltar nada para a minha filha, e toda oportunidade que eu tive agarrei com "unhas e dentes". Foram momentos desafiadores, em que a minha fé tinha que ser maior que todos os obstáculos que surgiam ao longo do caminho. Pois a minha vida dependia somente de mim e do que eu escolhia fazer com o meu sofrimento. Eu escolhi acreditar e persistir!

Foco e objetivo – A importância de persistir

Nunca aceitei menos do que eu merecia. E me recordo bem das inúmeras vezes em que as portas se fecharam e eu não via a luz no fim do túnel. Por vezes, a minha companhia foi o choro e o desamparo, as portas que se fecharam e os "nãos" que recebi. Mas hoje consigo reconhecer que as "pedras" foram essenciais. Posso olhar o passado com gratidão. Quando iniciei os estudos na Faculdade de Direito de Itu, no ano de 2009, minha filha no auge da sua infância, precisando da presença materna, teria que agora entender a minha ausência. Era por ela, e para ela. E quando os momentos turbulentos surgiam, a presença afetuosa do meu ex-marido, Ayrton Rodrigues, amenizava a lacuna da ausência. A faculdade foi um período em que eu também assumi uma imobiliária, momento em que minha vida deu um enorme passo. A partir disso, pude alavancar grandes áreas pessoais. Obtive muitas oportunidades, foi o início da minha liberdade financeira e de tirar alguns dos meus sonhos do papel. Os recursos agora vinham desta minha fonte de renda, do meu trabalho enquanto administradora e corretora do meu próprio negócio.

Ano de formação – Conquistas

Formanda no ano de 2013, o diploma de bacharel de Direito foi a maior prova de que eu tinha vencido todos os desafios. Venci a mim mesma, e esse sempre será o meu maior mérito. Fui aprovada no exame da Ordem seis meses antes da formatura. Mas, como tudo na minha vida tinha que ser emocionante e inesperado, me deparei com a dificuldade em uma das matérias da graduação, e até hoje me lembro da angústia de não conseguir 0,5 para ser aprovada, tendo que fazer a DP. Os alunos da turma de 2009, assim como eu, jamais esquecerão desta matéria. E então, mesmo com o título de advogada, ainda tinha que resolver essa pendência para definitivamente poder sentir o que era advogar. Com sucesso e muito sacrifício, essa etapa foi concluída após seis meses. Durante a graduação, acreditei que seria advogada criminal, e por vezes discursei sobre inúmeros temas relacionados, participei de júris, idealizei defesas e acusações, como todo estudante com suas expectativas. Mas, eis que surge uma "paixão incondicional" pelo Direito de Família. E junto, reprovações dos colegas que desaconselharam, acharam uma péssima escolha. Porém, a mulher que habita em mim, cheia de garra e força de vontade, juntou todas as opiniões, "guardou no bolso" e seguiu. Em sua mente, guardava as palavras de sua própria intuição: "Eu quero e posso ser especialista em Direito de Família e Sucessões".

Iniciei a minha primeira pós-graduação, e segui estudando e fazendo outras especializações na área. Estudando, pesquisando e observando. Sentia que essa atuação precisava de muito cuidado. Eu trabalho com o bem mais precioso das pessoas, a família delas. Os segredos, as formações, as particularidades, as desesperanças e as esperanças também. Um assunto delicado e por vezes sigiloso, motivado por fatores intimistas. Cuidar de pessoas exige um cuidado especial. Um olhar atento e prestativo. Cada história é uma, cada família é única. Descobri dentro do Direito que nem tudo é tão racional e se explica com leis, códigos e emendas. O Direito de Família atua com as particularidades de cada história e realidade.

Vencendo os desafios

De mãe solo, aos 17 anos, a advogada especialista em Família e Sucessões escritora, e pioneira no Brasil em trabalhar de forma lúdica com Planejamento Parental trazendo uma nova forma de resolução de conflito para as famílias, prezando pela harmonização, equilibrando as partes envolvidas e ampliando as perspectivas e possibilidades para o todo. Respeitando tudo o que foi e como foi. Resgatando o casal parental e protegendo os filhos. Nesta trajetória, em 2017, não posso deixar de citar a minha melhor amiga e colega de profissão Alline Marsola, que muito contribuiu para minha evolução enquanto pessoa e profissional. Incentivou-me a partir de um presente muito especial com o curso "Coaching Jurídico Sistêmico". Neste mesmo período em 2017, estava vivendo na prática algo muito recorrente dentro do meu escritório, as ações de divórcio, e essa eu estava vivendo na prática, uma fase desgastante dentro do meu relacionamento que ocasionou o rompimento.

A dor da decisão, embora sentida de forma aguda, o meu

autoconhecimento e toda a imersão que eu vivenciei dentro dos cursos, principalmente a Constelação Sistêmica Familiar, me levaram a amenizar as tensões internas e me despedir do relacionamento da melhor forma possível. E assim foi. O meu divórcio me ensinou na prática. E me deu a certeza de que o Direito de Família era um lugar especial o qual eu deveria seguir dentro da advocacia. Com tudo que passei, ainda assim não desisti de tentar, e hoje penso: e se eu não tivesse seguido a minha intuição?

O começo nunca determinou o fim, nem mesmo as dificuldades ou a falta de perspectiva dos meus pais, ou a vida muito simples que eu vivi na infância e a desmotivação que por vezes surgia dentro de falas da minha própria família.

E com muita gratidão e sensação de realização posso dizer que me superei todas as vezes em que os obstáculos pareciam maiores ou inacabáveis.

Agora, especialista e autora de um livro/agenda, intitulado "Card Games – Planejamento Parental", produzido pela Editora Leader, preparando o livro "Multiparentalidade na Visão Sistêmica" e diante deste projeto esplêndido, onde posso ter um lugar de fala, "Mulheres no Direito".

Acredito que para muitas mulheres viver um sonho vem acompanhado de muitos obstáculos e desafios. Mas, não determine o seu sucesso a partir do impossível. Torne-o possível. Seja representante do seu sonho. Acredite em você. A persistência a leva a caminhos preciosos. Toda trajetória tem suas particularidades, sejam elas boas ou ruins. Mas se dedique àquilo que faz o seu coração "vibrar" como quem diz: "Você está no caminho certo".

Faça algo de bom com a vida, ela é sua e única. Somente você sabe a força que tem e cada detalhe do que você sonha para si. Não deixe as oportunidades para depois.

Eu nasci advogada. Meu desejo: Igualdade, Liberdade e Justiça para todos

Francisca Leite Muraca

22

Francisca Leite Muraca

Advogada e contabilista, atualmente é mestranda na Universidade Federal de São Paulo - Unifesp, é colunista do Programa Agora que São Elas na TV Aberta, atua como mentora de negócios na área da Saúde, diretora jurídica na MedCont Consultoria e CEO na M2S Conectividade. Expertise em Direito Médico e da Saúde, planejamento empresarial, tributário, previdenciário, direito do paciente, empreendedora social e conselheira fiscal na Unaccam, na gestão 2020/2023. Membro fundadora e tesoureira da Associação Brasileira de Advogados da Saúde, advogada dativa do Conselho Regional de Medicina de São Paulo e voluntária no Instituto Mães Brasil.

Acesso LinkedIn:

Eu nasci advogada, pode parecer "arrogância", entretanto, o fato é que carrego em mim o DNA do Direito. Explico: durante a trajetória chamada vida, vivenciei vários momentos que afloraram esse lado do Direito em minhas veias. Isso me faz acreditar que a Justiça é um ideal a ser perseguido e que desistir não é uma opção. E isso não é utopia, é realidade, desde que partamos para a ação.

Chamo-me Francisca das Chagas Felix Leite Muraca, sou mulher advogada, amiga, filha, irmã, mãe, esposa, avó, não necessariamente nesta mesma ordem. A mulher tem o potencial de gerenciar vários papéis e administrar com muita mestria as funções que deseja exercer, gerenciando todo o seu entorno.

A vida real e seus desafios

Minha origem é em uma família humilde, aos dois anos ia para as reuniões da associação de bairro com meu pai, coordenador de grupo na comunidade, objetivando bem-estar social. Vejo que foi lá o aprendizado e as noções básicas de Direito que carrego impressos em meu DNA, aprendemos "gestão colaborativa" na prática, o direito de dar e receber.

Com meu pai aprendi que cuidar do outro é tão importante quanto cuidar de você. Nessa época, eu não fazia ideia de que um dia me tornaria advogada.

Infelizmente ele faleceu, me deixando órfã aos quatro anos de idade, comigo dois irmãos menores e minha mãe grávida, foi quando, inconscientemente, assumi o controle da minha família. Foram anos desafiadores.

Minha mãe ficou viúva muito jovem, e por conta disso foi impulsionada a criar os quatro filhos sozinha. Verdadeira guerreira, meu exemplo e meu norte. Ela trabalhou duro para educar a mim e meus irmãos, foi cobradora de ônibus, auxiliar de café, até que passou num concurso como auxiliar de enfermagem e se tornou funcionária pública. Nessa função se aposentou.

Visão da Violência Doméstica

Minha primeira atuação como "aprendiz de advogada" aconteceu no final da década de 70, morávamos em uma "comunidade", no mesmo quintal havia várias famílias, eram seis no total, dona Amélia e sua filha Fátima eram as donas do lugar, e também quem colocava ordem no "condomínio".

Lá aprendi economia doméstica, elas me ensinaram a cuidar da casa e a cozinhar, aprendi o direito referente ao uso do tempo, direito de preferência e de vizinhança, pois tínhamos que manter ordem e silêncio no local, direito de família e o maior deles, que aprendi na prática: o direito da mulher.

Sim, na primeira casa, vivia uma família formada por dona Francisca, o marido e quatro filhos. Essa mulher era espancada diuturnamente, e ninguém fazia nada. Eu não me conformava, não entendia, eu e meus irmãos ficávamos encolhidos na cama, pois minha mãe trabalhava e nós ficávamos sozinhos, nos abraçávamos e tampávamos os ouvidos para não ouvir.

Ainda posso sentir os gritos daquela mulher até hoje ecoando dentro de mim. Acho que por isso não tolero gritos, não lido bem com palavras de baixo calão e odeio mau humor.

Quando o marido da dona Francisca ia para o trabalho eu via a dona Amélia a socorrendo.

Um dia, resolvi acabar com aquilo, na época, eu estava com dez anos de idade, saí pela rua correndo, à procura de um carro de polícia e só parei quando avistei um policial, eu soluçava, mal dava para entender o que eu falava, porém o arrastei até o condomínio. Ainda não existia a Lei Maria da Penha, mas o homem foi preso, de certo respondeu, no mínimo, por lesão corporal, pelo menos é o que acredito.

Use o medo a seu favor

Minha mãe ficou com muito medo, por isso mudamos de lá.

Eu era uma menina tímida e inquieta, com muita personalidade, tinha sede de aprender. Minha mãe não sabia bem o que fazer comigo, pois eu a questionava sobre tudo, e já era dona de uma certeza que não cabia em mim.

A ideia dela foi, então, me mandar para uma casa de família, para eu trabalhar e estudar. Aos dez anos, com experiência anterior, já que cuidara dos meus irmãos, fui trabalhar na casa da dona Marlene. Próximo à Rua Augusta, na capital paulista. Minha função era fazer companhia para a mãe dela, ir ao banco e estudar. Não demorou muito e eu decidi que não queria aquela vida. Pedi demissão. Entre idas e vindas, fiz 14 anos. Já sabia o que eu não queria.

Fui tirar minha carteira de trabalho. Na década de 80 a lei permitia trabalho com registro em carteira a partir de 14 anos de idade.

Minha mãe conseguiu uma vaga para mim, na indústria. Uma empresa chamada "Pilot", ficava na Zona Leste, creio que na Av. Pires do Rio, fábrica de canetas, e tinha três turnos (de seis da manhã às dez da noite). Eu não queria trabalhar por turno, por isso, para desespero de minha mãe, não aceitei, pensava em estudar e meu sonho era ser vendedora.

Apesar da minha negativa, mamãe foi atrás de outra vaga de trabalho para mim. Dessa vez no comércio.

Desafios do primeiro emprego

Que alegria, fui contratada nas Confecções Abraão. A loja era na Rua Silva Teles, eu tinha carteira assinada e ganhava um salário mínimo. Minha função: balconista.

Pequenina e "audaciosa", não queria ser como todas as outras meninas, éramos 22 balconistas, a ordem era fazer o rodízio e sempre ter duas moças na porta, claro, me recusava, porque já tinha conquistado meus clientes, aqueles que compravam por atacado e andavam a loja toda para me procurar, eu não queria "perder tempo" com pessoas que só passavam para perguntar e não compravam nada, por isso arrumei confusão com o gerente e sobrinho do dono, sr. Evaristo, que me ensinou uma valiosa lição. O respeito às pessoas, à hierarquia e ao poder, a igualdade e obediência às regras e normas independentemente de você concordar com elas.

Novamente o DNA do Direito ardeu em mim. Não pretendo discutir o mérito da questão neste episódio. Na época, eu queria mudança e o gerente da loja em que eu trabalhava quis me mandar embora. Podemos pensar hoje num "assédio moral no trabalho". Não fazia ideia do que isso significava.

Então fui recrutada e acolhida por dona Rosa, ela era judia, irmã do dono, sr. Abraão, e caixa da loja. Como mulher, hoje percebo que eu fui a voz dela, porque eu falava o que vinha na cabeça, inocente, cheia de personalidade, com minha transparência, acreditava que podíamos ter voz e mudar as coisas para melhor. Ainda acredito nisso.

Dona Rosa passou a cuidar de mim, acredito que foi o primeiro anjo da guarda da minha vida profissional.

Aos 15 anos fui promovida para auxiliar de caixa, mas continuava atendendo meus clientes do atacado. Eu vendia, fazia a nota fiscal, a emissão era escrita à mão, empacotava as mercadorias e ia para o caixa receber. Certamente, era mais trabalhoso, eu não me importava. O meu incômodo era a mesmice e o tal tradicional rodízio de balconistas.

Em 1985, me chamaram na contabilidade e me convidaram para trabalhar como auxiliar de escritório. Um dos grandes aprendizados da minha vida. Eu tinha 17 anos. Nessa época ganhava dois salários mínimos e meio. Um bom salário de acordo com o mercado.

Fui auxiliar da sra. Penha, do departamento fiscal, lá escriturávamos os livros fiscais e depois levávamos para o Posto Fiscal carimbar e validar nossa escrituração, tudo manualmente. Os livros eram pesados, carregávamos em caixas, quantas aventuras eu vivi. Depois passei a auxiliar o Sr. Roberto que era o contador das lojas. Eu fechava os caixas, fazia os depósitos no banco e pagava os funcionários, tipo uma faz-tudo mesmo. Como eu amava esse tempo. Aprendi a fazer folha de pagamento e controlar as contas a pagar e receber. O aprendizado foi gigante.

O trabalho era impiedoso e cansativo, às vezes eu chegava no colégio e dormia em sala de aula. Sim, eu entrava oito da manhã na loja, por isso tinha que acordar antes das seis. Saía do trabalho 18 horas e ia direto para o colégio Estadual D. Miguel de Cervantes e Savedra, pois deveria estar lá 19 horas. Naturalmente, nas últimas aulas eu tirava um cochilo.

Usava como transporte trem e ônibus. E quando tinha greve de ônibus ia andando para o trabalho. Distâncias entre cinco e dez quilômetros por dia, o que me fez amar longas caminhadas.

Nos estudos, eu precisava definir um caminho, acredito que toda adolescente passa por esta fase. Alguns fazem teste de aptidão para conhecer as profissões e fazer sua escolha. Outros são escolhidos pela profissão, que foi o meu caso.

Por isso, cursei o técnico em Contabilidade, levei tão a sério o trabalho que aos 19 anos de idade ingressei nos quadros de profissionais registrados do Conselho de Contabilidade, como "contabilista".

Quando você descobre que não sabe nada

Carreira concluída, a primeira delas, era hora de alçar novos voos.

Imediatamente me coloquei à disposição das vagas para auxiliar de contabilidade. Fui convidada para fazer um teste no Hospital Infantil Sabará em 1987.

Após ser aprovada nas dinâmicas iniciais, eu teria que passar pela sabatina com o dono do hospital, dr. José Augusto. Medo, insegurança, frio na barriga me acompanharam para a entrevista final.

Vejam bem, apesar de toda a minha "bagagem", dos cinco anos trabalhados na loja do sr. Abrão, eu não tinha experiência. Por isso, quando ele me perguntou o que eu sabia da área contábil hospitalar, respondi rapidamente:

– Não sei nada, mas posso aprender rápido.

A sinceridade foi meu passaporte para a vaga. E isso me aproximou ainda mais do Direito. Até hoje, minha maior certeza é saber que cada dia sei menos sobre tudo. Por isso, o aprendizado deve ser uma constante, na vida e na carreira. Se eu puder deixar um conselho é: estude, aprenda, escute, execute, estude novamente e reaprenda.

Passaram-se dez anos, período no qual eu me casei, tive filhos, empreendi, abri meu escritório de assessoria para área da saúde aos 21 anos de idade, e dois bebês, novamente o DNA do Direito bateu na minha porta, desta vez, aos 31 anos, foi devastador.

A fúria do tempo é implacável

Eu não tinha mais tempo! Isso porque, assumi uma série de compromissos com meus clientes, eles me tratavam como advogada, ao que sempre respondia que não advogava, por isso era importante contratar um. Eles respondiam "Ok, mas você vai junto na audiência". Ou seja, eu precisei ser ADVOGADA. Não podia errar, ou pensar em não ter o registro da OAB.

Por isso em 1997 voltei aos bancos da academia, e o primeiro desafio, naquela época, era passar no vestibular, já que fiquei dez anos longe da faculdade.

Vivi cinco anos bem difíceis, eu trabalhava, cuidava dos filhos e estudava. Dormia em média quatro horas por noite. Nesses anos, o mais importante eram as pessoas da rede de apoio, sem elas eu não teria dado conta. Mesmo com muito apoio, muitas vezes levava os dois filhos pequenos para a faculdade comigo.

Passei no exame da OAB/SP

Que realização! Felicidade misturada com sentimento de dever cumprido. Aquela Carteira Rosa foi o meu passaporte para lutar pela Justiça e pela Equidade pelos caminhos da advocacia. Para mim, escrever este capítulo é um presente de 20 anos do exercício na advocacia.

A primeira audiência

Foi no Juizado Especial Cível, meu professor, dr. José Lira, de quem fui monitora durante os dois últimos anos da faculdade, me mandou fazer uma audiência em seu lugar. Eu estava sem a procuração, porque foi uma emergência. Poderia usar a lei e requerer a juntada posterior, mas... Tinha que fazer o pedido em audiência, numa manifestação oral. Medo era o que me definia naquele dia. Nunca a frase vai com medo mesmo, fez tanto sentido. Eu fui. Ufa. Deu certo. A emoção era de êxtase, o olhar do cliente de agradecimento encheu meu coração de alegria.

Partindo daí, um novo anjo da guarda entregou seus negócios em minhas mãos. Confesso que aprendemos juntos. O dr. Fleury é médico, meu cliente até hoje, corrigiu minha primeira petição e ganhamos o deferimento no processo juntos.

Tivemos outros desafios, um exemplo foi uma revelia num processo trabalhista, eu era a patrona do empregador. Na época aprendi o quão importante são os despachos com o Juiz. Ato contínuo, antes de partir para o Recurso, com prazo curtíssimo e custas altíssimas, decidi despachar com o juiz e solicitar a "Reconsideração da Revelia". Sim, foi possível e deferido. Celeridade processual, economia para meu cliente, que não pagou custas, ganho para mim, pois conquistei a fidelização do cliente.

A busca pela especialização em Direito Médico e da Saúde foi consequência do trabalho desenvolvido nessa área, verdadeira viagem no tempo, na Universidade de Coimbra, o que me rendeu troca de conhecimento com a cultura europeia.

A advocacia é vocação

Daquelas que exercemos com a alma. Durante essa caminhada fascinante, participei nos quadros da OAB, na subseção de Santo Amaro, como membro da Comissão da Mulher e do Direito Médico. Fui relatora do Tribunal de Ética da OAB/SP e atualmente estou presidente da Comissão de Direito à Saúde da Unaccam.

O ato de advogar deve ser exercido com paixão. Fascínio pela causa, pelo Direito, pela busca da verdade. Segundo a Constituição, o "Advogado é essencial à Justiça", portanto, primeiro juiz da causa. Por isso, a responsabilidade de cada profissional com a Justiça como um todo. Ao advogado é dada a responsabilidade de buscar a verdade, de equalizar eventuais desequilíbrios, garantindo a ordem civilizatória.

Atualmente, existe a tendência de transformação, que ocorre de forma global na advocacia e nas diversas áreas científicas. Se faz necessária a comunicação multidisciplinar de todas as áreas, envolvendo saúde, economia, engenharia, neurociência, Direito, entre outras.

Mais do que nunca, nós, advogadas, temos responsabilidade de deixar o mundo um lugar melhor para se viver, e isso só será possível com a ajuda de todos, através da educação e da normatização regular da convivência em sociedade, utilizando as ferramentas adequadas ao bom viver, validada pela multidisciplinaridade, isso porque, cada ser humano é único. Como dizia Aristóteles: *"O todo faz parte do um"*. Que tenhamos autonomia e igualdade. A ideia é que cada mulher possa de fato ser protagonista de sua própria história.

Um livro, uma vocação

Geruza Flávia dos Santos

23

Geruza Flávia dos Santos

Nascida em Tatuí, mas residente em Tietê, cidades do interior de São Paulo, advogada, tem 40 anos e é mãe de duas filhas: Beatriz Pinheiro, com 23 anos, e Natália Pinheiro, com 20. Profissional com experiência na área previdenciária, é graduada em Direito pela Faditu – Faculdade de Direito de Itu (2006), aprovada na OAB em 2007 e pós-graduanda em Direito Previdenciário na Faculdade Legale. Autora de artigos jurídicos publicados semanalmente para o Jornal Nossa Folha, da cidade de Tietê, é a idealizadora e apresentadora do programa Facilitando o Direito, na TVAC e na TV Cidade Jardim e no YouTube.

Acesso LinkedIn:

Era um sábado de outono, na cidade de Tietê, interior de São Paulo, quando o Direito entrou na minha vida. Eu tinha apenas 15 anos, mas posso sentir como se fosse hoje a sensação de adrenalina ao ler o livro "Nada dura para sempre", de Sidney Sheldon, o qual, em cada página que lia, sentia vontade de mergulhar profundamente na história e de me materializar na busca dos direitos da personagem, dra. Paige Taylor, pois nesse momento estava surgindo uma advogada.

Esse livro era do meu pai, que, de certa forma, também foi importante nesta minha descoberta para o mundo do Direito, uma vez que, mesmo com o posterior divórcio dos meus pais, a ausência do meu genitor fortaleceu-me para iniciar e prosseguir na carreira.

Meu pai, Marcos Batista dos Santos, é de família pobre e, desde cedo, precisou lutar muito para conquistar tudo que tem hoje, pois ficou órfão de pai ainda criança e viu sua mãe criar os seis filhos sozinha. Retomou os estudos e logo se tornou policial civil e, depois, advogado aos 35 anos, hoje um dos melhores previdenciaristas da minha região.

Nasci na década de 80, na capital da música, como é conhecida a minha querida Tatuí, que também fica no interior de São Paulo. Em meados de junho de 1990, nos mudamos para Tietê, onde permaneço até hoje. Sou filha de pais ex-servidores públicos, fato que, de certa forma, me faz sentir privilegiada, pois eles sempre investiram na minha educação.

Sempre sonhei em ser professora e palestrante, desde criança era comunicativa e sociável, fazia leitura na missa aos domingos, participava do coral da igreja e, com 12 anos, já era catequista.

Se é verdade ou não que as brincadeiras de infância descrevem sobre nossas habilidades, eu não sei, mas brinquei muito de ser professora, palestrante e apresentadora de TV (risos) e vejam onde estou! Posso afirmar que tenho um pouco de todas essas profissões dentro de mim.

Em 1995, quando meu pai pediu exoneração da Polícia Civil para advogar, algo começou a mudar dentro de mim, pois nos finais de semana em que não jogava vôlei passava meu tempo lendo os seus livros, e confesso que amava!

E nessas recorrentes leituras e inspirada pelo livro que marcou a minha vida, aquele que falei no início, "Nada dura para sempre", tive despertado em mim o desejo muito forte de ser advogada.

O tempo passou e, ao terminar o Ensino Médio, optei em dedicar-me exclusivamente à minha família, SIM, me casei aos 17 anos, e foi quando nasceu a minha primeira filha, Beatriz. Foi uma experiência única, maravilhosa e só quem é mãe pode entender esse sentimento, embora muito jovem, consegui superar todos os desafios que a situação exigiu na época. Com o apoio da minha mãe, Maria Luiza de Campos, decidi viver aquele momento intensamente. Então, aos 20 anos, tive minha segunda filha, a Natália, com mais essa dádiva me realizei completamente como mulher, pois meu desejo era ter duas filhas lindas e meu maior sonho se realizou.

Com 22 anos, fui sentindo a necessidade de retomar minha vida profissional e avancei com os estudos.

Fiz algumas aulas para prestar vestibular em 2002 na Faculdade de Direito de Itu (Faditu) e, nesse período, fui aprovada em um concurso público municipal. Trabalhei no setor jurídico por quase dois anos, porém, mais uma vez foi preciso que eu tomasse uma nova decisão, e assim foi feito, novamente a família e os estudos foram minhas prioridades e tiveram minha total dedicação.

Comecei a advogar em 2007, mas me especializei no Direito Previdenciário em 2010, na época trabalhava no escritório Cruz & Bassi em Tatuí, onde adquiri muito conhecimento e também pude colaborar para o crescimento daquela empresa. Sou muito grata pela oportunidade que o dr. Douglas Pessoa da Cruz me proporcionou. Atualmente, tenho uma equipe que divide comigo os desafios de estar à frente de um escritório – a Advocacia Santos, e ao olhar para trás vejo o quão é importante tudo o que construí, cada detalhe da jornada que estou trilhando contribuiu para a mulher, mãe e profissional que sou agora.

Penso que a nossa vida do futuro é decidida por nossas atitudes de hoje. Alguém disse: "A colheita é cada decisão que tomamos".

O LEGADO DA MINHA MÃE

Em 2008, vivenciei um momento de muita dor, a morte da minha mãe, que teve câncer de mama e, infelizmente, não resistiu ao tratamento.

Quando ela adoeceu, meu mundo desmoronou, me vi completamente perdida sem saber o que fazer e, com a morte dela, um enorme vazio, uma vez que demorei para me reconstruir e passar por aquele luto.

O que aprendi nessa fase? Que tudo tem um tempo determinado, que cada pessoa tem o seu tempo, pois minha mãe me ensinou em vida e com a própria morte.

Percebi que nossas experiências, lembranças, convicções e fé constroem quem somos. O maior desejo da minha mãe era que eu fosse corajosa e prosseguisse cuidando das minhas filhas e do meu irmão Willian e que buscasse entender o meu propósito de vida na Terra.

E hoje vejo que realmente nasci para ajudar pessoas através da advocacia e também apoiar mulheres a não desistirem de seus sonhos.

Sei que minha mãe e eu tínhamos um relacionamento de muito amor. Por isso, sinto no íntimo do coração que ela estava e estará viva sempre através de mim, e isso foi o necessário para colocar em prática todo o aprendizado transmitido por ela.

Todas as minhas escolhas me trouxeram até aqui, e não posso deixar de dizer o privilégio que tive por conviver e ser educada por mulheres íntegras, inteligentes, dedicadas e persistentes em seus objetivos, assim como minha mãe e minha avó paterna, Ermínia Garcia dos Santos, exemplo de honestidade e empoderamento, pois criou seis filhos sozinha. Tem, ainda, a minha tia Lourdes de Fátima dos Santos de Campos, que até hoje me ensina com seu exemplo de vida.

Quando penso em desistir, logo me vem à mente: NÃO POSSO! Preciso abrir caminho para outras mulheres realizarem seus sonhos também, apesar das circunstâncias. É necessário que outras mulheres que se identificam com minha história se levantem corajosamente para mostrar que é possível vencer.

ADVOCACIA HUMANIZADA

Assumidamente, escolhi o Direito por amor às pessoas e ajudá-las a resolver seus problemas jurídicos, certamente, são a minha maior motivação e felicidade.

A advocacia tem seus próprios desafios, e para as mulheres é muito mais desafiador ainda, porém nada disso me parou.

Quando me vi sem minha mãe, com duas filhas pequenas e um irmão adolescente para criar, me senti impotente, incapaz, pois estava no início da minha carreira e tinha que começar do zero.

Com fé e coragem, fui a Tatuí pedir uma oportunidade de emprego no escritório Cruz & Bassi Advogados Associados e, logo, me contrataram.

Imaginem uma mulher do interior que nunca tinha andado de metrô, pois é, encarei todos os desafios daquela nova fase e, em poucos meses, já estava atuando no Tribunal Federal Regional (TRF) da 3ª Região.

O mais importante nessa fase, além dos bons resultados que produzi, com certeza, foram os relacionamentos que criei.

Desse modo, descobri que posso exercer a Advocacia Humanizada, na qual tenho em mente o acolhimento ao meu cliente e sua demanda para dar um tratamento digno ao seu processo. Com isso, consegui visualizar minha paixão pelo Direito, que é defender a causa daqueles que não podem se defender, que não possuem defesa e são causas nobres demais, pois envolvem a sobrevivência, o alimento diário do meu cliente e sua família.

Sempre busco encontrar uma solução que seja mais célere, adequada e eficaz para o meu cliente, uma vez que, por ser uma advogada previdenciarista, consigo ter a percepção de como o Direito pode ser um transformador social. É incrível ver, por exemplo, uma idosa que trabalhou o tempo todo na roça, com as mãos calejadas e sem perspectivas de uma vida melhor, tendo seu direito garantido por meio da ação de um advogado.

Às vezes, no caso de invalidez, é desafiador ver cumprir-se na vida do cliente a aquisição do benefício que ele tanto precisa. Quantos precisam pegar vários ônibus pela manhã, ir trabalhar, ver o dia a dia dificultado por sua doença e sem encontrar solução?

Então, vejo que o exercício da minha profissão, ou melhor, eu, enquanto advogada preocupada com as causas sociais, posso ser um divisor de águas na vida de um ser humano. É muito gratificante tudo isso!

Lembro até um caso que atendi: uma cliente que já havia tentado por diversas vezes se aposentar, mas, devido a sua condição de saúde, também não poderia trabalhar, pois é portadora de fibromialgia, tem mais de 50 anos, com pouca escolaridade e, na época, estava em quadro depressivo.

Coloquei-me no lugar dela. Imagina viver com dores intensas e incapacitantes, além de ter como meio de sobrevivência as faxinas? É uma trabalhadora que contribuiu a vida toda com o sistema e, quando mais precisa, o sistema, simplesmente, "vira as costas" para ela.

Minha cliente precisou fazer perícia médica judicial e, ao lado dela, estavam apenas o perito médico e eu para comprovarmos que estava incapaz para o trabalho.

Contudo, o perito disse que ela estava apta para o trabalho, desde que não levantasse os braços nem fizesse movimentos bruscos. Como assim? É possível trabalhar, ainda mais como diarista, sem realizar os referidos movimentos?

Portanto, despertou em mim, ainda mais, um senso de justiça, de lutar por uma causa nobre e justa. Com o laudo em mãos, argumentei com o juiz sobre como minha cliente voltaria ao mercado de trabalho naquelas condições, como poderia trabalhar como faxineira sem levantar os braços, além do efeito dos medicamentos de uso controlado que ela tomava, que a deixavam sonolenta.

Nestes 14 anos que advogo, foi a primeira vez que vi um juiz dar causa favorável, indo contra o laudo médico do próprio perito do Juízo. Foi uma grande vitória! Como gratidão, ela trouxe um mimo, uma cesta de hortaliças para mim, e esse gesto fez meu dia mais feliz.

Lutar por um benefício que será o sustento de uma família é extremamente gratificante. Tudo que faço é de forma leve e prazerosa, pois o mundo jurídico me fascina, me faz chegar à conclusão que essa é minha missão e propósito de vida terrena.

UMA MULHER NEGRA ADVOGADA

Em um processo de descoberta e ressignificação, hoje percebo que a minha própria família acabava reproduzindo todo um racismo que está intrinsecamente ligado ao nosso País, pois todo ser humano busca aceitação. Convivíamos com pessoas da classe média alta, mas não éramos como elas. Éramos diferentes! Diferentes na cor. Éramos negros!

A gente acaba, de certa forma, mesmo sendo uma mulher negra, reproduzindo esse discurso. Lembro-me que, na infância, a classe toda caçoou de mim porque iria dançar quadrilha com um menino negro ou, então, quando diziam que meu cabelo parecia a juba de um leão, a Tina Turner ou palha de aço.

O negro se acostuma com certas brincadeiras destrutivas, mas teve um episódio que me entristeceu muito, quando fui a única aluna da sala que tirou 10 em uma prova de Inglês e a professora fez todos me aplaudirem. Hoje penso ter sido desnecessário o que ela fez. Mas o que me surpreendeu mesmo foi meus colegas de classe se incomodarem e insinuarem que a professora havia me favorecido, uma vez que ela era negra também. Ora, sempre fui uma aluna aplicada, com excelentes notas.

No meu inconsciente, começou a se formar uma ideia errônea de que jamais poderia estar no pódio, me destacar e, pasme, caro leitor: travei na língua inglesa.

Sempre que falavam em Inglês logo eu dizia "Ah! Não consigo aprender Inglês". Hoje mais consciente sobre todos os traumas, estudo Inglês e recebo elogios constantemente do meu professor Vinicius Tonon. Não preciso de favorecimento, tudo que conquistei foi por meritocracia mesmo! Sou capaz de vencer e você que está lendo também é!

O que me ajudou muito neste processo foi a busca pelo autoconhecimento, algo que, para mim, era dispensável, pois achava que já me conhecia o suficiente. Acreditava que até a textura do meu cabelo fosse outra, uma vez que eu o alisava desde os dez anos.

Um dia minha filha Beatriz decidiu passar pelo processo de transição capilar, o que acabou me influenciando também a fazer o mesmo. Sempre tive uma questão complexa em relação ao meu cabelo, era algo que precisava resolver, aceitar.

Também queria saber como eu era de verdade. No primeiro momento, foi um impacto, detestei o resultado. Quando trocava o aplique, por exemplo, não gostava que alguém me visse naturalmente. Achava-me horrível, um monstro. Mas foi a força de ver a Beatriz assumindo o seu cabelo que me fez entender a importância e aceitação deste processo.

Hoje, reflito que tudo acaba sendo influência. Alguém me influenciou a acreditar que eu não era bonita no meu natural. Isso cresceu com força em muitas pessoas até o ponto de acreditarem que uma pessoa de cabelo crespo não é bonita. Mas em que isso foi baseado?

Nessa fase, com meu cabelo natural, senti-me mais empoderada, mas percebi que essa questão ainda precisa ser tratada entre todos, uma vez que tive mais aceitação na minha família, no meu bairro, entre iguais.

Passei até por uma situação muito constrangedora que, na hora, não havia percebido. Fui ao Fórum e, ao pedir um processo criminal, a funcionária achou que eu fosse uma ex-presidiária que tinha ido lá assinar a carteirinha.

Em toda a minha vida que usei cabelo aplique liso, nunca tinha passado por essa situação! Quando me apresentei como advogada, a funcionária pediu mil desculpas.

Confesso que é um trabalho diário e, hoje, com a oportunidade de participar como coautora deste livro, me permite fazer a minha parte de mostrar para outras mulheres negras que elas não precisam estar somente nas profissões de base, mas podem sim exercer outros cargos.

Comunicar-se para transformar a sociedade

O ano de 2020 foi extremamente atípico e bastante desafiador para todos, mas em outubro do referido ano tive a honra de concretizar mais um projeto que idealizei por anos: Ser apresentadora de TV.

Batizei meu programa com um nome que traduz um pouco da nossa essência (a minha e do programa) e, assim, nasceu o "Facilitando o Direito"; ele é bem dinâmico, vai ao ar toda quinta-feira às 17 horas pela TVAC canal 11 na cidade de Tietê, pelo canal do YouTube da TV Cidade Jardim, e é transmitido também na TV Regional nas cidades de Porto Feliz, Itu e Votorantim toda segunda-feira às 18h30 e, aos sábados, às 19h30.

O objetivo do programa de TV é levar informações jurídicas para toda população da cidade e região e, em breve, a ideia é que ele ganhe outros Estados, pois utilizo uma linguagem simples e fácil de ser entendida que abrange todos os tipos de públicos.

Além da minha equipe, sou grata a todos os profissionais do Direito que têm disponibilizado tempo para compartilhar conhecimento conosco e aos demais convidados, aos patrocinadores, aos telespectadores e agradeço a Deus todos os dias cada oportunidade.

E, mais uma vez, fica evidente a minha missão de ajudar as pessoas, acredito que o ser humano só pode ser livre quando tem acesso ao conhecimento através de uma comunicação responsiva e pautada na cidadania.

Comprometimento, dedicação e doação

Giselle Nori Barros

24

Giselle Nori Barros

Advogada. Mestre em Direito Administrativo, especialista em Direito Contratual e graduada em Direito pela PUC-SP. Atua há 20 anos em Direito Público. Atualmente é Assessora de Controle Externo perante o Tribunal de Contas do Município de São Paulo – TCMSP.

Acesso Instagram:

Quando fui convidada por uma amiga, com quem partilhei as cadeiras de ensino da graduação desde as primeiras aulas, para revelar a minha experiência com a ciência do Direito, resolvi anuir e romper o silêncio. Encarei como uma tentativa de incitar alguma inspiração àqueles que se identificam com as carreiras que dela decorrem.

Alguns podem atribuir literariamente ao silêncio alguma espécie de derrota[1]. No entanto, o silêncio sempre esteve atrelado à essência do que nos ensina Wittgenstein diante dos desafios que a vida nos impõe: "Sobre o que não se pode falar, deve-se calar[2]". Essa peculiaridade imprimi como discrição para trilhar a vida pessoal, profissional e até mesmo a acadêmica.

Essa discrição não demove as realizações e demonstra que o conteúdo está dentro de nós, sejamos coadjuvantes ou protagonistas. Esses papéis são a nossa exteriorização e pouco importa de que forma são desempenhados na sociedade para satisfação de nossos desígnios, o importante é que os objetivos estabelecidos sejam alcançados.

Assim, partindo do pressuposto de que os limites de minha linguagem são os limites de meu mundo[3], o motivo de aceitar o desafio deu-se não só pelos tantos momentos de reflexão e introspecção em que me vi, assim como milhões de pessoas, frente a frente nesses 21 meses de pandemia do Covid-19, como também pela satisfação em compartilhar a experiência pessoal e, depois, com o Direito, resenhando um artigo para um livro dentre tantas histórias igualmente desafiadoras.

---

[1] "As derrotas caem melhor em silêncio". Zafon, Carlos Ruiz. Marina. Suma de letras. Tradução Eliana Aguiar. Rio de Janeiro: Objetiva 2011, p. 28.
[2] Wittengestein, Ludwig. Tractatus logicus-philosoficus.
[3] Wittengestein, Ludwig. Tractatus logicus-philosoficus.

O estado pandêmico que se atravessa permanecerá registrado na história para as futuras gerações. Gerações essas que têm a possibilidade de receber um mundo edificado sob os pilares de liberdade, igualdade e fraternidade, tão evocados desde a Revolução Francesa. E tão importantes também nas revoluções inglesa, americana e russa.

Inicio com a expressão que melhor reflete o momento que o mundo enfrenta, reverenciando, assim, a citação de Albert Camus: "O que se aprende no meio dos flagelos: que há nos homens mais coisas a admirar que coisas a desprezar[4]". E é justamente a escrita e, posteriormente, os livros, os quais as histórias neles registradas perpetuam os fatos e os homens a serem admirados ou desprezados por seus feitos.

A escrita remonta aos registros cuneiformes, primeira expressão dos hieróglifos, e desde então os conhecimentos passaram de geração em geração.

Com essa introdução, é fácil identificar o que trouxe o Direito para os meus dias: os livros. E não poderia deixar de reconhecer aqui a admiração e devoção que sempre dediquei aos grandes personagens da história da humanidade, desde a Grécia Antiga até os dias atuais, especialmente àqueles que propiciaram a igualdade aos cidadãos.

Elegi o Direito, e eleger já é um privilégio. Ter a escolha também o é, pois, quando não há opção, não se tem a possibilidade. A escolha e o poder de decidir já é um exercício de liberdade.

Decidi traçar esse caminho tendo como foco permitir a igualdade dos seres humanos e o direito de se ter Justiça. Tal propósito, como se sabe, repercute diretamente ao direito à vida, à saúde, à educação e a tantos outros direitos inerentes aos cidadãos. Valores esses que deixaram de existir para mais de 600 mil brasileiros que se infectaram pelo vírus, sem contar as vidas perdidas de outras tantas milhares de pessoas todos os dias no mundo, que sem qualquer politização e em algum percentual poderiam ter sido evitadas.

---

[4] Camus, Albert. A Peste.

O ser humano evoluiu e a ele lhe foi concedido o convívio em sociedade mediante a submissão às regras de conduta para o alcance do bem-estar físico e mental. Também se organizou mundialmente e declarou a existência de direitos fundamentais, sociais, consolidando o direito à vida, à saúde e à educação, dentre outros.

Para fazer valer esses direitos descobri que era necessário realizar, estudando, conhecendo, conceituando e perseguindo incansavelmente uma sociedade melhor.

Originada de uma família de descendentes europeus, oriundos da Itália, Espanha e Portugal, nasci na Capital de São Paulo, na maternidade de mesmo nome, próxima à Avenida mais Paulista das avenidas.

As primeiras lembranças remontam à vontade de conhecer, estudar e aprender. Algo eu tinha como certeza, precisava da escola tal como precisamos de alimento. A escola nos instrui, nos dá o conhecimento, expande as nossas mentes para o mundo interior e exterior.

Nos primeiros anos frequentei um colégio menor "do bairro", como ainda os paulistanos se referem às pequenas escolas distribuídas pela cidade. Local esse também, por coincidência, identificado como Paulista até em seu Planalto.

De lá, ingressei no Colégio Arquidiocesano de São Paulo, de onde parti para a mais Católica das Universidades do país, a Pontifícia, que não só me permitiu a graduação, como a pós-graduação e o mestrado, todos direcionados para os direitos constitucionalmente consagrados na nossa sociedade.

Às vésperas da escolha do curso de Direito adveio o movimento pelas "Diretas Já" em 1983/1984, oportunidade em que pude vivenciar a emoção contagiante do mineiro da histórica cidade de São João Del-Rei, Tancredo Neves, que em seu discurso eternizou: "Não há Pátria onde falta democracia (...) A Pátria é escolha, feita na razão e na liberdade (...) Não teremos a Pátria que Deus nos destinou enquanto não formos capazes de fazer de cada brasileiro um cidadão, com plena consciência dessa dignidade (...) A Pátria não é o passado, mas o futuro que construímos com o presente. Não é a aposentadoria dos heróis, mas a tarefa a cumprir. É a promoção da justiça, e a justiça se promove com liberdade".

Tal comoção nacional por um país mais justo, por cidadãos mais conscientes de seus direitos, convidava os jovens a operar o Direito e comigo não se deu diferente.

Esse sentimento ganhou tempero às vésperas do vestibular, quando foi promulgada a Constituição Federal vigente em 5 de outubro de 1988, com o discurso de Ulysses Guimarães:

"A Nação mudou. A Constituição mudou na sua elaboração, mudou na definição dos Poderes. Mudou restaurando a federação, mudou quando quer mudar o homem cidadão. E é só cidadão quem ganha justo e suficiente salário, lê e escreve, mora, tem hospital e remédio, lazer quando descansa. Num país de 30 milhões, 401 mil analfabetos, afrontosos 25 por cento da população, cabe advertir a cidadania começa com o alfabeto. Chegamos, esperamos a Constituição como um vigia espera a aurora. A Nação nos mandou executar um serviço. Nós o fizemos com amor, aplicação e sem medo. (...) Foi a sociedade mobilizada nos colossais comícios das Diretas Já que pela transição e pela mudança derrotou o Estado usurpador. Termino com as palavras com que comecei esta fala. A Nação quer mudar. A Nação deve mudar. A Nação vai mudar. A Constituição pretende ser a voz, a letra, a vontade política da sociedade rumo à mudança. Que a promulgação seja o nosso grito. Mudar para vencer. Muda Brasil".

Coroava-se, assim, a certeza da escolha do destino.

O primeiro ano da faculdade de Direito, 1989, coincidia com o primeiro ano da Constituição Federal e foi para os direitos nela consagrados que me debrucei e estudei desde os primeiros dias do curso. A vida universitária a partir do novo ordenamento jurídico seguia como céu de brigadeiro[5], tamanha importância para os cidadãos brasileiros e para a sociedade, e não poderia ser diferente em relação à vida acadêmica como inerente à sede de conhecimento constante.

---

[5] Céu azul; céu com tempo límpido e ótimo para voar; céu com ótima visibilidade.

Por outro lado e concomitante, a vida profissional decorreu naturalmente em razão da dedicação do estudo e trabalho, tal como todos aqueles que amam e se doam aos seus propósitos de forma integral, sem trégua.

Nessa caminhada não poderia ter honraria maior para a minha vida profissional, a qual sequer acreditei merecer, que meu primeiro emprego com a vaga no escritório dos renomados juristas e professores de Direito Celso Antônio Bandeira de Mello, Geraldo Ataliba, Michel Temer e Adilson Dallari.

Nesse aspecto, a vida ficou mais fácil, tal como edificar em Brasília quando o Planalto já se encontrava com a terra aplainada. Sem dúvida é como tirar as pedras do caminho sem grandes esforços.

A dedicação que aprendi com os professores com quem iniciei minha carreira profissional logo me aclarou que não há solução jurídica sem árduos estudos e sem amplo conhecimento dos instrumentos de exercício do Direito.

E o primeiro grande desafio trouxe-me de pronto uma lição inesperada.

A primeira eleição na nova ordem constitucional em 1989, com o formato em dois turnos, resultou em Fernando Collor como vencedor, com 35 milhões de votos em 145 milhões de habitantes. E em seu primeiro ano de mandato determinou, em 1990, o bloqueio das poupanças de todos os brasileiros até o limite de 50 mil cruzados novos, o que representaria hoje aproximadamente 30 mil reais[6].

Assisti no escritório à luta contra o confisco dos recursos dos cidadãos que não se restringiu à elaboração dos brilhantes argumentos na defesa do direito de brasileiros afetados pela medida presidencial adotada, o que até então entendia que seria o cerne da vida profissional que elegi. Porém, logo vivenciei outros desafios a serem percorridos, tais como obter as decisões judiciais favoráveis e fazer o acompanhamento dos processos de forma a efetivar para

---

[6] Aplicado o IPCA – Índice Nacional de Preços ao Consumidor Amplo.

os jurisdicionados a garantia de não serem confiscados. Não é difícil imaginar o caos que se instalou nas 22 Varas Federais, ainda não especializadas, para uma demanda de uma população do porte do Estado de São Paulo.

Esse grande desafio demonstrou que a advocacia é plurifacetada. Demonstrou também a solidariedade humana para aqueles que estavam ali aguardando o mesmo propósito da Justiça, desde os ascensoristas dos elevadores até os magistrados.

Enfrentei então a dicotomia de seguir a advocacia privada ou a pública, e nos dois ambientes consegui encontrar motivos igualmente apaixonantes para minha jornada. Alguns percalços da vida me retiraram, talvez precocemente, de um necessário período de estudos que antecedem os concursos públicos os quais poderiam me propiciar uma carreira pública estável. O que não lastimo, pois compreendo que em meu âmago vigia a necessidade de trilhar a independência financeira para poupar aos meus pais.

Transitando nas atividades públicas e privadas no decorrer dos anos que dali se venceram, descobri que é possível realizar qualquer atividade jurídica com dedicação e comprometimento do melhor trabalho. Todos os lugares em que atuei e as pessoas que conheci, sem exceção, marcaram minha trajetória com ensinamentos e consolidaram o amor pelo Direito. Hoje a atividade que exerço perante o Tribunal de Contas do Município de São Paulo, onde já percorri diversos dos departamentos lá existentes, consolidou a certeza da carreira escolhida e posso dizer que toda linha elaborada tem a minha doação.

Doação também me propus à vida acadêmica, enquanto professora na especialização do Curso de Direito Administrativo da Pontifícia Universidade Católica de São Paulo, onde mais aprendi do que ensinei propriamente e eternizei vários amigos, alunos e professores, dividindo as angústias de ampliar os conhecimentos.

Neste momento em que o país se encontra, estamos diante de novos desafios, arriscando-me a dizer que são tempos sem qualquer equiparação precedente, onde os operadores do Direito são demandados a preservar a democracia e os direitos já consagrados.

Perante a doença que afeta o mundo e o Brasil, a Constituição Federal de 1988 atribuiu ao Estado a promoção, preservação e recuperação da saúde, visando ao bem-estar físico, mental e social do indivíduo e consagrando princípios que devem informar o direito à saúde, para o respeito à dignidade da vida humana, com a integralidade, universalidade e equidade, comportando aos operadores do Direito a complexa tarefa de fazer cumprir, mais do que em todos os outros tempos, a prestação de serviço público de saúde à população.

E é nesse momento que as carreiras do Direito enfrentam desafios inigualáveis na história e demandam, a cada dia, mais e mais operadores do Direito dedicados e comprometidos com a democracia para propiciar à humanidade os verdadeiros valores e o exercício de seus direitos.

E é por essa razão que o silêncio não tem mais espaço na vida dos seres humanos, a omissão não tem mais vez, sob pena de a humanidade perder tudo o que foi conquistado por nossos antecessores, desde o Império até os dias atuais.

Os desafios, por óbvio, não se restringem ao direito à saúde, revelam-se atualmente de diferentes naturezas, mas este se exalta premente e obriga a luta pela sua preservação.

Como se verifica, a sociedade clama pela atuação das carreiras jurídicas para não só preservar, mas também assegurar que sejam os direitos já consagrados eternizados no seio da nossa sociedade de forma que jamais em tempo algum sejam ameaçados.

O Direito é isso. A paixão por esse ofício é o despertar do olhar para o próximo, é preterir a vida pessoal em prol da vida profissional.

O estudo como alicerce

Jenifer Moraes

Jenifer Moraes

É mestre em Direito Penal pela Pontifícia Universidade Católica de São Paulo (PUC-SP), pós-graduada em Direito Penal Econômico pela Universidade de Coimbra/IBCCRIM, pós-graduada em Direito Penal pela Universidade de Coimbra/IBCCRIM. Graduada em Direito pela Universidade Presbiteriana Mackenzie (SP). Coordenadora adjunta do departamento de pesquisas do Instituto Brasileiro de Ciências Criminais (IBCCRIM). Pesquisadora voluntária da Universidade Presbiteriana Mackenzie. Participante do Grupo de Estudos Modernas Tendências da Teoria do Delito (MTTD) desenvolvido nas dependências da Universidade Presbiteriana Mackenzie. Associada ao Instituto Brasileiro de Ciências Criminais (IBCCRIM). Pesquisadora da Banca Moraes Pitombo Advogados e advogada criminalista em São Paulo.

Acesso LinkedIn:

Diferentemente das demais autoras, escrevo estas linhas sem a pretensão de trazer ensinamentos adquiridos por muitos anos de prática profissional. A sabedoria de vida se adquire ao longo da jornada, e por me considerar ainda no início da minha carreira, relutei em aceitar o convite para fazer parte de uma iniciativa tão inspiradora. Ao analisar a situação sob um outro ângulo, contudo, cheguei à conclusão de que posso ajudar àquelas que, como eu, estão dando os primeiros passos no mundo do Direito, seja pela identificação dos primeiros desafios a serem enfrentados, seja pela reflexão do cenário que nos rodeia, especialmente quanto à influência feminina na pesquisa e escrita em Direito Penal.

Primeiros passos

Minha predileção pelo Direito surgiu no início do ensino médio, mas a paixão pelo Direito Penal foi descoberta por acaso, nos bancos da querida Universidade Mackenzie, em São Paulo. Como quase toda estudante universitária de primeiro ano, tinha a justiça criminal como a última opção, sob a lente preconceituosa de quem não entende a complexidade da nossa sociedade desigual ou, até mesmo, da seletividade do sistema que faz com que nos sintamos um pouco mais seguros. Foi por intermédio de professores muito especiais que aprendi a entender que a violência não se combate com a perpetuação de mais violência, e que o Direito Penal é um limite ao poder de punir do Estado, sendo o processo uma garantia aos direitos fundamentais de todos os cidadãos.

A partir daí, desde o meu primeiro estágio me dedico à prática penal, sendo que agora também me dedico à pesquisa em Direito e à docência, que se tornou outra paixão. Acho importante evidenciar, para quem está iniciando no estudo do Direito, que a escolha sobre a atuação não precisa necessariamente recair sobre advocacia ou concurso público, sendo a pesquisa e a docência caminhos possíveis e que demandam um aumento urgente no contingente feminino, sobretudo no âmbito penal.

Ao longo da jornada

Na prática penal, o que eu posso dizer com propriedade é: em algum momento de sua vida profissional, vocês serão subestimadas. A partir disso, não permitam que essa subestimação permaneça. Provem seu valor, seu conhecimento, e sua gana em lutar pelos direitos de seus clientes e a sua capacidade em demonstrar seu ponto de vista, seja pela oratória ou pela escrita argumentativa. Infelizmente, apesar dos incontáveis progressos obtidos por mulheres no âmbito do Direito (inclusive de usar calças compridas para ingressar no tribunal), ainda subsiste a impressão de que determinados locais "não são para mulheres" ou que para que um cliente se convença a contratar o escritório é necessário que se sente à mesa um homem grisalho "para causar impacto". Essa frase obsoleta, inclusive, ainda é repetida no âmbito empresarial como se fosse um mantra, fato que por si só demonstra a necessidade do protagonismo feminino (e jovem) no cotidiano forense.

Pelo que pude apreender até aqui e diferentemente do que muitos afirmam, a prática penal está intrinsecamente relacionada ao estudo da dogmática ou, em outras palavras, ao estudo do que é a norma. O bom exercício do Direito pressupõe que o profissional saiba utilizar as ferramentas que o compõem e, no caso do penal, o operador precisa necessariamente conhecer o que é o crime, como ele é entendido hoje e como chegamos a esse nível de conhecimento. Diferentemente de uma ciência exata, o Direito se altera conforme a sociedade evolui e, justamente por isso, é tão importante que saibamos como se dá o processo evolutivo desse conhecimento.

Falsos dilemas

Ao meu entender, um grande problema que temos hoje é a falsa impressão de que o estudo "não resolve nada" e se restringe a assuntos sem relevância prática. É comum escutarmos que "a faculdade é uma coisa e a prática é outra", sendo que a premissa deixa de lado que a principal ferramenta que um advogado tem a sua disposição é a teoria, que deve ser aplicada de modo a convencer o juiz de seu ponto de vista. Para fazermos uma simples analogia, causaria espanto se um médico dissesse ao seu paciente que não gosta de estudar anatomia, e que não se interessa pelos novos tratamentos desenvolvidos e publicados em revistas científicas. O que me causa espanto é as pessoas não se surpreenderem com um advogado que faz o mesmo e diz que é desnecessário estudar teorias ou interpretações da lei para o pleno exercício profissional.

Uso este espaço carinhosamente concedido a mim para enfatizar essa questão que considero fundamental para um maior protagonismo feminino no cotidiano forense, seja para aquelas que optam pela docência ou pesquisa, seja para aquelas que optam pelo contencioso, ou, ainda, para quem opta por todas elas, tal como é o meu caso. Isso porque precisamos de mais mulheres estudando e pesquisando Direito Penal, sobretudo Teoria do Crime, que, por sua vez, é meu assunto preferido. Ao lermos os principais manuais sobre Direito Penal hoje, percebemos sem esforço que a imensa maioria foi escrita por homens, assim como as leis promulgadas, e até mesmo as palestras ministradas sobre o tema. Assim, se eu puder dar um conselho às leitoras é: **estudem o Direito, entendam o que ele é, por que o entendemos dessa forma hoje e, principalmente, como podemos aprimorá-lo.**

Algumas aprendizagens

A defesa desse estudo passa também pela importância da vida acadêmica. Muitos desmerecem o ingresso em uma pós-graduação *stricto sensu* (mestrado ou doutorado) porque alegam que não acrescenta em nada ao dia a dia profissional e demanda muito tempo. De fato, se aventurar em um estudo específico pressupõe uma imensa dedicação e disciplina, até mesmo humildade, para entender que o seu orientador tem mais experiência que você e que o caminho que você tanto insiste em seguir em sua tese pode estar errado. Apesar disso, posso assegurar que a aprendizagem é enorme, ao menos pela minha experiência, além de ampliar o seu rol de contatos, uma vez que você conhece outros profissionais da área que estão engajados no estudo de outros assuntos. Posso dizer com propriedade que a experiência do mestrado me fez avaliar as situações de uma forma mais sistêmica e, sem dúvida, a escrever melhor.

Um outro conselho que poderia dar seria: **participem de grupos de estudo**. Devo muita coisa do que sei hoje (inclusive à predileção pelo estudo teórico) a um grupo de estudo em que ingressei no início da minha graduação e do qual faço parte até hoje chamado Modernas Tendências da Teoria do Delito, também da Universidade Mackenzie, em São Paulo. Quem está iniciando no mundo do Direito precisa se acostumar a discussões e a saber que as contribuições das outras pessoas fazem com que você aprimore seu próprio pensamento. A meu ver, um grande problema do mundo contemporâneo é a incapacidade generalizada de se colocar no ponto de vista do outro e ouvir seus argumentos.

Também como o ingresso em uma pós-graduação, os grupos de estudo podem proporcionar a ampliação de sua rede de contatos, o que é primordial no âmbito do Direito e, infelizmente, pouco comentado nas cadeiras da graduação. O Direito é uma ciência social aplicada e, como a própria sociedade, pressupõe a troca de informações e experiências entre os atores envolvidos. Poderia dizer a vocês que seu esforço é exclusivamente responsável por proporcionar o cargo almejado, mas seria uma mentira. É claro que 90% dos méritos derivam do esforço pessoal da pessoa em ir atrás, estudar, se esforçar e mostrar iniciativa. Apesar disso, conhecer pessoas (e dialogar) é fundamental, para que se faça ouvir e ser lembrado como alguém interessado em um determinado assunto.

Percepções: do ser ao fazer

Por fim, neste espaço que me resta, pretendo dar algumas dicas do que, em minha concepção, não deve ser feito em nenhuma instância de atuação. Em primeiro lugar e apesar do clichê, insisto em lembrar: façam o que vocês gostam, o que lhes desperta atenção e não o que aos olhos do mercado é mais vantajoso economicamente. Às vezes, um nicho pouco explorado e pouco comentado pode ser muito mais rentável (financeira e mentalmente) se exercido de uma forma inovadora, com afinco e determinação. Nunca é demais ressaltar que são vedadas as propagandas na advocacia, sendo que o cliente é o principal veículo de exibição do seu "produto".

Tampouco se deixem seduzir por propostas vantajosas e eticamente questionáveis, ou se sintam obrigadas a pegar um determinado caso ou trabalho seja por qual motivo for. O grande mérito da advocacia, ou até mesmo da pesquisa em Direito, é a liberdade de escolha sob o objeto de trabalho/estudo.

Também não tenham medo de mudar, seguir um outro caminho ou experimentar um outro segmento ou temática. A beleza do Direito é a sua natureza multifacetada, sendo que uma mesma pessoa pode estudar vários temas e trabalhar sobre eles concomitantemente.

Sobre isso, é fundamental que não se esqueçam do caráter científico da matéria, e da impossibilidade de equipararmos opinião a argumentos jurídicos. Pela proximidade do Direito Penal ao nosso cotidiano, o emprego de opiniões pessoais ou preconceitos como alegações em uma discussão jurídica é feito de forma natural, o que não podemos permitir sob nenhuma hipótese. Ao ingressar em uma faculdade, o estudante de Direito abdica de sua condição de leigo e deve se acostumar a embasar cientificamente seu ponto de vista, seja em que lado for. Temas polêmicos que geralmente são tratados pelos veículos de comunicação como uma guerra de posições normalmente já foram objeto de pesquisas sérias, empíricas e que trazem resultados elucidativos quanto ao resultado de determinadas políticas públicas. Estas pesquisas podem direcionar uma argumentação, não a manchete dos jornais ou a opinião de um jornalista sobre o assunto.

Além disso, façam uma distinção clara entre produtividade e excesso de trabalho. Não há nada de errado em gostar de trabalhar, eu mesma amo. O problema é abdicar de momentos de lazer ou com a família para se mostrar "cada vez mais produtiva" ou para ganhar respeitabilidade no ambiente de trabalho. Ser produtivo é fazer muito em pouco tempo e com qualidade, não desenvolver uma doença psiquiátrica por exaustão. **Saibam administrar o tempo de uma forma saudável, seja em que área for.**

Por fim, se ajudem, troquem conhecimento, livros, experiências. Exerçam sororidade e, em conjunto, vamos amplificar o protagonismo feminino no Direito, não só no Direito Penal. Assim, como não poderia deixar de ser, fico à disposição para ajudar (caso alguém precise) e desejo muito sucesso a todas vocês.

Um olhar feminino no Direito

Kellen Carneiro de Medeiros

26

Kellen Carneiro de Medeiros

Advogada que atua de forma humanizada e sistêmica no Direito da Família e Sucessões, consultora sistêmica, professora e escritora. Atua nas diretorias da Comissão de Direito Sistêmico da Rede Internacional da Excelência Jurídica/DF, do Instituto Brasileiro de Direito de Família/IBDFAM, da Associação Brasileira de Advogados de Brasília, integrante da Câmara de Cultura de Paz e Não Judicialização do CODESE/DF. É também sócia-fundadora do Instituto Brasileiro da Consciência Jurídica Sistêmica.

Acesso LinkedIn:

Introdução

Olá, querida leitora.

Com muita alegria aceitei o convite da Editora Leader para compartilhar um pouco da minha experiência nesta importante obra, onde temos a oportunidade de inspirar outras mulheres, como você.

Sou a terceira filha, meus pais se formaram em Direito, mas não chegaram a exercer diretamente a profissão. Hoje, a partir do olhar sistêmico, penso que segui o caminho deles e me permiti ir além, tendo em vista as condições que eles me proporcionaram.

Meu pai vem de uma família com poucos recursos e muita determinação. Perdeu o pai dele aos 13 anos e acabou assumindo toda a família, nove irmãos e a mãe. Saiu da roça, foi para a cidade trabalhar em um banco. Começou como faxineiro e, a partir da dedicação que sempre teve, foi crescendo na instituição até se tornar gerente. Ao longo desse tempo, estudou, terminou o ensino médio e fez a faculdade de Direito que, posteriormente, o ajudou a ser assessor de um deputado na Câmara Legislativa do DF.

Minha mãe foi praticamente criada pelo tio e pela avó, minha bisavó. Isso porque a mãe dela teve a coragem de sair de um casamento abusivo e se dedicar aos estudos e mais tarde à carreira como enfermeira. Minha avó foi uma mulher inspiradora, em muitos sentidos. Abriu mão da boa situação financeira que meu avô tinha para ir atrás dos seus sonhos e, de fato, conquistou tudo o que queria. Penso que essa força e coragem que sempre observei na minha avó foram fatores muito importantes para minha jornada.

Por sua vez, minha mãe também passou muitas necessidades para que minha avó pudesse seguir seus sonhos, pois naquela época uma mulher "desquitada" não tinha direito a nada, pensão ou patrimônio. Mesmo com a ausência da minha avó, minha mãe se tornou uma mulher muito amorosa e dedicada à família e também estudou, se formou em Direito e, depois de muito tempo de dedicação à família, voltou a trabalhar. Vejo que esse lugar de amor que ela proporcionou me deu um suporte emocional importante em toda a minha vida pessoal e profissional.

Sei que cada uma de nós tem sua história, seus desafios que são únicos, mas vejo que o mais importante é honrarmos nossa história, nossos pais pelo dom da vida que recebemos por meio deles e pelo que foi possível fazerem por nós, dentro das possibilidades que tiveram.

Lembre-se de que cada um tem exatamente o que precisa para sua trajetória de vida.

Minha trajetória

Sempre fui estimulada a trabalhar desde cedo, comecei a trabalhar aos 13 anos, inicialmente como modelo, depois trabalhei como vendedora em loja, tudo era motivo de aprendizado para mim. Estudei a maior parte do tempo em escolas públicas e um pequeno período em uma escola particular que tinha uma bolsa, mas para isso tinha que manter minhas notas acima da média.

No ensino médio, ia para a escola pela manhã, à tarde trabalhava em loja e à noite fazia cursinho pré-vestibular. Essa experiência foi muito rica, pois desde muito nova aprendi a ter responsabilidade e percebi que era capaz de trabalhar e estudar.

Sempre fui mais ligada à área de humanas e, pelos motivos que discorri acima, acabei decidindo fazer vestibular para Direito. Prestei vestibular na Universidade de Brasília, mas não consegui passar, então fiz o exame para uma faculdade particular, passei aos 18 anos em Direito e continuei trabalhando.

Depois de aproximadamente dois anos na faculdade, consegui um estágio no Superior Tribunal de Justiça, local em que trabalhei com pesquisa de jurisprudência e, posteriormente, no gabinete do ministro Vicente Cernicchiaro, onde pude aprender muito.

Por onde passava, sempre buscava fazer o meu melhor, tanto na faculdade como no trabalho e no estágio. Foi assim que o ministro pediu para que continuasse como estagiária até ele se aposentar. Foi um período muito rico tanto na minha vida pessoal, por conviver com pessoas mais experientes, como também na profissional, tendo em vista o aprendizado que obtive.

Quando me formei, meu pai trabalhava como assessor na Câmara Legislativa do DF, tinha um cargo de confiança, o que gerava uma instabilidade financeira para a família. Por isso, decidi me dedicar a estudar para concurso público, buscando primeiro uma segurança financeira.

Passei três anos estudando, com dois anos de estudo passei na primeira fase do concurso de analista da Câmara dos Deputados e acabei sendo reprovada na segunda fase, que era uma dissertação. Naquela época, fiquei muito frustrada, mas hoje vejo que foi o melhor para minha trajetória.

Olhando para trás, percebo que, quando fazemos a nossa parte, as portas se abrem na direção que realmente tem a ver com o nosso propósito de vida, mesmo que naquele momento não tenhamos o entendimento necessário. Ou seja, muitas vezes, o que buscamos pode não acontecer da maneira que esperamos, mas sempre será da forma que precisamos para chegarmos ao lugar certo, desde que tenhamos persistência e flexibilidade para observar e acolher os movimentos que a vida nos oferece.

Foi assim que continuei estudando e passei no concurso para advogada da Empresa Brasileira de Correios e Telégrafos. Quando entrei nos Correios, aos 24 anos, me deparei com uma empresa rígida, o que foi difícil para mim, pois era uma jovem muito criativa.

Hoje, agradeço por tudo que aprendi enquanto estive nos Correios, aos amigos que fiz e que, quase 20 anos depois, ainda tenho, com as pessoas que conheci e com as diferentes experiências que obtive.

Nos Correios, trabalhei no Departamento Jurídico prestando consultoria na área de licitações, depois na de patrocínios. Em razão do trabalho que desenvolvi, tive a oportunidade de trabalhar no Departamento de Marketing da empresa, organizando os processos de patrocínio. Foi assim que, naquela época, os Correios se tornaram referência nesses processos, e então fui convidada pela Secretaria de Comunicação da Presidência da República para participar da primeira instrução normativa que disciplinava os patrocínios para as empresas estatais.

Posteriormente, tive a oportunidade de ser requisitada para a Defensoria Pública da União como assessora e aceitei, mesmo abrindo mão da função que tinha nos Correios, mas pensando em ter novas experiências.

Primeiramente, trabalhei com Direito Previdenciário, depois na área Cível e posteriormente com Direito Criminal. Foi um aprendizado muito rico em vários sentidos, tanto pessoal, como profissional.

Além disso, desenvolvi minha carreira como advogada, atualmente voltada para o Direito de Família e Sucessões.

Olhando para trás, percebo também a importância de fazer estágio em um escritório de advocacia, pois é uma experiência muito rica que contribuirá mais tarde na sua profissão. No meu caso, não tive essa experiência, por isso no início foi mais desafiador advogar, vejo que o ideal é iniciar estagiando, tanto para ter contato com a realidade da advocacia, como para ter mais experiência quando advogar ou mesmo nas carreiras jurídicas.

O olhar sistêmico no Direito de Família e Sucessões

Pouco antes de me formar, meu irmão se divorciou, tinha uma filha menor, foi um divórcio litigioso que trouxe impactos para toda a família e ainda hoje, mais de 20 anos depois, percebo o quanto a forma como todo o processo de divórcio, guarda e pensão foi conduzido afetam nossa família.

Hoje, vi que acabei me dedicando ao Direito de Família em razão da história do meu sistema familiar.

Acredito que muitas vezes onde está nossa maior dor é também onde está a oportunidade de maior aprendizado para nos capacitar a estar a serviço, ajudando pessoas que passam por situações semelhantes.

No Direito de Sucessões, foi também uma situação parecida, o primeiro inventário que fiz foi o da minha avó materna e alguns desentendimentos com o meu tio reverberaram por muito tempo.

Percebo que sempre busquei soluções pacíficas para os conflitos que os clientes me apresentavam, hoje vejo que já ansiava por atuar com a advocacia sistêmica, antes mesmo de ter contato com essa abordagem.

Depois de muitos anos advogando, e já cansada das demandas litigiosas e processos que pareciam não ter fim, decidi fazer uma formação em Constelação Familiar e, naquela época, descobri o Direito Sistêmico.

Foi assim que passei a aplicar a abordagem sistêmica na advocacia, mostrando para os envolvidos a importância de observar as leis sistêmicas da hierarquia, do pertencimento e da reciprocidade.

Dessa forma, tenho percebido, com frequência, uma mudança de postura dos clientes, que tendem a buscar soluções mais equilibradas, harmônicas e pacíficas para todos os envolvidos.

Posso dizer que essa atuação sistêmica foi um divisor de águas na minha vida profissional, pois a advocacia se tornou mais leve e prazerosa para mim e percebo que os clientes também constroem soluções mais harmônicas e equilibradas para todo o sistema.

Por isso, hoje me dedico à advocacia e consultoria sistêmica e também a ministrar palestras e cursos nessa área, buscando compartilhar esse novo olhar com os profissionais do Direito.

O segredo do sucesso

A partir da experiência que tive ao longo desses 20 anos, posso dizer que o segredo do sucesso é encontrar uma área de atuação em que você se sinta útil e realizada.

Quando atendo um(a) cliente, estou a serviço dele(a), disponível, presente para acolher as dores, medos e tudo o que ele(a) precisar compartilhar, para a partir daí construirmos a melhor solução para a questão apresentada.

Esse lugar de escuta e acolhimento é um dom do feminino que nós, mulheres, temos naturalmente e que está a nosso favor tanto em relação ao cliente como diante dos magistrados.

Nesse sentido, vou compartilhar uma experiência de um processo em que atuei. Era uma ação difícil para o meu cliente, pois ele já tinha perdido em primeira instância e precisávamos sensibilizar os desembargadores para que pudessem observar as peculiaridades do caso. Então, fiz uma sustentação oral, a partir desse olhar do feminino, demonstrando as peculiaridades daquele caso, a fim de sensibilizar os desembargadores e, a partir disso, o relator, que já tinha proferido um voto contrário ao meu cliente, modificou seu voto, e o outro desembargador pediu vista para analisar o caso com mais profundidade e, posteriormente, proferiu um voto favorável também e tudo isso foi possível por acreditar no meu trabalho e na importância da sensibilidade feminina.

Destaco que todos têm capacidade de acessar essa sensibilidade, tanto mulheres como homens, mas percebo uma tendência de nós mulheres em não dar a devida importância a nossa sensibilidade, isso porque, por muitas décadas, as características intrínsecas ao feminino sofreram sucessivas desqualificações pela sociedade.

Por isso, ressalto a importância de resgatarmos esse dom que nós mulheres temos naturalmente, da intuição, da sensibilidade para agregar ao nosso trabalho, tanto no acolhimento e escuta ao cliente, como na condução da melhor estratégia processual.

Quando é possível agregar o olhar lógico do masculino com a sensibilidade do feminino abre-se lugar ao equilíbrio nas relações e, por consequência, na nossa vida profissional.

E, por fim, o que considero mais importante é se abrir para as experiências que a vida oferece até encontrar o seu lugar no mundo, onde você possa se sentir realizada e feliz em servir, pois o crescimento profissional e o sucesso financeiro são fruto disso, de servir com amor e gratidão.

Aprendendo amiúde

Lucimar Maria da Silva

27

Lucimar Maria da Silva

Advogada, com atuação multidisciplinar, maior prática nas áreas cível, trabalhista e revisão de contratos empresariais. Consultora Jurídica na emissão de manifestações e pareceres em matérias de licitações e contratos para o Sebrae-SP. Mestre em Direito, com área de concentração em Justiça, Empresa e Sustentabilidade, pós-graduada em Direito Constitucional e em Docência no Ensino Superior. Experiência profissional também em administração de plano de previdência privada fechada, departamento pessoal e como docente de ensino superior.

Acesso LinkedIn:

No Direito, o costume é contar as histórias dos outros, as posições dos doutrinadores e as jurisprudências dos tribunais, difícil ser o sujeito do verbo.

Meu perfil como profissional se iniciou muito antes de cursar essa ciência social aplicada, ou seja, o curso de Direito. Desse modo, tenho que lhe contar as influências familiares, corporativas e sociais para construção das competências adquiridas.

Da minha mãe, prática, dedicada, amorosa, protetora e excelente nas atividades manuais, veio o incentivo para estudar muito e o exemplo de que posso criar, inventar, aprimorar, para trazer o sustento da família.

É fácil sentir as recordações da infância, enquanto brincava no quintal de terra ou fazia uma pequena atividade doméstica, escutava o barulho da velha máquina de costurar e via a criação das mochilas, saias, calças, blusas, vestidos, jardineiras, etc. De jeans ou de tecidos mais finos, em outros momentos, lembro-me dos cheiros das massas e recheios dos salgados (coxinhas, risoles, bolinhos de queijo ou carne e outros) vindos da cozinha. Assim, da vestimenta aos alimentos, tudo era vendido rapidamente pelas mesmas mãos da criadora. Hoje, fico muito feliz que as mãos de minha mãe possam se dedicar à pintura em tela ou às contas do terço das suas orações diárias.

Do meu pai, trabalhador, sonhador, amoroso, de trato igualitário na forma de incentivar o trabalho e o estudo para minha irmã, para mim e meu irmão, veio o exemplo de nunca reclamar de horários ou condições de seu trabalho pesado na construção civil, da paciência e otimismo na solução dos problemas, no aperfeiçoamento autodidata de aprendizagem das etapas de uma obra e na coragem de deixar a carteira de trabalho assinada para se tornar autônomo.

Minha mãe nasceu no interior de São Paulo e ainda criança foi para o nordeste, local em que meu pai nasceu e cresceu. Juntos, após o casamento vieram para São Paulo, em que eu e meus irmãos nascemos e crescemos.

Meus pais não terminaram o ensino fundamental, acredito que a força que possuem é fruto da resiliência do cultivo da terra no sertão pernambucano. Tenho muito orgulho da força do trabalho na origem da família e aproveito do amor agregador e protetor enraizado nessa mesma origem.

Decidi, aos 12 anos, tricotar e vender blusas de lã, uma atividade demorada e com pouco lucro.

No primeiro ano do ensino médio e técnico em Administração de Empresas, trabalhei em uma imobiliária, como era a única empregada, tinha a responsabilidade de abrir e limpar o local, atender as ligações, arrumar os arquivos e o que mais aparecesse de trabalho, e pouco tempo depois consegui meu primeiro estágio.

O fardo de papel higiênico

Era uma pequena empresa de desenvolvimento de *softwares*, recebia uma bolsa-auxílio e vale transporte (na época em bilhete), o qual economizava, andando diariamente do Parque Dom Pedro até a Praça da República, com a finalidade de trocar os bilhetes que sobravam por bolacha nos camelôs.

No início auxiliava na organização dos arquivos e documentos, nas recepções e *coffee break* nos dias dos cursos para os clientes, depois comecei a fazer cotações e compras de todos os itens para a empresa e até para a bebê do casal proprietário, quando os locais não entregavam as mercadorias eu mesma buscava e transportava para o escritório. Lembro-me até hoje do dia em que atravessei a Praça da República com um grande pacote de papel higiênico, que em decorrência da largura e tamanho me dificultava a visão do caminho, e neste trajeto foi que descobri que o fardo pode ser grande e ao mesmo tempo leve.

As folhas de pagamento

Participei de outra seleção, passei, comecei a estagiar para um pequeno grupo econômico, que prestava serviços para a Telesp, e aqui já adianto que depois da privatização, a pequena empresa faliu de fato.

Mas antes da falência foi possível aprender muito lá, em especial sobre Direito do Trabalho. Como dito, comecei como estagiária, em pouco tempo fui contratada como empregada no cargo de auxiliar de departamento pessoal, passei posteriormente para assistente e saí de lá como analista, sempre nesse departamento.

Por solicitação dessa empresa, meus pais me emanciparam e, após isso, acumulei as atividades de preposta da empresa em audiências trabalhistas.

Neste período terminei meu ensino médio e iniciei meu curso de graduação em Direito.

O contato com a disciplina de introdução ao Direito no ensino médio técnico e a proximidade com o Direito do Trabalho, no departamento pessoal e as audiências trabalhistas foram determinantes para minha escolha do curso de Direito na graduação (quase fiz Engenharia).

Nessa empresa, dou destaque para minha supervisora, por muito tempo ficamos apenas nós duas no departamento, ela fez questão de me ensinar tudo, cada detalhe, cada documento, cada lançamento das remunerações e benefícios; antes de dominar um conhecimento, ela já cumulava outra responsabilidade, me levava em todos os treinamentos, internos e externos. Eu achava estranho, até quando ela fazia as tarefas pedia que eu corrigisse, isso desde quando era auxiliar.

Hoje, vejo que ela era uma verdadeira líder, preparou-me a tal ponto que quando ela ficou doente e precisou se ausentar eu, ainda uma auxiliar, tive que fazer sozinha, as folhas de pagamento das empresas, e depois disso, além de receber uma promoção, acreditei que conseguiria aprender e fazer tudo, bastava foco e dedicação.

Já estava no segundo ano da graduação de Direito quando fui demitida e a empresa faliu de fato.

Em pouco tempo, uma vizinha e amiga da família me apresentou para uma vaga na empresa em que ela trabalhava, era uma empresa multinacional, a matriz ficava na França, atuava no desenvolvimento e administração de planos de previdência privada fechada. Passei na seleção e imediatamente iniciei na nova atividade.

Trocando a roda do carro em movimento e a OAB

Além de aprender sobre a nova área e atividades, leitura de vários regulamentos (uma para cada cliente), correções de relatórios, também fazia parte do trabalho a identificação dos erros e necessidades do sistema e reuniões com a equipe de tecnologia, pois trabalhávamos com um que estava em construção.

Foi uma excelente experiência, ampliou muito minha visão de funcionamento de uma grande organização sobre desenvolvimento e trabalho em equipe.

O tempo passou muito rápido, era muito trabalho, muitas horas no trânsito (nessa época morava e estudava na zona leste e trabalhava na zona sul), muitos cursos, reuniões, e quando menos percebi já estava formada, com a carteira da OAB e podia advogar, mas na empresa não havia departamento jurídico.

Sou a primeira da família a cursar Direito, quando entrei no curso nem sabia da existência de uma prova da OAB, mas na primeira tentativa e sem nunca ter estagiado passei, isso só foi possível porque estudava muito, todas as disciplinas, durante os cinco anos.

Em uma bela manhã, fui receber minha carteira da OAB, logo em seguida retornei direto para meu trabalho, coloquei a carteira na mesa e fiquei apenas olhando-a, sabia que não podia mais adiar minha saída, eu queria advogar, neste momento percebi que minha colega da mesa ao lado estava me olhando e entendendo meus pensamentos.

Em poucos meses pedi demissão, deixei um excelente salário e benefícios, colegas maravilhosos, para prestar serviços no departamento jurídico de uma pequena empresa familiar na Praça João Mendes, no belo e velho Centro de São Paulo, sem registro, sem benefícios e recebendo um valor bem inferior.

Advogando, aprendendo, ensinando e o grande evento

Como não seria registrada, atuaria como profissional liberal, negociei que poderia atender meus futuros clientes na bela sala de reunião da empresa, olhando a impactante biblioteca.

No começo era apenas eu como advogada, uma estagiária e mais três colaboradoras no suporte administrativo. Já iniciei a carreira jurídica com aproximadamente 2.000 processos, em sua maioria do cliente Consórcio Nacional Honda, além de outros pequenos clientes nas áreas cível e trabalhista.

Era advocacia de massa, arquivos cinzas enfileirados, analisei pasta por pasta, processo por processo, e assim aprendi organização de tempo, separação por prazos processuais, redigir desde uma simples petição de juntada até os recursos extraordinários ou especiais e conheci vários aeroportos e fóruns de Comarcas espalhadas pelo Brasil.

O que me incomodava era ter que pedir a prisão de depositário infiel, quando o veículo não era localizado; após a prisão o pagamento sempre era efetuado pelos familiares do devedor, em sua maioria pessoas sem conhecimento jurídico e com poucos recursos financeiros. Assim logo após o pagamento eu mesma despachava com o juiz para emissão do alvará de soltura, fazia todo o trâmite, que deveria ser feito por um advogado (que não existia) do devedor, e desta forma me sentia melhor.

Gosto muito de estudar, sempre estou fazendo algum curso e nesse período foi possível fazer uma pós-graduação, nela aprofundei conhecimentos e conheci quem seria meu futuro marido.

Muito importante esse encontro, pois achei um ser humano totalmente diferente de mim, que me completou na vida e na profissão, ter uma pessoa que a admira, a incentiva, a ajuda, a faz rir, que divide objetivos e conquistas, lhe mostra as belezas de lugares, comidas novas e ainda que ama advogar facilita bastante; não foi amor à primeira vista, mas foi a primeira vez que uni amor, paixão, visão de mundo e objetivos, desde o início não tive dúvida de que ele seria meu companheiro de vida.

Continuei advogando e concomitantemente iniciei como professora em uma grande universidade, já sabia que gostava de ensinar, mas nunca tinha planejado uma carreira acadêmica, um colega comentou sobre a vaga, interessei-me, participei e passei no processo seletivo. Depois de alguns meses, meu marido, na época namorado, também foi contratado como professor na mesma instituição.

Advogávamos como profissionais liberais, ministrávamos aulas e iniciamos a compra de nosso primeiro imóvel.

Alguns anos depois, uma nova oportunidade de trabalho, também como profissional liberal, desta vez a empresa tinha como clientes instituições financeiras (bancos HSBC e Daycoval), os tipos de ações seriam os mesmos. Então aceitei, porque teria a oportunidade de estruturar o departamento jurídico da filial de São Paulo, a matriz ficava no Rio de Janeiro, e porque teria a chance de trabalhar com meu irmão, que era o gerente da filial. Aprendi muito com o caçula da família, que sempre teve a veia empreendedora e qualidades para liderança, hoje ele tem sua própria empresa na área de reformas e minha querida irmã, a primogênita e arquiteta da família, é quem trabalha com ele, e eu fui para a carreira solo.

Foi uma grande experiência iniciar do zero um departamento jurídico, melhor ainda, foi o grande evento neste período de transição, pois tive a alegria de dividir com familiares, amigos, vizinhos, meus colegas de trabalho (antigos e novos) um dos dias mais felizes de minha vida, o dia do meu casamento.

Momento de gerar

Atuando como advogada, agora apenas com meus próprios clientes e ministrando aulas, foquei em uma nova pós-graduação, desta vez na área da educação, a qual foi emendada com o mestrado, esse na área jurídica.

Era meu momento de gerar, não apenas na área acadêmica, mas também na vida, perdi meu primeiro bebê bem no início da gestação, foi muito triste, até hoje sinto que tenho um anjinho no céu. Minha segunda gestação foi bem tranquila, mas tenho de confessar que tive muito apoio, suporte, amor e dedicação de meu companheiro de vida, da minha família e da família do meu marido, eles se anteciparam às minhas necessidades, sem eles, talvez esse momento de gerar não tivesse sido tão lindo.

Na minha qualificação do mestrado já estava gestante, escrevi e defendi minha dissertação com minha filhinha nos braços e no peito, amamentei muito, foi difícil, mas foi uma fase bastante rica, de essência humana, estava devolvendo à sociedade, no mesmo período, a vida e conhecimentos que recebi.

O nascimento de minha filha me transformou muito, eu era uma mãe e queria estar presente nos cuidados do seu dia a dia e junto com meu marido não renunciamos a isso até hoje, participamos ativamente de todas as fases e temos agora uma menina com seis aninhos, alegre, saudável, comunicativa, carinhosa, o amor de nossas vidas.

Não deixei de trabalhar nos andamentos processuais e assim que terminou a licença-maternidade também retornei para a sala de aula.

Resgatando competência ou um (re)começo

Estava feliz com meus processos, minhas aulas e de repente uma pandemia, audiências, aulas remotas nossas e de nossa filha, cumulados com as tarefas domésticas e o coração sempre em oração para proteção da saúde da família e da população brasileira.

Em pouco tempo, a universidade em que trabalhávamos perdeu uma enorme quantidade de alunos e em junho de 2020 praticamente todos os antigos professores foram demitidos, eu e meu marido também fomos, já tínhamos 13 anos de sala de aula.

Continuávamos com nossos trabalhos e processos, mas doeu muito ficar sem a sala de aula, mesmo que remota, pois amamos ensinar.

Em julho iniciei uma negociação e em agosto comecei a prestar serviços para um escritório de advocacia na revisão e confecção de contratos empresariais de grandes empresas, ficava horas analisando as várias páginas, estudando sobre os objetos daqueles pactos e percebi que estava gostando muito da advocacia consultiva, porque até então acreditava que minha realização era apenas o contencioso.

Em março de 2021, surgiu uma nova oportunidade de trabalho para prestação de serviços na Unidade Jurídica do Sebrae, em especial, para os projetos voltados para a inovação, juntamente com emissão de manifestações e pareceres jurídicos para licitações e contratos, ou seja, para o consultivo.

Se nesta pandemia muito perdi, também posso dizer que muito ganhei e aprendi, na (re)descoberta e exercício da advocacia consultiva.

As atividades profissionais se transformam, temos que acompanhar essas mudanças, mas não podemos perder nossa humanidade, a realização profissional não é apenas financeira, mas principalmente a diferença que você fará para a sociedade e ao mesmo tempo ser feliz.

Minha carreira nunca foi planejada, foi acontecendo, surgindo, a cada chance me dedicando ao máximo, neste momento estou amando estudar temas sobre inovação, *startups* e novos negócios, aprendendo amiúde.

Os temas que terei de estudar na próxima semana ainda não sei, só sei que terminado este capítulo tenho dois banheiros para lavar, que a pandemia ainda não terminou, mas agora temos a esperança do recomeço, temos vacina e proteção.

O poder da argumentação e a sua leveza!

Marcela de Brito

28

Marcela de Brito

Advogada graduada em Direito pela Faculdade de Direito de São Bernardo do Campo, com atuação em Direito Empresarial em questões ligadas à recuperação de crédito e negócios imobiliários e Direito de Família e das Sucessões em questões ligadas a empresas, como Planejamento Sucessório Empresarial e Holdings Patrimoniais. Pós-Graduada - LL.C em Direito Empresarial pelo Insper, em Direito e Negócios Imobiliários pela Universidade Damásio, e em Direito de Família e das Sucessões pela Universidade Damásio.

Acesso LinkedIn:

Os detalhes que viram inspirações

Vim de uma família que desde a origem foi muito numerosa, então pude crescer cercada de familiares com muito amor e carinho. Minha infância foi feliz, com muitos primos para compartilhar momentos e aprender desde cedo a importância do companheirismo. Tive uma irmã quando eu já era mais mocinha, foi o presente que mais pedi aos meus pais, então desde cedo aprendi na prática os cuidados de um bebê, já que eu tinha uma boneca particular.

Sempre fui muito apegada, em especial, a minha mãe, minha avó materna e meu tio que tem problemas psicológicos, minha mãe precisava trabalhar e eu passava as tardes com eles após a escola, via tanto na minha avó quanto na minha mãe a força de mulheres guerreiras cumprindo com suas obrigações e responsabilidades apesar das adversidades. No meu tio eu vi a importância do amor ao próximo, como ele tinha problemas psicológicos apesar de já adulto tinha a mentalidade de uma criança, sendo assim meu companheiro de atividades nas tardes, então acabei vendo nesta convivência a necessidade do cuidado e em troca recebia o mais puro amor, mesmo sendo apenas duas crianças.

Desde criança fui muito comunicativa, falante, questionadora, gostava de cativar as pessoas e na minha adolescência não foi muito diferente, vivia cercada de colegas, primos e amigos, participava de todos os eventos possíveis, mas minha lealdade mesmo era com as verdadeiras amizades, que trago até hoje no coração.

Quando o assunto era ajudar essas amizades verdadeiras, não deixava de empregar os melhores esforços, arquitetava todos os planos e sempre me colocava à disposição para tudo, até mesmo fama de briguenta levei e levo até hoje por isso. Mas isso nunca me importou, desde que todos que eu amo estejam bem, está tudo certo.

No final da minha adolescência, já entrando na maioridade, pude participar de um intercâmbio no Equador, através de um projeto do Rotary Internacional. Nesse ano que morei fora, compartilhei minha rotina com três famílias diferentes, passei por dificuldades de adaptação, mas no fim fui embora querendo ficar, de tão enriquecedora e importante que foi essa experiência na minha vida.

Além das pessoas do país, conheci também mais de 400 intercambistas de diversas nacionalidades na mesma situação que eu e ali aprendi de verdade a importância de respeitar o outro, apesar das suas crenças, costumes ou posição social. Tive contato tanto com a parte da população carente de um país menos desenvolvido que o Brasil, quanto com a classe privilegiada, tendo um impacto sociológico para mim ainda maior, me fazendo ver o quanto eu queria ajudar as pessoas no decorrer da minha vida.

Na faculdade tinha certeza desde o primeiro dia da profissão que havia escolhido e assistia às aulas com o interesse de entender cada vez mais o quanto eu poderia ajudar as pessoas. Conheci na faculdade pessoas incríveis e tenho contato até hoje com a maioria, com elas aprendi a compartilhar conhecimento e que, apesar de gostar de fazer as coisas sozinha, precisamos sim da ajuda de outras pessoas, e me ensinaram muito sobre o trabalho em equipe.

Como tive minha família muito presente em todos os momentos da minha vida, no meu interior sempre tive como ideal constituir uma família, acabei me casando nova e tendo o apoio do meu companheiro na época em tudo que eu fiz, mas ao longo desta jornada me decepcionei um pouco com esta ideia e me divorciei.

Contudo, como uma capricorniana nata, não desisti dos meus sonhos e sigo hoje com o que o destino me trouxe, um amor da infância, que me dá forças para lutar e me incentiva cada dia mais a ser uma pessoa e uma profissional ainda melhor.

O despertar da vocação para o Direito

No ensino médio eu estudei em um colégio técnico que tinha na grade matérias diferentes e profissionalizantes, e em uma destas aulas passei por um episódio com um professor de Direito que até hoje guardo com carinho, foi o estopim para a escolha da profissão que sigo até hoje. Em uma aula normal o professor falava sobre o dever das empresas de serem honestas com seus clientes e consumidores, dando exemplos práticos de situações cotidianas, o que me provocou a agir desta forma em uma ocasião logo na semana em que tive essa aula.

Fui com a minha mãe a um mercado e resolvi que queria comprar um iogurte específico, porém não queria o pacote com as seis unidades, assim o abri e selecionei apenas os sabores que eu consumia e queria pagar apenas por eles. Minha mãe, já sabendo da aula que eu tive, me deixou livre para atuar da forma que havia aprendido, chegando ao caixa a funcionária informou que eu não poderia comprar apenas aquelas unidades, pois o preço era do pacote. Assim, com o discurso pronto, falei que o mercado estava errado e que o consumidor tinha de pagar pelo que estava comprando e não ser obrigado a levar mais só porque o fornecedor escolheu daquela forma.

Foi a maior confusão, mas no fim o mercado foi obrigado a cobrar o valor da unidade e eu saí feliz, com a sensação de dever cumprido, vendo como o poder da argumentação é importante, cabendo à própria pessoa fazer valer seus direitos.

A partir desse dia eu passei a olhar o mundo de outra forma, vi o quanto é importante o papel do advogado na sociedade e como eu queria fazer parte dessa construção sociológica, pelo menos com o mínimo de pessoas com que eu pudesse ter contato.

A construção de uma mulher profissional no Direito

Quando comecei meu curso na faculdade de Direito de São Bernardo do Campo, como qualquer jovem que inicia o seu sonhado curso fiquei maravilhada com tudo, cheguei em casa falando com os meus pais sobre o que aprendi e todos os livros que precisava comprar, o que não imaginava é que logo na primeira semana conversando com uma nova colega ela iria me indicar para uma entrevista de emprego.

Eu nem sabia o que era Direito formalmente ou qualquer outra coisa estudada na faculdade, mas com a imagem da minha mãe como exemplo e o pensamento de que eu precisava ser "dona de mim", de cara eu topei fazer a entrevista. Era um escritório grande, Salusse Marangoni Advogados, que representava empresas do varejo conhecidas na área do *marketplace*, assim, no dia seguinte, com mais cinco candidatos à vaga, participei do processo seletivo, e como uma ótima tagarela que sou e até então inexperiente no mundo profissional, falei sobre todas as minhas experiências para o advogado responsável pela entrevista, como o porquê de eu escolher essa profissão, como eu lidava com situações difíceis e por aí vai.

Quando saí da entrevista percebi que talvez tivesse falado demais e que poderia ter me prejudicado, mas por algum motivo que apenas depois eu vim saber - que foi "o carisma" -, o advogado gostou de mim e recebi a ligação de que estava contratada.

Nesse escritório permaneci por um ano e aprendi diversas coisas, desde o nome de um instituto jurídico básico até um procedimento corriqueiro da profissão de ir ao fórum e pedir um processo no balcão. As pessoas com quem cruzei no caminho sempre foram boas e prestativas comigo, não passei por muitos problemas profissionais nesse meio-tempo, mas aí logo no final desse trabalho, talvez por um momento de descuido meu nas atividades que fazia, passei por uma situação chata em que uma sócia entendeu que eu estava respondendo um e-mail de forma mal-educada, quando na verdade houve um erro de digitação nas palavras, o que logo depois começou a me deixar desanimada e resolvi sair.

Em seguida, já com um ano de experiência na área, conhecendo vários assuntos que ainda nem tinha visto na faculdade e vendo como escritórios grandes são impessoais nas relações com seus colaboradores, achei que seria interessante buscar novas oportunidades e experiências em escritórios menores, onde provavelmente eu teria mais contato com os processos e as atividades da profissão. Entrei em um escritório bem próximo da faculdade, Gaiozo, Babichak e Aronchi Advogados, local em que tive contato direto com todos os sócios, aprendi muito e me senti parte da família, o que me fez perceber que a minha escolha seria essa, trabalhar em um escritório em que eu achasse o meu lugar e a minha importância.

Depois de cerca de um ano e meio neste escritório, comecei a ver que, apesar de estar em um lugar em que eu gostava de trabalhar, precisava de novos desafios e sair da zona de conforto, foi quando eu entrei no escritório no qual estou até hoje, o Battaglia & Pedrosa Advogados.

Na entrevista para a vaga na qual eu entrei, passei por duas reuniões com os sócios e por alguma coincidência da vida o sócio-fundador do escritório já me conhecia desde os 15 anos, ele era membro do Clube Rotário que representei no meu intercâmbio na juventude, o que só me deu mais pontos na seletiva.

A virada para o caminho do sucesso

Neste escritório sim eu me encontrei, desde o início fui designada para trabalhar na equipe de um dos sócios, dr. Paulo André M. Pedrosa, que futuramente se tornou um dos meus melhores amigos, com ele aprendi muita coisa, passei por perrengues comuns da carreira de um advogado novo, mas sempre o tive como exemplo e inspiração.

E como nem sempre tudo é um mar de rosas, na minha trajetória no escritório tive dificuldades pessoais com alguns integrantes, muito por causa da minha personalidade forte e jeito questionador nas minhas colocações e posicionamentos.

Há quem diga que geralmente mulheres possuem problemas desse tipo por serem simplesmente do gênero feminino, mas na minha jornada em momento algum notei que fui injustiçada ou até mesmo desmerecida por ser mulher, pelo contrário, sempre senti o apoio de todos no sentido de que eu poderia ser uma ótima profissional, apenas dependia do meu esforço.

Em um desses dias em que eu tive problemas, o sócio-fundador do escritório, que já me conhecia e tinha talvez mais abertura para tratar de assuntos assim, me chamou para conversar e me explicou que eu estava com alguns problemas no escritório exatamente porque eu questionava muito as coisas e nem sempre as pessoas lidavam bem com isso. Esse foi um dia difícil para mim, eu nunca fui de mostrar minhas fraquezas para as pessoas e nesse dia eu desabei, chorei na frente dele e comecei a me observar mais.

Segui minha posição no escritório, mesmo sabendo que esse meu jeito poderia me atrapalhar, pois via que nos casos em que atuava essa minha característica era fundamental, não poderia demonstrar insegurança ou ouvir um não no Fórum e ir embora, deveria questionar até encontrar a solução.

Houve um caso específico nessa época no qual tive uma audiência em um caso de família em que eu estava um pouco receosa, quem atua nessa área sabe que audiência de família consome muito psicologicamente e você precisa estar muito centrada. Mas, no fim eu estava tão focada e seguindo minha essência, que deu tudo certo, o cliente me agradeceu imensamente e fez questão de frisar que a minha posição firme e incisiva foi o que ajudou o juiz a entender a nossa tese. Saí do fórum nesse dia feliz, com aquela mesma sensação de dever cumprido que eu senti anos atrás no episódio do mercado.

Foi quando eu passei a entender que aquela conversa de algum tempo atrás com o sócio do escritório me ajudou a focar no lugar certo, não mudei meu jeito, pois isso é minha essência desde criança, seria impossível, mas passei a analisar mais as relações interpessoais e entender que eu tinha que "ganhar" nas minhas batalhas com uma boa argumentação e com leveza.

Aí sim minha carreira deslanchou, fui assumindo cada vez mais responsabilidades, confiando mais nas pessoas, fazendo questão de interagir mais com os colegas de trabalho, tendo minha equipe, conquistando meu espaço e vendo que eu pertenço a este lugar.

Talvez não tão oportuno e até irônico, nesse meu melhor momento profissional, em que me sentia mais feliz e realizada, também era o momento em que eu me divorciei, mas utilizei isso como um gatilho ainda maior e hoje sou sócia do escritório, me vejo como parte da família BPADVOGADOS, luto pelo meu crescimento e de todos que caminham nesta jornada comigo.

Desde que saí da faculdade já há alguns anos me dediquei a minha profissão, vi como possível caminho para o sucesso me manter alerta e conectada nas atualizações e especialidades que escolhi, participei assim de seminários, fiz diversos cursos extracurriculares e pós-graduações em boas instituições, mantendo sempre o *networking* em dia, para me tornar cada vez mais uma pessoa e profissional melhor, e assim opino até hoje.

A grande verdade é que ser uma mulher no Direito nem sempre é fácil, você precisa ter suas bases fortes, agir com leveza e ainda assim não demonstrar suas fraquezas aos que querem vencê-la com elas próprias.

Como diz Melinda Gates: "Uma mulher com voz é, por definição, uma mulher forte", tudo depende de você, faça acontecer.

E para finalizar, tenho certeza que ainda há na minha jornada muitos desafios pela frente, mas espero poder contribuir na inspiração de vocês, nobres leitores, com um pouco da minha história.

A missão de ser comandante policial-militar

Márcia Regina da Silva Andrade

29

Márcia Regina da Silva Andrade

Tenente-Coronel da Polícia Militar do Estado de São Paulo. Bacharel em Ciências Policiais de Segurança e Ordem Pública, pela Academia de Polícia Militar do Barro Branco e em Educação Física pela Escola de Educação Física da Polícia Militar do Estado de São Paulo. Pós-graduada em Terapia Regressiva pela FACEI, possui especializações em Hatha Yoga, Yogaterapia e Yoga Clássico, Rebirthing, Psicologia Transpessoal, Psicodrama Interno Transgeracional, PNL Sistêmica e Eneagrama.

Acesso Instagram:

Começando pelo fim

Quinta-feira à noite, havia acabado de ligar o carro, pronta pra voltar pra casa. Segurei o volante e pensei: *Amanhã é o meu último dia de serviço na ativa!* E o que era para ser meu momento mais feliz passou a ser um tormento. Em vez de rir, comecei a chorar... Senti um peso, um grande aperto no coração, e não entendia o porquê. Como também sou terapeuta, passei imediatamente à autoinvestigação: *Por que estou reagindo assim? O que é isso que estou sentindo agora?* E a resposta veio, rápida como um relâmpago: *Estou abandonando meus homens!*

O pensamento era insano: não estava "abandonando" ninguém, só iria me aposentar, mas a angústia no peito dizia o contrário, e eu sabia que, se não encerrasse essa jornada honrando a cada familiar que me antecedeu, tanto na missão de liderar quanto de defender, bem como agradecendo a essa grandiosa instituição que, ao longo de seus 190 anos de história, vem defendendo a sociedade paulista, eu não voltaria a ter paz em meu coração...

O princípio de tudo

Sou a mais velha de três irmãos. Tivemos uma boa infância e, naquela época, eu passava metade do dia na escola e a outra metade na rua, brincando. Eu vivia machucada, joelho ralado, mordida de cachorro, não ligava. Quando pequena, eu dizia que seria professora, então nunca pensei que me tornaria policial.

Contudo, tinha um tio muito querido que era policial militar. Recordo-me especialmente de uma noite em que, fardado e de serviço, ele foi até nossa casa. Eu era pequena, cinco ou seis anos de idade, já estava pronta pra dormir. Quando a Veraneio da ROTA parou na frente de casa, toda a vizinhança saiu pra ver o que estava acontecendo. Eu saí correndo e me atirei nos braços do meu tio, que me ergueu em seu colo, onde me senti muito especial e admirada. Talvez esse tenha sido um gatilho inconsciente para o meu futuro na Polícia Militar.

Durante a adolescência não tinha ainda definido qual seria minha profissão. Ao término do 1º Grau, fiz um teste de orientação vocacional – cujo resultado, curiosamente, foi **carreiras militares**, mas acabei optando por frequentar um curso técnico em metalurgia, diante da promessa de conseguir um emprego logo depois da formação. Após realizar o estágio obrigatório, porém, fiquei desempregada e vi surgir em mim um despretensioso interesse pela carreira militar, enquanto buscava por algo em que pudesse conciliar a formação metalúrgica, como as Forças Armadas. Uma amiga me mostrou um artigo sobre a carreira de oficial da Polícia Militar do Estado de São Paulo numa revista para adolescentes, o que me despertou curiosidade. O texto detalhava a carreira e dava informações sobre o concurso público, para o qual me inscrevi, empolgada. Era um concurso com várias fases, e eu havia passado pela prova escrita, porém fui reprovada na fase médica. Foi naquele exato momento, em que me vi "inapta" para prosseguir nas demais fases do concurso, que percebi o quanto aquilo tudo era importante para mim.

Voltei pra casa triste e decepcionada, porém decidida a não desistir, então tentei novamente nos dois anos seguintes, até passar. Nesse ínterim, fui aprovada num concurso para o Tribunal de Justiça do Estado, e comecei a trabalhar num fórum, onde já cheguei anunciando: "É temporário, pois serei oficial da Polícia Militar!". Após a segunda reprovação, decidi que tentaria somente mais uma vez, pois estava bem empregada e poderia me dedicar à carreira jurídica. Então, finalmente consegui passar por todas as fases do concurso e, aos 21 anos de idade, ingressei como cadete na Academia de Polícia Militar do Barro Branco, onde passaria os próximos quatro anos em formação.

Os primeiros passos como cadete

Vencido o obstáculo inicial, rapidamente o sonho romantizado de ser oficial se transformou num grande desafio. Apesar de minha personalidade favorecer uma simbiose quase que perfeita aos preceitos e valores da Polícia Militar, sair do aconchego de casa tão jovem para me tornar militar não foi nada fácil. Além da necessidade de me adaptar a um ambiente prioritariamente masculino – nós, mulheres, representávamos apenas 10% do efetivo da turma, na época –, bem como ao convívio ininterrupto com os colegas de pelotão e de alojamento, pois vivíamos em regime de internato, éramos anualmente bombardeados por uma infinidade de disciplinas das mais variadas áreas relacionadas ao policiamento, Direito e militarismo.

Estudar muito e alcançar a média de nota obrigatória em cada matéria era requisito para ir para casa aos finais de semana. Os melhores colocados, ao longo dos quatro anos de curso, escolheriam as melhores unidades para trabalhar, assim, na época das provas, eu sempre ia dormir de madrugada, depois de estudar bastante.

A verdade é que foi uma constante a necessidade de provar que nós, mulheres, tínhamos competência e merecimento para estarmos ali, naquela carreira cuja presença feminina – quando ingressei – contabilizava pouco mais de 40 anos e exclusivamente voltada à área de atendimento social às mulheres e crianças. Assim, engolir "sapos" e o choro era uma praxe. Fiz parte da 5ª turma feminina a ingressar na "Escola de Comandantes" da PM paulista! Ali fomos "forjadas" ao perfil profissional desejado pela instituição, o qual me norteou ao longo dos últimos 28 anos de carreira. Descobri, naquela etapa da vida, a minha real vocação e orgulho em comandar! E, apesar dos inúmeros percalços vividos durante os quatro anos de formação, desistir nunca foi uma opção para mim.

O fardamento

Quando recebi a farda operacional para utilizar durante o curso e nos estágios de policiamento, levei tudo pra casa e, antes mesmo dos ajustes, fiz a primeira prova diante do espelho, só pra ver como ficaria fardada; a curiosidade era imensa e me senti a verdadeira autoridade. Sentia que havíamos sido feitas uma para a outra. Já na primeira vez em me desloquei fardada para casa, fiz questão de passar no fórum em que trabalhei e também no local em que minha mãe trabalhava, para que pudessem me ver.

Não era comum ver mulher fardada na rua em meados dos anos 90, especialmente exercendo função de comando, então, além do espanto inicial, sempre percebia a admiração das pessoas, principalmente de crianças e de outras mulheres, que acenavam para mim, na rua ou na viatura. Não raras vezes, em eventos em que o policiamento se fazia necessário, fui interpelada para ser fotografada ao lado de crianças que desejavam se tornar policiais quando crescessem. Nos desfiles militares, quando éramos destacadas para formar um pelotão só de mulheres, sempre éramos aplaudidas pela população, talvez por sermos jovens trajadas com nossas garbosas fardas de gala, o que sempre instigava o imaginário de outras jovens, também.

Aprendendo a servir e proteger

Ainda no segundo ano do curso, num sábado à noite, percebi na esquina de casa uma aglomeração de pessoas pouco usual. Estava de folga, porém, curiosa, me aproximei e descobri que, após um pequeno acidente de trânsito, os motoristas envolvidos estavam em desacordo. A motorista do carro à frente insistia em chamar uma viatura para registrar a ocorrência e os três rapazes que ocupavam o carro de trás acusavam-na de ter causado o acidente. Após me inteirar de tudo, me identifiquei como policial e expliquei-lhes que a ocorrência poderia ser lavrada diretamente num quartel da Polícia Militar, por uma ou ambas as partes. Troquei as informações essenciais entre ambos os motoristas, para encerrar aquela discussão, aguardei a moça ir embora e voltei pra casa. Durante o almoço do dia seguinte, a campainha de casa tocou e, ao atender, percebi a mesma mulher da véspera ao portão. Ela bateu de porta em porta na rua, me procurando, pra poder me agradecer, pois não tivera a oportunidade de fazê-lo na véspera, de tão nervosa que estava. Fiquei feliz por ter ajudado, grata pelo reconhecimento e soube, naquele momento, que estava no caminho certo.

Depois de formada, o desafio passou a ser o de administrar e fiscalizar a prestação de serviço por parte dos policiais nas ruas, e garantir que suas decisões fossem as mais adequadas possíveis no atendimento das ocorrências, já que lidamos com a vida e a liberdade das pessoas.

É certo que, às vésperas da formatura, o orgulho de ser comandante foi temporariamente substituído por uma ansiedade e insegurança crescentes. Sabia que era jovem e lidaria com inúmeros policiais com mais tempo de serviço do que eu tinha de idade, e cheguei a me perguntar se realmente sabia tudo o que seria necessário e se teria argumentos suficientes para lidar com policiais que trabalhavam diuturnamente no policiamento de rua. Aos poucos, porém, a insegurança deu lugar à certeza de que tudo daria certo se trabalhássemos em consonância com a legislação vigente, para o que havia sido tão pormenorizadamente preparada. Com o passar do tempo, percebi a importância de enfatizar para meus policiais que estaríamos sempre lidando com pessoas que contavam com o apoio policial-militar, como primeiros atendentes do poder público, para auxiliá-las no que fosse necessário. Na prática, seres humanos cuidando de outros seres humanos.

Ao longo da carreira fui entendendo a importância de compor a força pública de proteção da sociedade paulista. No início da carreira, minha maior disposição era para liderar, o que cheguei a fazer com uma rigidez de pensamento que me trouxe consequências físicas; somente após muito amadurecimento pude aos poucos me soltar e permitir que meus policiais se aproximassem mais da mulher por trás da farda.

A missão do coração

É necessário ter vocação para ser policial, porque fazemos aquilo que mais incomoda as pessoas: limitar comportamentos. Nem todos concordam ou colaboram para que haja ordem e paz na sociedade. Lidar com o ser humano já é naturalmente difícil; lidar com pessoas estressadas, que se consideram usurpadas em seus direitos, é desafiador. E lidar com infratores da lei, que não têm mais nada a perder e colocam em risco a própria vida e a de terceiros, é a grande prova vocacional.

E ser comandante na Polícia Militar é, sobretudo, ser gestor de pessoas e de recursos de policiamento em um determinado território. É necessário desenvolver uma visão holística, pois todos os fatores que envolvem a atividade de polícia estão correlacionados: homens, viaturas, coletes, armas, treinamento, território de atuação, incidência criminal, etc. Um bom comandante é, acima de tudo, um bom administrador, que sabe liderar pessoas, distribuir recursos, treinar e orientar seus homens, desembaraçar obstáculos e persistir, diante de todas as dificuldades que surgirem. É uma grande responsabilidade!

O ambiente militar é equânime na distribuição de tarefas. Aliás, essa é uma das premissas básicas: se você escolheu ser policial, tem que executar as mesmas tarefas, independentemente de qual seja o seu sexo, guardadas as proporções em relação às condições fisiológicas que diferenciam homens e mulheres. Entretanto, a quantidade de vagas destinadas ao ingresso de mulheres na instituição ainda é limitada, o que pode gerar reflexos ao longo da carreira, reduzindo a oportunidade de ascender às funções-chaves no alto comando institucional. É válido afirmar que a mulher policial-militar tem que se dedicar muito mais para se sobressair, dentre tantos homens, se quiser alcançar as funções estratégicas mais importantes. Nesse contexto, ser ou me fazer de forte o suficiente para "dar conta de tudo", com este objetivo, me trouxe "altos e baixos" emocionais, mas isso tudo foi só uma motivação a mais para continuar realizando aquilo que fazia meu coração vibrar!

Minha maior realização foi trabalhar com o que tocava o meu coração, dentro da instituição. Por isso, quando me percebi distante o suficiente para ajudar as pessoas fora da Polícia Militar, devido à ascensão profissional, comecei a me dedicar a ajudar as pessoas de dentro, ou seja, os próprios policiais militares. Somente assim me sentia cumprindo minha missão.

O que você precisa saber

Não é fácil liderar uma parcela da instituição que atua, padronizada e simultaneamente, em todo o Estado de São Paulo. São 100.000 homens e mulheres voltados a um mesmo objetivo: preservar a ordem pública. Esse objetivo deve estar impresso no jovem ingressante, mesmo antes de iniciar sua formação e ao término da qual fará um juramento mediante o qual prometerá dedicar-se integralmente ao serviço da pátria, cuja honra, integridade e instituições defenderá com o sacrifício da própria vida.

Então se hoje, já no final dessa jornada, alguém me perguntar como ser um policial militar de sucesso, eu perguntarei: "O que o(a) motiva? Qual o seu objetivo? A quais sacrifícios está disposto(a)?" Não é uma atividade fácil de exercer e, ainda, lidamos com situações de risco real ou iminente à vida e não raras vezes temos nossa integridade física ameaçada ou comprometida...

Tal escolha profissional repercutiu ao longo de toda a minha vida, pois nossa forma de ser e agir no dia a dia passa a ser ininterruptamente monitorada: passamos a ser exemplo de retidão. Toda a preparação e especialização técnica é fornecida pela própria instituição, mas a pergunta que o aspirante a policial tem que se fazer é: "Eu tenho respaldo emocional para lidar com situações de risco? Para lidar com multidões enfurecidas? Com pessoas feridas ou mortas? Para noticiar a morte de um filho acidentado para seus pais? Para ser autoridade e trazer bom senso em situações de caos?"

Parece desmotivador, deste ponto de vista, mas quando você perceber a gratidão nos olhos de uma mãe que recebe de volta seu filho desaparecido, de uma vítima de sequestro-relâmpago recém-liberta, de uma parturiente que deu à luz dentro da viatura, a caminho do hospital, ou nos olhos de uma criança cujo sonho é ser policial e que recebeu em sua casa a visita de vários policiais fardados, para comemorar seu aniversário, saberá que está fazendo exatamente o que nasceu pra fazer nesta existência, e que não haverá recompensa maior para alguém destinado a ser um defensor da sociedade!

Por que valeu a pena

Não sei ao certo se teria êxito exercendo outra profissão, mas uma certeza eu tenho: estava destinada a ser policial militar e, principalmente, a ser comandante! Acredito que todos nós tenhamos, em nossa ancestralidade próxima ou mais remota, pessoas que exerceram a função de guardiães ou defensores de tribos, clãs, reinados, povoados, etc., assim como também tivemos na história de nossa família várias pessoas que foram vítimas de grandes injustiças, quaisquer que sejam os locais e as épocas em que viveram. Por honra e gratidão a cada um deles, estou aqui, hoje, encerrando minha carreira na Polícia Militar!

Assim como em reconhecimento a cada uma das pessoas que cruzaram o meu caminho e me permitiram interferir em suas vidas, auxiliando-as num momento de sofrimento; enfim, por todas as grandes ou pequenas ações que pratiquei ou liderei, pois, no final, o objetivo é um só: solidariedade e ajuda ao próximo!

Então, se você tem um chamado, por menor que seja, para a atividade policial, sugiro que o ouça cuidadosamente! Investigue o quanto isso é realmente importante pra você. Você pode estar sendo chamada inconscientemente a honrar todos os grandes defensores missionários da sua família!

E, quando nossa alma está em sintonia com a daqueles que nos antecederam, alcançamos o propósito da nossa existência!

Uma jornada de conhecimento

Maria Angélica Netto Bellini

30

Maria Angélica Netto Bellini

26 anos. Membro da Comissão da Jovem Advocacia, da Comissão da Mulher Advogada e da Comissão de Direito Sistêmico da 12ª subseção da OAB. Graduada em Direito pela Universidade de Ribeirão Preto (2014 – 2019). Pós-graduada em Direito Civil e Direito Processual Civil pela Universidade de Ribeirão Preto (2019 – 2020). Pós-graduanda em Direito da Mulher, pelo Centro Universidade Uni Dom Bosco (2020 – atualmente). Foi estagiária do Tribunal Regional Eleitoral de São Paulo (2016 – 2017) e na Defensoria Pública do Estado de São Paulo (2017 – 2019).

Advogada desde agosto de 2019, atuando principalmente nas áreas de Direito Civil e Direito das Famílias.

Acesso LinkedIn:

Para uma pessoa que tem como profissão e hobby a escrita, foi realmente difícil encontrar as palavras certas para dar início a este capítulo.

Falar com os outros não é difícil. Expressar-me, em nome dos outros, acabou tornando-se algo rotineiro. Mas falar de mim... Bem, pergunto-me o que há de interessante para ser dito, a ponto de entreter a mente curiosa de quem está lendo isto?

Como filha única, confesso que fui criada quase dentro de uma redoma de vidro, longe dos perigos da vida e desconhecendo grandes frustrações. E talvez seja por esse motivo que nunca soube lidar muito bem com injustiças. Ou, melhor dizendo, com o que eu julgava ser uma injustiça. Quem sabe esse também seja o motivo pelo qual minha mãe costumava ouvir, nas reuniões escolares, reclamações a meu respeito, no sentido de eu sempre interferir em qualquer discussão ou briga que outras crianças estivessem tendo. Segundo os relatos da minha mãe, minhas professoras diziam que eu sempre me colocava a postos para defender um coleguinha, mesmo que ele ou ela não precisasse de defesa.

Minha mãe também costumava ouvir que eu era alguém que conversava muito e que, por isso, ao terminar minhas atividades em sala, não perdia tempo em "ajudar" meus colegas a terminarem suas atividades também para que, assim, pudéssemos brincar juntos. Nesse ponto admito que não havia muito altruísmo da minha parte. Eu apenas queria alguém para bater papo.

Por ter vários advogados e advogadas na família, parecia ser meio óbvio, para todo mundo, que o meu destino seria cursar Direito.

O problema é que isso não era algo tão óbvio para mim. Na verdade eu me sentia presa em uma nuvem cinza de incertezas. Tinha apenas 17 anos e precisava escolher que faculdade cursar, pensar no trabalho que teria para o resto da minha vida! Uma responsabilidade enorme, um peso gigantesco... Uma decisão a qual poucas pessoas estão prontas para tomar. A escola não nos ensina a ir para a vida, apenas a passar no vestibular.

Apesar de os meus pais nunca terem me pressionado acerca da escolha sobre curso ou faculdade, a pressão natural em cima de uma vestibulanda era o suficiente para tirar as minhas noites de sono.

De uma coisa eu tinha certeza: Direito estava fora das minhas opções!

Imagino que neste momento quem esteja lendo esta tentativa de autobiografia possa estar pensando... "Ué, mas como assim?" Lembro-me que quando realizei o famoso teste vocacional eu dizia que sonhava em ser reconhecida pelo meu trabalho, queria poder ajudar as pessoas, e queria, por óbvio, ter um bom retorno financeiro, dentre outras coisas. Ao final, as opções de cursos dadas para mim foram o Jornalismo, Artes Cênicas, Cinema e Direito. Mas o Direito estava fora de cogitação! A faculdade de Cinema segue sendo um sonho. Na época, fazia curso de teatro e, por mais que fosse uma das minhas paixões, não me via trabalhando na área. Cheguei a prestar vestibular para Jornalismo, mas o destino não estava do meu lado naquele dia. Ou, quem sabe, ele estivesse? Já que o fato de eu não ter sido aprovada em Jornalismo me levou a cursar... Direito.

O começo do curso foi, digamos, complicado. Todo início é. As matérias introdutórias não eram as mais atrativas e eu costumava me questionar sobre o porquê da existência delas na grade curricular – desculpem-me por isso, professores!

Com o passar dos meses, foi impossível não me apaixonar pelo Direito. A nossa Constituição Federal é linda, as nossas leis são extensas e, em sua maioria, justas. E eu estava pronta para ser a pessoa que estudaria cada uma delas para dar voz às pessoas que precisavam de ajuda, pois não conseguiam resolver seus problemas sozinhas.

A faculdade foi um período de mudanças. Por alguns momentos, questionei-me acerca do tipo de profissional que eu seria quando chegasse a hora. O Direito é um curso muitíssimo antigo, tradicional. O Poder Judiciário, como um todo, é rígido e não parece gostar de mudanças e atualidades. E nisso se incluem os profissionais da área, cuja maioria segue insistindo em manter a rigidez tradicional da profissão.

Eu não queria ser tradicional. Não me via sendo parte da "velha guarda". Afinal, as pessoas mudam todos os dias, o mundo muda todos os dias. O Direito e a forma de ser expressado, portanto, também deve ser mudado e melhorado todos os dias.

Minha experiência fazendo estágio na Defensoria Pública do Estado me mostrou que, ainda que eu fizesse parte de uma profissão tradicional, técnica, séria, isso não significava que **eu** precisaria ser uma profissional rígida. Aprendi que eu poderia sim ser empática, amorosa e respeitosa nos meus atendimentos. Aprendi que eu poderia sim sair da "caixinha" e olhar tudo o que existe fora dela.

Os cinco anos de faculdade foram momentos de várias dúvidas, mas também de infinitas certezas.

E então eu me formei.

E foi aqui que houve a maior mudança de toda a minha vida.

Porque, tal como ocorreu na escola, na faculdade ninguém sai preparado para o mercado de trabalho. Tampouco sai pronto para abrir o seu próprio escritório. Ou sai com o segredo para atrair clientes. A faculdade o ensina a passar na OAB. O resto? Bem, o resto é por sua conta.

E essa conta foi bastante pesada.

Como jovem advogada que sou (já que tenho dois anos de formada) não acumulo muitas experiências profissionais para compartilhar. Diferentemente das minhas colegas, com as quais tenho a honra de dividir as páginas desta obra, ainda não tenho grandes causas emblemáticas – até porque, com a mora do nosso Poder Judiciário, é meio difícil conseguirmos concluir um processo em um curto espaço de tempo, nos dias de hoje.

Mas tenho a minha experiência, como jovem advogada, para compartilhar. E é isso que pretendo fazer pelas próximas linhas.

Alguns dos meus colegas se deram muito bem como advogados e advogadas logo de cara. Mas eu me sentia presa, como se algo me impedisse de ir para frente. Levei bastante tempo para conseguir nomear o sentimento: medo. Medo do desconhecido. Porque, até então, tudo o que eu conhecia era o estado de estudante.

Veja bem, entrei na escola aos quatro anos de idade, no jardim de infância. E saí aos 23, quando me graduei na universidade. Foram 19 anos da minha vida sendo uma estudante, me identificando como estudante ao preencher uma ficha cadastral e pagando meia-entrada no cinema.

O estado de adulta, de advogada, de profissional, era algo totalmente novo para mim. Principalmente porque, durante a faculdade, o que não faltou foram discursos motivacionais sobre as maravilhas da advocacia. E eu sei que cada um deles foi verdadeiro. Só que o sucesso, o mesmo sucesso e reconhecimento que eu coloquei como meta no meu teste vocacional, não chega de um dia para o outro. E está tudo bem. Um bom caminho, sólido e próspero, não se constrói do dia para a noite.

O problema, contudo, chegou quando a razão cedeu lugar para a emoção, e a emoção tomou o nome de ansiedade. E se tem uma característica que me representa bem é a ansiedade. Soma-se a isso a constante comparação e temos o caos em pensamentos!

Se já nos comparamos no dia a dia, no início da carreira, então...

Algumas coisas tenho aprendido desde então.

A primeira delas é que cada pessoa tem um caminho próprio. E os passos que damos na nossa caminhada depende só de nós e das nossas escolhas. Até porque, não posso querer caminhar como Tício, seguindo os passos de Mévio, esperando alcançar o destino de Caio. Porque sou diferente de Tício, meus sonhos não são os mesmos de Mévio e meu futuro, ainda que diferente, será tão grandioso quanto o de Caio.

O segredo, o grande segredo, aquele que ninguém me contou durante a faculdade e acabei descobrindo ao longo desses dois anos de caminhada foi: é preciso começar. Começar bem ou mal, mas começar. O primeiro passo é sempre o mais difícil, mas sem ele como poderia iniciar a minha própria jornada?

Quando descobri que eu poderia sim sair da "caixinha", descobri também que existe um mundo de possibilidades. Quer dizer, ironicamente, a frase que mais ouvi durante toda a minha vida foi "o curso de Direito abre um leque de possibilidades", mas, depois de formada, eu estava tão centrada em seguir um só caminho, um caminho previamente planejado por mim mesma, que acabei, novamente, me fechando em uma "caixinha". E quando finalmente saí dela, encontrei uma infinidade de caminhos diferentes que poderia seguir... E como sou uma pessoa curiosa, me dei a liberdade de conhecer todos eles. Ou, ao menos, todos aqueles que fizerem sentido para mim.

Quem diz que a caminhada é fácil está mentindo. Mas quem fala que era impossível deveria ser condenado por disseminação de *fake news*.

Com escritório próprio ou não, trabalhando em casa ou alugando um imóvel, sendo advogado autônomo ou contratado... O que importa é começar. Até porque o mundo é muito grande, e o número dos problemas no mundo, entre as pessoas, só aumenta a cada dia. E isso significa que, da mesma forma que a velha e tradicional advocacia ocupa espaço há anos, também há espaço para você. A verdade é que há espaço para todo mundo. Seja atuando sozinho, seja atuando com outros colegas.

Neste início de carreira, tive a sorte de contar com o apoio de profissionais incríveis que têm me ajudado a crescer a cada dia, mas isso só aconteceu porque eu comecei. De alguma forma, eu comecei. Mais do que isso, eu mudei e me reinventei. E continuo mudando e me reinventando todos os dias.

Em uma conversa com uma colega da área, ela chegou a comentar que enxergava o pessoal do Direito com uma índole que se aproximava do egoísmo. Egoísmo no sentido de não quererem compartilhar informações, dicas, vivências, com medo de que o outro colega possa, de alguma forma, "passar na sua frente" em uma corrida profissional que não existe.

A Geração da Jovem Advocacia

A minha experiência, contudo, é 100% oposta a isso.

A jovem advocacia tem se mostrado muitíssimo acolhedora. Desde o dia em que recebi em mãos a minha carteira da OAB, e passei a ser parte da Comissão da Jovem Advocacia, tenho visto jovens advogados compartilhando informações corriqueiras, tirando dúvidas uns com os outros, sempre muito prestativos, algumas vezes até mesmo ingressando em um debate acerca de algum tema controverso, tudo com o objetivo de ajudar o colega ou a colega que acabou de ingressar na profissão.

E isso tem-se mostrado algo extremamente reconfortante. Porque são atos como esses que me mostram que não sou a única a não me identificar com a advocacia tradicional, a rígida e restrita advocacia, a advocacia solo e fechada dentro de uma "caixinha". E não tinha como ser diferente... Afinal de contas, nós, jovens advogados e jovens advogadas, somos o futuro da advocacia. Isso me conforta. E me enche de esperança.

Até porque, como a Constituição Federal diz: "O advogado é indispensável à administração da justiça". Somos indispensáveis e, mais do que isso, somos o futuro da Justiça.

Pois é, eu ainda tenho uma visão super-romântica do Direito... Me processe!

Além de ser membro da Comissão da Jovem Advocacia, atualmente sou membro da Comissão da Mulher Advogada, pois foi ali que encontrei o caminho para começar a fazer a diferença. Militar no feminismo, buscar por equidade de gênero, tanto no âmbito da sociedade civil quanto no âmbito institucional, tem sido uma experiência realmente transformadora.

Também me interessei muito pelo Direito Sistêmico, já que foi com essa abordagem que encontrei mais uma forma, mais um caminho, mais uma ferramenta, para estudar e aplicar o Direito, na prática, de forma mais justa, mais empática e sem julgamentos. E é isso que me tem movido desde então.

A verdade é que, como já dito anteriormente, posso não ter muitas experiências para compartilhar, mas isso é porque a minha história acabou de começar. O meu ciclo estudantil se encerrou – foi difícil no começo, é bem verdade – e então o meu ciclo profissional teve início. E eu ainda tenho um caminho enorme pela frente, caminho este que sei que será de momentos altos e baixos, talvez alguns desvios de percurso... Talvez, quem sabe, eu precise parar por alguns minutos para buscar por uma nova rota ou então mudar o tipo de condução... Mas o mais importante é chegar ao meu destino. E o nosso destino é a gente quem escolhe.

Siga em frente!

Por fim, gostaria de deixar registrada uma frase que me marcou muito e que, talvez, possa fazer sentido para você. Se for o caso, por favor, acolha a mensagem. Se não, apenas a ignore. E, independentemente da sua escolha, seja feliz e siga em frente.

> *"Embora ninguém possa voltar atrás e fazer um novo começo, qualquer um pode começar agora e fazer um novo fim."*
> (James R. Sherman)

Fecho este momento da minha trajetória com um conselho que, espero, fale alguma razão para você: começar, dar o primeiro passo, é sempre a parte mais difícil. Sair da zona de conforto não é fácil, e está tudo bem ter medo do desconhecido, só não deixe esse medo parar você. Erros são completamente naturais e, em alguns momentos, até mesmo esperados, mas a melhor parte de continuar em movimento é que sempre podemos tentar de novo e buscar um resultado diferente.

O sucesso não
ocorre por acaso

Neusa Ruana Netto Corniani

31

Neusa Ruana Netto Corniani

Advogada, cofundadora da Advocacia Corniani & Associados desde 1993. Brasileira, nascida em São Paulo Capital/SP, filha de Walter Netto e de Clarisse Ruana Netto, ambos *in memoriam*. Pós-graduada em Direito Sistêmico pela Hellinger Schule em parceria com a Innovare. Aluna das escolas: Pró Vida, fundador Celso Charuri; Pranic Healing, fundador MCKS; e Barras de Acess, fundador Gary Douglas.

Fundadora das empresas: VINCLL Comércio de Produtos e Serviços de Tecnologia e da MEI NR Corniani – Cuidar do Ser, serviços de técnicas integrativas e complementares à medicina tradicional. Está presidente da Comissão de Direito Sistêmico na Subseção 131ª Sumaré, interior de São Paulo.

Acesso Instagram:

"Dedico este capítulo a todos os excluídos ou relegados do meu sistema familiar. Foi a força deles, em razão de lealdades invisíveis, que despertou em mim o desejo de saber e de ser uma eterna aprendiz."

Neusa Ruana Netto Corniani

Escolhi esta profissão para fazer a diferença no meio social em que estava inserida e no que vivo, contribuir para a sociedade e ao mesmo tempo obter ganhos com a profissão, ademais, conhecer as leis, métodos de resolução de conflitos e poder exercitá-la sempre foi um grande ganho pessoal e ideológico. Não obstante, tinha em mente não trabalhar como empregada do setor público ou privado, mas ser a responsável direta pelo meu futuro.

Por exemplo, "cito pato", há dois tipos de pato, o pato doméstico, aquele que vive sendo alimentado pelo dono da casa e ali cresce, engordando e regozijando-se naquilo tão somente que lhe é oferecido, e dificilmente sairá daquele local, pela vida pacata e tranquila a que se adaptou, porém sem saltos. Já o pato selvagem não tem quem lhe proporcione o alimento e em decorrência disso precisa alçar voos em busca de alimento, nem sempre pode escolher do que vai alimentar- se, mas sempre terá inúmeras possibilidades de experimentar algo diferente e se especializará naquilo que lhe gera prazeres sem medo de que amanhã perca seu protetor ou vire o prato da ceia.

Sou a terceira filha de um casal que namorou por carta. Somos em quatro irmãs. Por ser uma pessoa grata, acredito que sou fruto de um grande amor. Meus pais, de vida simples e sem instrução, foram trabalhadores honestos, não amealharam bens, meu pai morreu com 45 anos e minha mãe ficou viúva aos 40 anos, aos 11 anos fiquei órfã de pai. Na dificuldade da vida, minha querida mãe criou as filhas sozinhas, para tanto, eu e minhas irmãs fomos obrigadas a trabalhar desde muito cedo para ajudar nas despesas da casa.

Acredito que o meu passado foi o divisor de águas na escolha da minha profissão. Fui a primeira graduada em nível universitário e advogada da família. Era uma honra para minha mãe. Ela adorava contar para as amigas o quanto eu era esforçada e estudiosa. Sem contar o anseio que sempre tive de trabalhar por um mundo melhor. Eu acredito que posso ser contribuição na vida das pessoas que chegam até mim. Independentemente de entrar com ação judicial ou não. Minha vontade era de vencer na vida. Acreditei e alcancei meus objetivos. Acompanhei o meu marido, que escolheu Sumaré, em São Paulo, para criar raízes.

> *"Quando escolhi criar raízes em Sumaré, senti em meu coração que poderia contribuir por esta cidade. Aqui decidi construir minha família, desenvolver um trabalho e deixar um legado."* Vanderlei Cesar Corniani – Fundador da Advocacia Corniani & Associados

Sempre tive um perfil mais comercial do que advogada processualista, por assim dizer, gosto de fazer uma advocacia preventiva e conciliadora. Acabei atuando mais com a parte administrativa, gestão, tecnologia e financeira no nosso escritório.

Tenho como modelo de paz e lição de vida Mahatma Gandhi, com sua famosa frase: **"Seja a mudança que quer ver no mundo"**. Para mim, a paz não é ausência de conflito, e sim a ausência de medo. Como tive muito medo na infância, acredito que por uma força maior minha missão de alma emergiu e se fez cumprir com tudo que chegou. O que tiver que ser meu chegará até mim.

Outras grandes mentes que muito me inspiraram: Aristóteles, Platão, Hermes, o Trimegisto, Jesus de Nazaré, Santo Agostinho, Pitágoras, Isaac Newton, Maquiavel, Epicuro, Nietzsche, Descartes, Hegel, Kant, Sócrates, Confúcio, Montesquieu, Thomas Hobbes,

Tomás de Aquino, o físico Albert Einstein, o pai da Psicanálise, Sigmund Freud, o psiquiatra Carl Gustav Jung, Celso Charuri, MCKS, professor de Yoga Hermógenes, Dulce Magalhães, Bert Hellinger, Sophie Hellinger, Cortella, Sérgio Nogueira Reis, Tania Nogueira Reis, Augusto Cury, Sami Storch e muitos outros.

Quando montamos o escritório de advocacia, eu trabalhava como secretária na Unilever e já me comunicava com uma rede de tecnologia avançada que somente as grandes empresas multinacionais tinham e eu achava incrível. Ao iniciar minha carreira aproveitei os conhecimentos para contribuir com a advocacia no que eu mais gostava de fazer, secretariar, organizar arquivos, criei um sistema de gestão automatizado, para controlar as finanças, contas a pagar e fazer diagnósticos de resultados. Prezava por uma comunicação clara e objetiva entre os trâmites processuais e administrativos, prestando um serviço de excelência aos nossos clientes, associados e parceiros.

Acredito que nosso maior desafio foi a falta de credibilidade e sem nome conhecido. As cidades pequenas do interior têm dessas coisas.

A pessoa que mais me inspirou e incentivou a não desistir quando surgiram os maiores desafios foi meu marido, Vanderlei. Fui fazer Direito e atuar mais efetivamente como advogada quando nossa primeira filha nasceu. Desde a época do namoro, já fazíamos planos e ele me incentivou mesmo com todas as dificuldades que tivemos, inclusive sem dinheiro para estudar. Eu acreditei na nossa parceria, via como um investimento. Acreditava que ia dar certo e deu. Sem contar a sincronicidade que nos uniu e fortaleceu nossa relação desde o primeiro encontro. Fizemos planejamentos e juntamos nossos esforços. Sem contar o perfil superpositivo e agradecido que sempre tivemos. Somando ficou mais fácil e leve.

O fato de ter sido cofundadora do escritório trouxe muita realização profissional na medida do seu crescimento. Tive oportunidade de desenvolver várias funções, auxiliando em tudo que fosse possível, estagiar, fazer serviços burocráticos em cartórios e INSS. Atendi muitos clientes, mas o que mais marcou nossa advocacia foi a carteira de cobranças que fizemos no início da carreira, em 1993.

Fomos contratados para fazer as cobranças de empresas prestadoras de serviços de asfaltamento público e ganhávamos 10% sobre o líquido. Na medida em que convocávamos os clientes para negociar a dívida, uma vez que havia a boa-fé de pagar mesmo que parcelado, tirávamos o processo que estava na fase de execução. O que ganhamos com isso? Valor Imensurável! Acredito que a conta celestial está bem significativa. Muitos consideram Deus no céu e nós da Advocacia Corniani na Terra. Parece brincadeira. Ouvi muito isso e, passados todos esses anos, às vezes ainda ouço, pela gratidão de solucionarmos os seus maiores temores.

É enriquecedor o sentimento de leveza quando nossos clientes souberam que não perderiam suas casas, bastava a intenção de boa-fé e o compromisso de cumprir a obrigação, o juiz permitia que tirássemos da execução.

Somado a tudo isso, é importante constar o fato de fazermos o que mais gostamos. Por mim trabalhava dia e noite. Sempre com muita alegria e gratidão. Desta forma acredito que para ter êxito e sucesso na profissão sua maior motivação deve ser o desejo de servir com amor e disponibilidade.

Todos estamos a serviço da vida. Com gratidão e humildade o sucesso é certo.

O que nos norteia é nosso estatuto da advocacia e principalmente o que rege nossa conduta moral é o código de ética. Quando falamos em ética jurídica, entende-se que é um conjunto de regras e conduta que regulam a profissão. O objetivo é garantir a boa prática da atividade e a preservação da imagem do advogado.

Dessa forma, buscando a harmonia nas relações inclusive com os colegas de profissão, os quais chamamos de advogados da outra parte.

Acredito nas leis que regem o direito tradicional através do direito natural, e mais tarde conheci as leis do amor e a ordens da ajuda de Bert Hellinger. Aplicar na prática esse novo olhar traz uma sensação de aplicabilidade da verdadeira justiça.

Meu primeiro caso como advogada foi fazer a defesa de uma mãe pedindo indenização para o dono de uma empresa de *tattoo* por ter feito tatuagem na filha menor, sem pedir autorização. Lembro-me que na ocasião senti que poderia contribuir com uma composição e tive êxito.

Durante todo o período em que cursei a faculdade, tive o privilégio de fazer estágio, atendendo às demandas de cada cliente.

Eu sentia necessidade de ser mais ágil na forma de prestar contas administrativas e processuais aos nossos clientes, sendo que, na época, a tecnologia não existia para nós.

Prestação de contas a pagar e receber era tudo em livros-caixa. Essa parte não é ensinada na faculdade, outra dificuldade que tivemos foi para precificar os serviços, na nossa época não existia tabela de honorários.

O fato de ter sido cofundadora com meu marido, apesar das dificuldades que todos passam no início da carreira e sem capital, acredito que foi o melhor investimento da minha vida. Sinto-me realizada.

Foram quase 15 anos de plantio. No início de 2007, efetivamente saíram as melhores ações, cujos honorários tanto esperávamos.

Acredito que minha maior realização como operadora do Direito é a abordagem conciliatória que sempre tive. É enriquecedor o sentimento de leveza, quando os clientes tiveram suas casas de volta, somente com a intenção de boa-fé para cumprir a obrigação. Independentemente de uma sentença final. Acredito na composição.

Eu ganho e você ganha! Todos ganham!

Acredito que para ter sucesso e êxito na profissão sua maior motivação deve ser o desejo de poder servir com amor. Acredito que todos estamos a serviço uns dos outros. Agradecer e sorrir, acreditar que há justiça divina.

Me incomoda muito uma pessoa falar mal da outra. Precisa ser respeitada a ética, principalmente entre os colegas, quando a questão ética significa algo relacionado ao caráter e conduta.

Quando falamos em ética jurídica entende-se que é um conjunto de regras e conduta que regulam a profissão. O objetivo é garantir a boa prática da atividade e a preservação da imagem do advogado.

Acredito na transparência e nos princípios basilares do direito natural:

– Não roubar.

– Não lesar.

– Dar a cada um o que lhe pertence.

– Trabalhar com amor e proficiência.

Com esse modelo na prática o sucesso é certo!

Sempre acreditei que o céu não é o limite.

O sol é fonte de luz e de conhecimento, nasce para todos.

O mundo é cheio de possibilidades, todos têm as mesmas oportunidades, porém você tem que acreditar nisso! E principalmente aprender a tomar.

Com disciplina, servir com humildade e gratidão a tudo que chega.

Honrar seus compromissos para ter *score*!

Tenho uma frase que utilizo como um mantra: "Deus sabe qual cliente estou preparado para atender, chegará quem tiver que chegar".

Plante coisas boas e a colheita será farta. Se plantar vento, irá colher vento.

Acredito que o lugar da mulher, não só no Direito, mas em qualquer área do conhecimento e ou profissão, é onde a inclusão começa por ela. Como ser humano e não se comparar na questão de diversidade de gênero.

Se você for estudar as culturas e origens das famílias, verá a figura do masculino que está a serviço do "prover" e a do feminino para procriar.

Com a modernidade e avanço tecnológico, a mulher se empoderou, passando a contribuir com seu trabalho fora do lar e com isso acumulou funções.

É muito comum ver essa desordem, pois falta informação no sentido de cooperativismo. Muitas vezes a mulher se sente frágil para executar algumas tarefas e/ou funções que exigem força, porém no quesito inteligência pode ocupar cargos inclusive de alto escalão, por ter uma sensibilidade aflorada e uma mente brilhante para estratégias de organização/gestão.

Tenho exemplos de colegas advogadas, delegadas, professoras, defensoras, servidoras públicas e juízas, que desempenham suas funções e são valorizadas pelo cargo com altos salários.

Acredito que para os anos futuros teremos um aumento cada vez mais significativo da equiparação ou um equilíbrio na questão de diversidade do gênero nas relações de trabalho e de salário, fortalecendo cada vez mais a liderança feminina em cargos antes ocupados somente por homens.

Segundo dados mais recentes apurados pelo site www.maismulheresnopoderbrasil.com.br junto à Ordem dos Advogados do Brasil, o número de mulheres já supera o de homens entre os inscritos na Ordem. Em janeiro de 2020, elas representavam 64%. Durante esse período, houve um incremento de mais de 60 mil advogadas inscritas e um decréscimo de quase 4 mil advogados.

Quando iniciei minha carreira como secretária de 35 homens na Unilever, atendendo a uma regional de vendas, sinto que o cargo me proporcionou um grande aprendizado muito comum no Direito, só faltava a graduação.

Tive um gerente que dizia: "Acredito em você, sei que não será apenas mais uma." *Hermínio Scuro Filho – Gerente Regional Vendas Ribeirão Preto - 1990*

E foi com essa frase que segui. Tudo que faço dentro do que é possível e dentro da lei me fortalece.

Gosto de usar esta frase: "Não se sinta lesado, procure seus direitos. Todos têm Direito. Todos pertencem!"

Para concluir, quero deixar meus agradecimentos com muito amor a toda a equipe que compõe a nossa Advocacia atualmente, conforme a ordem de precedência:

Vanderlei Cesar Corniani, Lucimara Porcel, Fernanda Bianchini, Sueli Masson, Rafaela de Souza, Tatiana Tamy, Andreza Teixeira, Isabella Ruana Corniani, Alexandre Navarro, Carolina Ruana Corniani, Leiry Piva, Sabrina de Almeida, Mateus Mariano, Karina Morele, Roseli Amaral, Débora Assunção, Karin Aliscantes, Dhenniffer Fassina e Edivaldo Simão.

Agradecimentos especiais a todos que fizeram e fazem parte da minha trajetória.

Principalmente aos mestres que passaram pelo processo de parcerias do Espaço Cuidar do Ser, o qual enalteço na pessoa da minha amiga Assunta Regina Mansan Gordo, assistente social e aluna Pranic Healing.

Incluo os não mencionados, porém vistos por minha alma, desde a primeira infância. Família, familiares, amigos, colegas, namoros, mestres da educação, mestres das escolas filosóficas, mestres espirituais e mestres do cotidiano, os quais não consigo nomear.

Sempre é tempo de recomeçar

Nicole Villa

32

Nicole Villa

Advogada, casada, mãe do Bernardo. Especialista em Direito Aeronáutico e atua no setor de aviação há mais de dez anos. Graduada em Direito pela Universidade Presbiteriana Mackenzie, especialista em Direito Processual Civil pela Pontifícia Universidade Católica de São Paulo e em Direito Aeronáutico pela Universidade Anhembi Morumbi. Atuou em bancos e escritórios de advocacia, tendo advogado para diversas companhias aéreas nacionais e internacionais, especialmente nas áreas de Direito Civil, Consumidor e Regulatório. Nas horas vagas gosta de ler, praticar esportes, estar com a família e viajar.

Acesso LinkedIn:

"Nos altos e baixos da vida, temos a oportunidade de nos conhecer melhor e entender que nossa capacidade vai muito além do que imaginamos."

Infância e como escolhi o Direito

Nascida e criada em São Paulo, faço parte de uma família amorosa e com alguns conflitos, como toda família. Sou a mais velha de três irmãs, e desde muito pequena tive o senso de cuidar delas e não permitir que elas fossem injustiçadas por serem menores ou mais frágeis.

Meus pais eram comerciantes e sempre trabalharam muito. Tinham uma ótica e eu adorava ir ao trabalho deles. Por lá passavam muitas pessoas, de todos os tipos, e eu sempre gostei muito de gente. Durante toda minha infância vi meus pais trabalharem muito para poderem proporcionar uma vida boa para mim e minhas irmãs. Tivemos privilégios, mas eles sempre nos ensinaram que a única coisa que ninguém pode nos tirar é o nosso conhecimento. Em casa a régua sempre foi alta com relação ao desempenho escolar. Não tinha conversa quando o assunto eram estudos, provas e Inglês. Meus pais me ensinaram que as responsabilidades e obrigações devem sempre vir em primeiro lugar. Graças a Deus eu carrego isso até hoje comigo.

Desde pequena sempre gostei muito de ler, e sempre tive gosto eclético. Adorava os gibis da turma da Mônica, mas acho que era uma das poucas pessoas que devorava todos os livros de leitura obrigatória da escola, e isso foi uma característica que me diziam que tinha a ver com ser uma boa advogada, pois os advogados precisam ler muito.

No início da minha adolescência, com 11 anos, passei a jogar handebol, e minha paixão por esse esporte foi um dos principais acontecimentos da minha adolescência até o término da faculdade. Ele me trouxe muitas alegrias, algumas das minhas melhores amigas, mas também duas cirurgias nos joelhos, por conta de ruptura de ligamentos.

Fazer parte de um time nos ensina tanto sobre a vida, sobre você não ser o centro do mundo, sobre o fato de que todas as conquistas são coletivas, mesmo que você tenha se destacado individualmente. O handebol fortaleceu muito dos valores que meus pais já haviam me passado: não tem bola perdida, temos que persistir até o apito final do juiz. Da mesma forma, não tem jogo ganho, pois tudo pode mudar quando menos se espera. Na vida adulta, eu percebi que muitas das nossas vivências podem ser comparadas ao que acontece em um jogo.

Além disso, graças ao handebol eu pude estudar Direito na Universidade Presbiteriana Mackenzie, pois lá eles davam bolsa para os atletas. Sou muito grata por isso. Fazer Direito sempre foi meu sonho. Eu me lembro, desde muito nova, que, quando assistia àqueles filmes que tratavam de julgamentos, tribunais do júri, eu ficava encantada com todo aquele enredo, impressionada com a maneira como os advogados tinham que estar preparados para praticamente todo o tipo de situação em seu dia a dia profissional. Isso porque, antes de lidar com leis, nós advogados lidamos com seres humanos. E nós seres humanos somos imprevisíveis, frágeis, volúveis e complexos. Acredito que foi a curiosidade por entender mais o ser humano, a sociedade e como as pessoas se comportam diante das situações que vão se apresentando ao longo de nossa jornada que me levou a estudar Direito.

Faculdade e início da carreira profissional

Assim que entrei na faculdade, em fevereiro de 2005, a situação financeira da minha família piorou muito. Com minhas irmãs ainda na escola, eu senti que, quanto antes eu tivesse um trabalho que pudesse me ajudar a pagar a faculdade e com as contas de casa, seria melhor para todos.

Pois bem, em março de 2005 eu comecei no meu primeiro estágio. Um escritório de advocacia que ficava na Praça João Mendes. Era um escritório pequeno, eles atuavam um pouco em praticamente todos os ramos do Direito, exceto Penal, pois um dos sócios era um Juiz aposentado. Digo que esse foi um dos lugares em que eu mais aprendi até hoje. Minha base de processo civil aprendi com eles. Também foi a primeira vez que passei a me relacionar com pessoas fora do eixo escola-bairro, onde havia passado minha vida toda até então. Fiquei lá até abril de 2008. Saí já no quarto ano da faculdade, pois me questionava se depois de formada não me arrependeria por não conhecer outras estruturas, outras áreas do Direito, outras formas de trabalho.

Em 2006, fiz minha primeira cirurgia no joelho. Eu me lembro até hoje que assim que tirei os pontos voltei a trabalhar. Ia de muletas mesmo e me deixaram fazer somente o trabalho interno, pois naquela época o que o estagiário de Direito mais fazia era ir aos fóruns acompanhar processos. E eu adorava! Não tinha tempo ruim. Conheci todos os fóruns de São Paulo, Grande São Paulo e alguns do interior. E era tudo de transporte público. Nesses deslocamentos eu aproveitava para estudar para a faculdade, pois sabia da importância de aproveitar cada minuto do meu dia.

Depois, trabalhei em dois bancos de pequeno e médio porte, na área de Compliance – Prevenção à Lavagem de Dinheiro. Não me apaixonei pela área, mas aprendi muito sobre como funciona uma empresa, a me relacionar com pessoas, dar treinamentos, foi um período interessante. Pessoalmente, minha família passava por grandes dificuldades financeiras. A loja dos meus pais havia falido, então era basicamente com meu salário que eu sustentava a casa. Foram tempos difíceis, mas que serviram para nos unir ainda mais.

A descoberta da paixão pelo Direito Aeronáutico

Após me formar e tirar minha carteira da OAB, decidi que era o momento de voltar para a advocacia. Em 2011, comecei a trabalhar em um grande escritório atendendo a uma companhia aérea. E neste momento descobri minha paixão. Como é fascinante a indústria da aviação! Desde então não larguei mais o Direito Aeronáutico.

Foi um recomeço para mim em um escritório, agora como advogada. Defendendo companhias aéreas, lidando com o Direito do Consumidor, muitas vezes acabávamos perdendo os casos. Mas, isso nunca me fez desistir ou aceitar que os casos seriam decididos contra o meu cliente. Eu lutava, tentava achar uma saída, fazia acordos quando realmente o cliente havia errado. E isso me mostrou que advogar é muito mais do que ganhar casos. É realmente defender os interesses do seu cliente, estar em sintonia com o que ele precisa para seguir em frente na vida pessoal, quando falamos de pessoas físicas, ou com seu negócio, quando nos referimos às pessoas jurídicas.

Quatro anos depois, eu fui trabalhar em outro escritório, com atuação muito mais focada em Direito Aeronáutico. Neste lugar, onde permaneci por quase seis anos, pude me desenvolver em todos os aspectos pessoais e profissionais. Tive oportunidades incríveis, passei a gerir uma equipe e posso dizer que descobri mais uma paixão: gerir pessoas.

Sem dúvida é muito difícil lidar com diferentes pessoas diariamente. Eu sempre brincava que é muito mais fácil fazer dez defesas do que gerir uma pessoa. E em parte é verdade, mas eu acho que foi uma das atribuições que mais me enriqueceu profissionalmente. Como eu aprendi com cada uma das pessoas que fazia parte do mesmo time do que eu! Como eu me sinto grata, até hoje, pela confiança depositada em mim para que eu pudesse participar da carreira e da história de vida de cada um deles.

No aspecto jurídico, passei a lidar com casos mais complexos, a ser responsável por revisar petições dos profissionais mais jovens. Adquiri a responsabilidade de me relacionar com vários clientes, inclusive fora do Brasil. Aqui faço uma pausa para ressaltar a importância que teve para mim estudar Inglês desde nova e sempre me dedicar a isso.

Eu sempre gostei de ressaltar que nunca fiz intercâmbio fora do país, ou estudei em escola bilíngue. Mas, essas não são as únicas alternativas que podem fazê-lo ter confiança para executar trabalhos em Inglês. Se você se dedicar, estudar e der prioridade a isso, quando chegar a hora, você vai se sair bem.

Meu chefe neste meu trabalho anterior possuía um Inglês impecável. E isso sempre me motivou a correr muito atrás e a não me acomodar. Em todas as reuniões que fizemos juntos, eu me obrigava a falar algo, a responder perguntas dos clientes. Apesar do nervosismo, isso foi me fazendo ganhar confiança.

Maternidade e a importância do respeito à diversidade no mercado jurídico

Em 2019, eu então pude realizar o maior sonho da minha vida: ser mãe. Desde estagiária eu via que a maternidade era uma questão que impactava muito na carreira das mulheres, e para as advogadas ainda mais. Poucas mulheres que eu conheci seguiram nos empregos em que estavam, ou chegaram a posições de liderança em suas empresas. Isso me preocupava muito, pois eu sempre quis ser mãe, mas também quis seguir trabalhando como advogada.

Por isso, após minha promoção para advogada sênior em 2017, eu comecei a conversar com os sócios sobre a importância de ter um comitê de diversidade e de falar sobre isso. Isso serviu para voltar meu olhar para a diversidade e ver que, além dos problemas que as mulheres enfrentavam, havia outros ainda maiores, como as questões de gênero, orientação sexual, raça e deficiência.

Considero que foi um trabalho bonito e que me agregou muito como ser humano, além de abrir os olhos para a falta de diversidade no mercado jurídico. Se as mulheres, que estão incluídas no mercado, não conseguem muitas vezes chegar às posições de liderança, imagine a dificuldade que se apresenta para aqueles que sequer conseguem estar nas chamadas "faculdades de primeira linha", ou que não estão nos quadros dos principais escritórios.

É um dever de todos nós promovermos a diversidade, olhar com empatia para o outro e entender que estar rodeados de pessoas diferentes nos ensina muito e nos mostra como o ser humano pode ter atitudes incríveis, mas também atos de egoísmo e magoar as pessoas.

Em 2020, ao retornar da minha licença-maternidade, no meio da pandemia do Covid-19, todos trabalhando remotamente, algumas coisas foram acontecendo e meu ciclo chegou ao fim no escritório que eu considerava que seria minha parada final.

Seria uma nova oportunidade de recomeçar. Mulher, mãe de um menino de um ano, no meio de uma pandemia. Não vou mentir que me desesperei, que a síndrome da impostora não me atingiu em cheio e duvidei da minha capacidade.

Mas eu sou uma mulher de muita fé em Deus. E acredito que a gente vive exatamente o que precisa para ter a oportunidade de evoluir, melhorar e se descobrir. E foi um momento de muitas reflexões, muitas ponderações sobre o meu futuro profissional.

Posso dizer que sou muito grata pelo apoio que tive de praticamente toda a equipe com quem havia trabalhado. Eles foram incríveis e me fizeram sentir que ser como sou não era errado. Que eu podia continuar me importando com o outro, mas sendo exigente e firme nos meus posicionamentos.

Em 2021 comecei em um novo trabalho. E como me sinto feliz e desafiada a dar o meu melhor todos os dias! Sigo trabalhando com aviação, minha grande paixão. Cada dia descubro uma habilidade que não sabia, ou vejo que é tempo de rever as antigas convicções, pois as coisas mudam e sempre pode haver uma maneira diferente de fazer aquilo que era feito sempre da mesma forma.

Considero o mundo corporativo jurídico bastante competitivo e acho que, ainda hoje, o caminho das mulheres é árduo. Além de batalhar para aumentar o conhecimento e se desenvolver, é necessário lutar contra um sistema vigente há muito tempo (machismo estrutural) e contra os vieses inconscientes, que permeiam também a cabeça de cada uma das mulheres.

A atuação das mulheres no Direito é importante e pode ser transformadora, pois geralmente a luta delas começa cedo, a necessidade de batalhar para mostrar que podem, que têm capacidade. E esse senso de combatividade ajuda muito no início da carreira jurídica. Vejo que a nova geração possui isso ainda mais forte.

Entendo ser muito importante ter paixão pelo que se faz e acreditar que se pode fazer a diferença. Claro que é desafiador, pois além das questões jurídicas um profissional do Direito lida com questões humanas, políticas, econômicas, etc. Mas, do meu ponto de vista, é fundamental que continuemos sempre fiéis aos nossos valores. Não podemos nos deixar corromper pela premissa "Se todos fazem, eu também farei". Para mim é intolerável trabalhar em um ambiente de mentiras, traições e falta de caráter. Infelizmente já me deparei com algumas situações e pessoas assim, mas pude seguir em frente e não deixei de acreditar que fazer o certo é sempre o melhor caminho, pois a recompensa sempre vem.

Viver o hoje, mas com um olhar no futuro

Paula Bonanno

33

Paula Bonanno

Diretora das áreas Jurídica (desde 2020) e Tributária (desde 2017) do GPA, membro do Comitê pela Equidade de Gêneros do grupo, membro do Conselho de Administração da Cooperativa de Crédito do GPA e membro do Conselho Fiscal do Instituto de Desenvolvimento Humano do GPA. Atua no grupo desde 2008, liderando atualmente cerca de 170 colaboradores. Passou anteriormente por PWC e escritório Gaia, Silva & Gaede. Desde janeiro, compõe também o Conselho Fiscal da Sustenidos. É graduada em Direito pela PUC-SP, tem 45 anos de idade, é de São Paulo e mãe de Laura, uma doce menina que conta hoje com oito anos. Entre os cuidados, Laura e a sua vida profissional, escreve poesias em seu blog pessoal "Letras de Solidão", tendo realizado uma publicação independente dos poemas em 2019.

Acesso LinkedIn:

Quando penso em carreira, tenho uma sensação bastante curiosa, pois a vida seguiu um ritmo diferente daquele que aplico no âmbito pessoal. Via de regra, costumo refletir bastante sobre próximos passos, pensando no caminho que faz mais sentido, vivendo o hoje, mas com um olhar no futuro. Planejo a estrutura para dar segurança às escolhas e evito surpresas. Entendo perfeitamente que há uma grande ilusão nesse controle e trabalho intensamente em terapia para permitir que a vida simplesmente flua e não seja um grande planejamento. Quando, por outro lado, olho para a minha vida profissional, deparo-me com uma realidade diferente. Nunca houve grandes planejamentos, tampouco passos tremendamente estruturados. Toda a fluidez, difícil de ser aplicada na vida pessoal, aparece de forma tão marcante na carreira. Os eventos simplesmente aconteceram; não foram perseguidos, mas vividos e realizados na medida em que se apresentavam em minha vida, foram sentidos de forma intensa e com muita entrega e dedicação. Minha história profissional não foi planejada e não acredito que precisava ser, pois bastava vivê-la com a certeza de que se está fazendo o melhor que se pode fazer.

Tudo começou com uma mudança. Nas vésperas da opção pelo curso, algo me dizia que deveria seguir no caminho que me era natural e não naquele que fosse mais lógico. Havia na família um exemplo de sucesso na área da saúde e um forte impulso me levava a crer que aquele poderia ser um caminho para a segurança financeira. Contudo, meu íntimo sinalizava que eu era alguém de humanas, um ser que precisa de gente, de convívio diversificado, de oratória e não de um consultório fechado. Nos últimos minutos para assinalar a opção, o nome Direito foi o único que fez minha alma sentir paz. Entrei na PUC-SP e tive certeza, mesmo no primeiro ano, que estava no lugar em que deveria estar. Durante a faculdade, deixei-me guiar pela experimentação, estagiei em quase todas as matérias e terminei o curso sem olhar para o tributário. E eis que me lembrei de um lugar, presente na minha vida através do trabalho que garantiu o sustento dos meus primeiros anos de faculdade, que tinha um imenso charme: PriceWaterhouseCoopers. Quando fui secretária no Cel-Lep, recebia inúmeros alunos da PWC, todos muito elegantes e jovens, carregando seus *laptops* com um entusiasmo contagiante. Pensei comigo: "É aí que conhecerei o tributário".

Mandei meu currículo em papel (era assim que se fazia há 20 anos), recebi pelo correio as convocações para uma prova escrita e para a segunda etapa. De repente, eu estava diante de um sócio, perguntando-me o motivo pelo qual queria trabalhar na empresa. Não foi difícil responder, o entusiasmo foi natural. Por isso, algumas semanas depois, eu estava passando pelas portas da PWC com a certeza de que aquele lugar mudaria minha vida. E mudou. Reforcei os conceitos do trabalho em equipe, a importância de que o sucesso não é de um, mas de todos, fui ensinada e autodidata, fiz amigos importantes e rumei segura para os próximos passos de minha carreira.

Quando optei por sair, foi mais uma questão financeira e pessoal do que crer que o aprendizado teria acabado. Eu precisava de um impulso financeiro, mas não poderia fazer uma escolha qualquer, porque queria continuar experimentando e passar por um escritório de advocacia era essencial, afinal não tinha provado muito disso durante a faculdade. As portas que a PWC abrem conduziram-me para o escritório Gaia, Silva & Gaede. Mais uma vez, a conexão estava presente. Quando me sentei na sala de reunião, também para conversar com os sócios, eu tinha certeza que queria estar ali. Mergulhei novamente em um grande experimento.

Enquanto na PWC eu aprendi a entender o funcionamento de um cliente, no escritório, eu tinha que lidar diretamente com ele. Aproximei-me de um momento que, apesar de não estar relacionado com a carreira jurídica, trouxe-me uma experiência bastante importante que era lidar com pessoas e com a ansiedade de se obter uma resposta. Foi no Cel-Lep que iniciei meu aprendizado sobre escuta. Há que se entender o problema antes de caminhar rumo à solução e, para isso, é fundamental ouvir. O aprendizado da escuta, ao meu ver, tem várias camadas. No início, quando se é uma esponja, pode ser mais simples ouvir. Mais adiante, há que se cuidar do bloqueio, da sobrecarga de informações e da necessidade de se antecipar. A ansiedade é o fenômeno da atualidade, muito impulsionada pela comunicação digital e instantânea. Hoje, como uma grande solucionadora de problemas, tendo a parar de ouvir em prol da busca rápida da solução e sigo num exercício intenso para me manter no fluxo: ouvir tudo, entender o problema em todos os seus detalhes, sob pena de se resolver de forma incorreta, e depois pensar na solução.

A vida no escritório é menos integrada que aquela engrenagem tão precisa das empresas de auditoria. Isso não significava, entretanto, que não havia troca. Realizávamos reuniões técnicas periódicas para discussão da legislação e jurisprudência e também treinamentos sobre temas chaves. Foi nesse momento que comecei a trabalhar a didática, pois já tinha ganhado técnica e estava na hora de dividir. Aliás, aqui reside a minha maior realização. Conhecimento que morre consigo não tem valor. Fundamental é o conhecimento repartido, repassado para outra geração profissional. Essa crença é tão forte em mim que acredito ser meu grande impulso para cativar as pessoas no discurso. Assim como anteriormente, não planejei e não procurei nenhum curso específico para aprender a falar em público. Meu aprendizado veio da vivência. Tomei emprestado de alguns excelentes professores aquilo que me fazia ficar atenta. A aula interessante é aquela que prende o ouvinte ainda que a matéria não seja tão estimulante. Portanto, a atenção estava no tom do discurso e na vibração da fala. Ser intenso o tempo todo seria muito cansativo. Era preciso alternar e trazer aspectos práticos para aquilo que se explica. Comecei assim e acho que deu certo.

E, como tudo na vida, meu ciclo estava chegando ao fim. Acreditava que deveria me manter em um escritório. Tinha receio de migrar para um segmento específico e não conseguir voltar para a prestação de serviço. Procurei algumas oportunidades, contudo nada se encaixava naquilo que eu buscava e que não sabia descrever. Eis que fui indicada por um profissional amigo a uma vaga num grande varejista. Segui para a entrevista muito mais impulsionada pela curiosidade do que pelo segmento em si.

Creio ter levado uns dois meses para entender essa dinâmica tão caraterística do varejo e mais uns seis meses para estar completamente mergulhada. Quando me dei conta, a imersão tinha ocorrido e a emoção do varejo já estava em mim, afinal trabalhávamos com lojas abertas sete dias por semana. A urgência era instantânea, quando não se resolve uma questão no minuto seguinte, significa que seu problema segue aumentando, afinal a venda está acontecendo enquanto escrevo estas palavras.

Os desafios dessa jornada de 12 anos são imensos. O estudo da legislação, da jurisprudência e o desenvolvimento de novas teses continuou sendo a espinha dorsal do meu desenvolvimento, mas houve um incremento substancial de uma prática, que posso denominar como experiência de campo, que me levou a um outro nível profissional. Um dos primeiros trabalhos que realizei no GPA foi uma jornada pelos mais de 150 mil itens de revenda em seu cadastro ativo. Demorei um pouco para entender o que precisava ser feito, pois, assim como os prestadores, fui para o lugar comum, até que estive na loja e percebi que algumas dúvidas só seriam sanadas ali, examinando rótulo, entendendo a composição para efetuar a correta classificação do item ("NCM"). É lógico que a legislação era fundamental, mas sozinha ela não bastava.

Daí por diante, as oportunidades foram aparecendo. Nem sempre foi simples, algumas vezes foi mais penoso do que desafiador e precisei quebrar paradigmas. Meu cliente era interno, era alguém que zelava não só pelo risco como também pela lucratividade do negócio. A visão era outra e eu precisava me adaptar. Essa mudança requeria uma análise ampla, não bastava identificar e mensurar o risco, era necessário medi-lo em função do peso depositado no outro prato da balança. Mais do que isso, tudo precisava ser sustentável e principalmente ético. Se não fosse ético, não era para mim.

Tive minha primeira promoção no GPA, tornei-me gerente da consultoria. Almejei a contrapartida, mas não realizei meu trabalho pensando nisso. Fiz a entrega que eu entendia como justa para a confiança que minha liderança depositava em mim e o retorno seria mera consequência. Minha dedicação levou à soma de outras funções. Desenvolvi o atendimento não apenas dos clientes internos como também das instâncias de revisão compostas tanto pela auditoria interna quanto externa.

Quando completei 36 anos, algo aparentemente sem sentido afetou meu olhar. Eu, que nunca havia pensando na maternidade como uma condição a ser cumprida na vida, peguei-me emocionada com propagandas de produtos infantis e encantada com todo bebê que cruzava na rua. Ficar grávida, além do arranjo familiar, era algo que precisava se encaixar naquilo que caminhava tão bem. Eu pensava no assunto como eventos que não combinavam: ter a carreira e ser mãe. Além disso, tinha a forte sensação de que seria descartada a partir da licença. Ora, seis meses fora significava perder projetos, ficaria desatualizada, deixaria de conhecer pessoas e seria custoso retomar. Por outro lado, meu relógio biológico gritava a urgência que meu corpo e alma clamavam.

Engravidei em 2013 e encontrei total apoio de minha liderança e de uma gerente da área – hoje, uma grande amiga. Entendi, na prática, que a maternidade sustentada por um ambiente profissional favorável torna o processo mais fácil e conto, com muito orgulho, que tive isso. Pensava comigo que o mínimo que poderia fazer pelas mulheres que cruzaria no futuro era proporcionar o mesmo. Espero que eu esteja cumprindo essa tarefa a contento.

Voltar não foi fácil. Deixar um bebê aos cuidados de alguém que não era eu doeu demais. Vários questionamentos sobre o futuro permearam meus pensamentos e macularam certezas antes inabaláveis. Chorei muito durantes os 15 dias que antecederam meu retorno. Contudo, ficar em casa não era opção e não apenas por conta da parte financeira. Eu sentia falta do trabalho, do ambiente, das conversas, das trocas. Portanto, eu tinha que voltar. Em setembro de 2013, passei pelas catracas da entrada com uma sensação semelhante àquela que vivi em 2008. Era um verdadeiro recomeço. E, como não poderia deixar de ser no mundo do varejo, em poucos dias eu já estava completamente imersa. Era tanta urgência que eu deveria simplesmente ir.

O uso do meu tempo mudou drasticamente depois da maternidade. Sempre fui bastante organizada e concentrada, mas a vida requeria mais. Se eu demorasse para voltar para casa, não poderia ver a Laura acordada, por isso fazer do meu dia algo altamente produtivo era essencial. Organizei-me para chegar cedo ao GPA. No trajeto, lia os e-mails e entendia quais seriam as urgências do dia. Mantendo a agilidade, especialmente nos encontros marcados por mim, eu entrava diretamente no assunto. Se a reunião terminasse antes do programado, daria tempo de responder alguns e-mails antes do compromisso seguinte. Embora acelerar o almoço pudesse significar tempo, resolvi não o sacrificar, pois esse intervalo sempre foi fundamental para mim. Trata-se de um respiro no qual apaziguo a mente. A propósito, conto nos dedos os dias nos quais almocei na mesa e recomendo o hábito saudável de sair do espaço de trabalho para andar ao ar livre. Sinto tristeza quando vejo profissionais sacrificando esses intervalos em prol de uma execução que muitas vezes não será bem-sucedida por conta do cansaço. É lógico que há momentos em que isso é inevitável, sem dúvida, mas pode também ser uma questão de organização.

Normalmente, saía do trabalho com a sensação de que estava deixando o caos para trás. Isso foi mais forte no começo, porém, com o tempo, a sensação de "culpa" foi dando lugar à certeza de que eu dava conta. É verdade, não posso negar, que meu *lap top* foi aberto muitas vezes depois que Laura dormiu, afinal havia um ou outro tema que precisava ser encaminhado para deixar o meu dia seguinte mais equilibrado. Aos poucos, minha rotina se tornou menos massacrante e passei a conviver melhor com o fato de que não estaria presente na saída da escola de minha filha, mas que os finais de semana, vividos todos com muita intensidade e dedicação, compensariam. De outro lado, encontrei no trabalho um espaço que era só meu. Criei uma agenda de almoços para encontrar os amigos que não conseguia mais ver e também para trocas profissionais. Sim, o *networking* é fundamental e não para lhe garantir uma vaga no futuro, mas para aprender e também ensinar.

Em meados de 2015, recebi um convite para participar de um encontro sobre "mulheres" no GPA. Segui para aquela reunião de três horas um pouco contrariada e me sentei nas poltronas do auditório com os braços cruzados. Eis que o vídeo de abertura foi um tapa na cara. Em menos de cinco minutos, eu estava não só de braços descruzados (aberta a escuta), como sentada na ponta da cadeira e pensando como encaixar o tema na minha vida. Como mãe de uma menina, eu tinha que fazer algo para oferecer à Laura um futuro mais igualitário.

Muitas vezes, fui estereotipada como uma profissional "brava". Não me via dessa forma, de modo que nunca parei para refletir sobre isso. Porém, depois da discussão sobre gênero, uma sensação de desconforto se apoderou de mim, pois vi que o estereótipo não seria o mesmo se um homem se comportasse da mesma maneira que eu. Eu não era e nunca fui brava, eu sempre fui assertiva. Sei o que quero, sei o que preciso e sempre coloquei minha opinião sobre os assuntos quando isso fazia sentido. É óbvio que não tenho opinião sobre tudo e não pretendo ter. Participei de várias reuniões nas quais fiquei calada, porque estava ali para ouvir e aprender com as pessoas mais seniores. Agora, quando me posiciono, sei o que estou fazendo, porque me preparei para o tema.

Hoje, depois de seis anos de vivência no tema, ainda tenho muita dificuldade para entender alguns comportamentos. Para mim, é uma grande incógnita ver mulheres que, além de não se ajudarem, boicotam-se. Entendo que a ancestralidade da estrutura patriarcal nos afeta, mas é fundamental despertar para a mudança. Por isso, sigo fazendo minha parte, mesmo parecendo que estou movendo apenas um grão de areia.

Em 2017, recebi a promoção para liderar o tributário. Foi um passo dado com consciência e provocação. Sabia que não aconteceria se eu não me mexesse, pois estávamos com a vaga disponível e a empresa poderia decidir unir a área com outra, ou escolher alguém no mercado para o cargo. Portanto, era preciso se mexer e foi o que fiz. Apresentei-me como capacitada para o cargo, ressaltando a importância de uma diretoria autônoma para a área. Tenho certeza que minha ação foi essencial para a concretização da promoção, por isso ressalto um dos maiores aprendizados de minha carreira: esperar não basta. É preciso agir, dizer o que se quer e aonde se pretende chegar. Também é necessário ouvir. Pode ser que você não esteja pronto e não é necessário se frustrar, basta entender e correr atrás, pois todos somos capazes de alcançar.

O desafio estava estabelecido, eu precisava atender a contento e provar meu valor para liderança e pares, manter a união de um departamento que vinha sendo destaque até o momento com 82% de engajamento e ampliar urgentemente minha visão geral, porque dali em diante eu era responsável pela totalidade dos temas e isso significou buscar entender matérias em que eu não navegava com tranquilidade.

Aos poucos, fui estabilizando, sentia-me mais apropriada dos temas e o esforço mudava de rumo. Considerando que a parte técnica já estava em minhas mãos, era hora de aprimorar as equipes, aprofundar conhecimento e buscar melhorias. Dediquei o olhar para fora da área, ampliando a visão dos efeitos tributários, buscando reflexos mais benéficos, de forma a estar mais pronta para as entregas exigidas pela liderança. Eis que veio a pandemia da Covid-19 e o desafio passou a ser a liderança à distância. O cenário de instabilidade econômica e emocional não colaborou e não contribui até os dias atuais. Todas as incertezas que giram em torno da doença e seus reflexos mantêm a vida num compasso cego, afinal ainda não sabemos o que está por vir. E, no meio disso tudo, venho agregar às minhas funções duas novas áreas. Uma delas, muito mais próxima ao tributário, pois diz respeito à área operacional fiscal. A outra, bem mais desafiadora, pois implica militar em temas que estavam distantes do meu dia a dia e que iriam requerer imensa dedicação: a área jurídica.

    Da mesma forma que as demais mudanças, o fluxo se estabeleceu e segui incorporando o novo sem medo. Claro, sempre ciente dos desafios e conhecedora da necessidade de se dedicar com o mesmo afinco de sempre. Permaneço trabalhando com respeito, esforçando-me diariamente para acolher todas as diferenças, com o olhar atento para as pessoas, pois são elas que constroem conosco o nosso presente. Caminho também muito grata a tudo e todos que cruzaram a vida comigo nessa jornada profissional.

Acredite no seu potencial. Você pode!

Priscila Muniz de Aguiar

34

Priscila Muniz de Aguiar

Advogada atuante desde 2014. Trabalhou pouco mais de quatro anos em escritório de advocacia, uma oportunidade intensa e importante de aprendizado, em especial na questão de gerenciar altas demandas e vivenciar o dia a dia da profissão. Em 2018 realizou importante e desejada mudança de carreira e migrou para o jurídico varejista. Desde abril/2019 ocupa o cargo de advogada na Lacoste, onde teve o prazer de gerenciar a implementação do Jurídico Interno da empresa. Entre suas funções estão o gerenciamento de processos, gestão dos escritórios de advocacia terceirizados e outros parceiros externos, gerenciamento de projeto, tendo como resultado a redução de despesas, ganho orçamentário e melhoria na qualidade da prestação dos serviços. Visão estratégica alinhada ao negócio, colaborando para a atuação do departamento jurídico de maneira integrada às áreas da empresa, franqueados e parceiros, com foco em minimizar custos e mitigar os riscos do negócio.

Acesso LinkedIn:

Escolhas

Desde que me entendo por gente, dizia que seria advogada, meus pais não se lembram de algum dia ter dito algo diferente.

Acredito que muito disso seja por inspiração do meu pai, que trabalhou anos na assessoria jurídica de um grande banco. Lembro-me que quando eu era pequena ia com ele trabalhar e me sentia parte daquele lugar, me sentia importante por estar lá na sua mesa ou ficar na biblioteca lendo alguns livros.

E em parte da minha mãe, que sempre foi minha fonte de poesia de uma mulher forte, com senso de justiça. E que me impulsionava para ser quem eu quisesse. Inclusive, foi ela quem segurou minha mão em muitos momentos de dúvida e angústias.

Já no mundo do Direito, trabalhei em diversos lugares que me fizeram aprender muito, conheci muitos profissionais excelentes, que hoje são meus amigos pessoais, porém a verdade é que nesses escritórios nunca tive aquela sensação de quando era pequena, aquela sensação de euforia, de realmente pertencer ao lugar, sabe?

Passei por muitas angústias na minha trajetória até aqui, pensei em largar o Direito por inúmeras vezes, mas sempre achava forças (ou talvez as orações constantes de minha mãe) para me reerguer.

Após 11 anos na área do Direito, eu finalmente me encontrei, finalmente me senti em casa. Aquela mesma sensação de quando eu era pequena. E realmente, você se sentir realizada no que faz não tem preço.

Nem todos os dias são fáceis. Alguns são muito duros, mas o importante é que nem todos os dias sejam assim.

"Vá atrás dos seus sonhos. Essa é a decisão mais importante para se tomar."

Desafios

Insegurança

Me senti por diversas vezes insegura.

Lembro-me que desde que falava em cursar Direito, pessoas próximas me descredibilizaram, ouvi dizerem: "Você não tem cara de advogada", "Isso não é pra você" e "Você não vai conseguir".

Já duvidaram das minhas consultas e pareceres, e foram perguntar para colegas homens que orientaram da mesma forma, porém eram realmente ouvidos.

E o que quero dizer a vocês é: acreditem em vocês mesmas, sejam confiantes, façam por vocês! Não precisamos da afirmação de ninguém para sermos, pois nós SOMOS.

Encoraje outras mulheres a serem também!

Em muitas oportunidades senti a sensação de que estava fazendo o básico, porém tive uma líder que me fez crescer muito como pessoa e profissional, que me disse que chegar aonde cheguei, ter a coragem, resiliência e o desejo inabalável de seguir meus sonhos, não era para todos. Contudo, sempre achei que qualquer um poderia, e na realidade continuarei acreditando, mas desta vez dando incentivo e voz para aquelas que ainda não encontraram a força dentro de si.

Aparência

A aparência, infelizmente, ainda é um termômetro para medir a competência de uma mulher.

Já trabalhei em escritórios em que o pré-requisito era estar de salto, unhas sempre bem feitas (mas de tons claros), cabelos arrumados e sem coloração, bem como roupa e bolsa elegantes.

Ainda vejo que o ambiente corporativo julga essas características, de forma velada, mas com um tom de "hoje você está sem batom".

A realidade é que o que nós precisamos está dentro de nós.

Assédio

No início da carreira tinha dificuldade em identificar assédio por falta de conhecimento, então vejo o quanto é importante tocarmos nesse assunto e conscientizar outras mulheres.

Alguns tipos de assédio sofridos pelas mulheres no ambiente do trabalho: xingamentos, difamações, serviço em excesso, ofensa emocional e psicológica, bem como constrangimento por insinuações, importunações...

Qualquer tipo de assédio deve ser reportado ao RH, departamento jurídico ou qualquer meio de denúncias oferecido pela empresa.

Não podemos nos calar!

Remuneração

Outro ponto de grande relevância é o da disparidade de remuneração. Muito embora eu desenvolvesse o mesmo trabalho, com a qualidade técnica igual ou superior, em vários dos lugares onde passei recebia remuneração inferior à de um colega do gênero masculino.

Mudança de atuação

Comecei minha carreira em escritórios de advocacia de médio e grande porte, onde fiquei por volta de 11 anos. Apesar de saber que não era minha área de verdadeiro interesse, esses anos me formaram uma profissional que sabe lidar com grande quantidade de trabalho (sem perder a qualidade), sobre o dia a dia da profissão, bem como relacionamento com o cliente e planejamento estratégico.

Dessa forma, um dos meus conselhos é para que tenham essa experiência, vez que é essencial para a "bagagem" profissional.

Em 2018, migrei para o mundo corporativo, e em 2019 iniciei meu trabalho em uma conhecida multinacional no ramo do varejo, onde fui desafiada a criar o departamento jurídico interno.

Essa mudança foi crucial, tanto para o meu sonho quanto para ter aquele sentimento que relatei no início do capítulo.

Entre as minhas atividades, está o gerenciamento de escritórios terceiros, parecer sobre alguns assuntos do SAC (Serviço de Atendimento ao Consumidor), gerenciamento de processos administrativos e judiciais, gerenciamento de todos os contratos da empresa, consultoria interna das áreas – então, por exemplo, se a área de Expansão tem interesse em abrir nova loja em determinada área que já tenha outra loja, minha área que é responsável por dizer se existe uma cláusula de raio para aquela região ou não.

Uma das coisas que mais me agrada é que eu participo da estratégia da empresa, processual e até mesmo da negociação de certos contratos. Isso me faz sair um pouco da limitação do Direito e conhecer outras áreas da empresa, como Marketing, Digital, Arquitetura, Comercial e demais áreas internas.

"Ninguém fica num local apenas por causa do salário, mas sua permanência é também pela capacidade de enxergar a finalidade positiva do que faz, do reconhecimento que obtém, do bem-estar que sente quando seu trabalho é valorizado e se percebe ali a possibilidade de futuro conjunto".

Escritório ou empresa?

Acredito que isso seja muito de perfil e preferências, meu marido, por exemplo, que também é advogado, é apaixonado por trabalho de escritório e elaborar suas próprias petições, desenvolver suas teses, ir às audiências, despachar com juízes...

Porém, eu gosto mais do cargo gerencial em uma empresa, que me demanda também um conhecimento administrativo mais aprofundado que foi aprendido no dia a dia da empresa, ou seja, precisei estudar outras áreas além do Direito, pois a faculdade não nos oferece todas as ferramentas, como financeiro. Precisei lidar com questões financeiras (e confesso para vocês que sempre fui péssima com números).

Outro ponto sobre trabalhar em empresa é o desafio em lidar com as pessoas, pois existem profissionais formados em áreas diferentes, então precisei me adaptar e falar a mesma língua que eles.

No início eu falava o famoso "juridiquês" e não conseguia passar a mensagem de forma clara aos meus colegas, porém fui desenvolvendo uma linguagem menos fechada, prolixa e pedante.

O que aprendi

Apesar de todos os desafios, nós continuamos conquistando cada vez nosso espaço, como mulheres fortes e determinadas.

Não é por acaso que hoje superamos o número de advogados. Essa luta só cresce e tenho muito orgulho de fazer parte dela.

Hoje minha busca não se baseia apenas no sucesso da minha vida profissional, mas também na minha vida pessoal.

Ao tentar encontrar a segurança e o reconhecimento, muitas vezes me perdi e também deixei de lado minha família, amigos e até mesmo a saúde.

Atualmente, eu busco o equilíbrio, a qualidade de vida, para que tenha uma vida pessoal aceitável.

Para isso, traço metas e tento ter meus objetivos bem claros. Os *planners* me ajudam muito!

Assim, acredito que um dos principais pontos para se ter sucesso é investir em nossa inteligência emocional, na organização e, acima de tudo, na confiança em nós mesmas.

Quando o sonho se distancia, ele pode estar perto

Renata Garcia Chicon

35

Renata Garcia Chicon

Formada pela Universidade Cidade de São Paulo (Unicid – 2005), com especialização em Direito Previdenciário (Unisal – 2009), especialização em Direito Processual Civil (Legale – 2013) e especialização em Direito Imobiliário (FMU-2013). Advogada no Sindicato dos Trabalhadores do Judiciário Federal (2007 a 2011). Advogada autônoma (desde 2008). Advogada sócia do escritório Stefano Simões Advogados (desde 2013).

Practitioner em Programação Neurolinguística Sistêmica.

Harmonize-se com o universo, acalme seu coração, que a resposta surgirá.

É engraçado quando fechamos nossos olhos e fazemos uma pausa e refletimos sobre quem somos.

A profissão fica tão marcante em minha vida que às vezes parece impossível dissociar de quem sou, se sou a advogada em tempo integral, ou sou a filha, irmã, amiga, tia, sobrinha, madrinha, namorada, companheira, entre outros adjetivos.

Minha infância foi de muita parceria, amizade e cumplicidade com meu irmão do meio. Somos três irmãos e eu sou a mais velha, tenho apenas um ano e meio de diferença de meu irmão, daí nossa parceria.

Minha irmã caçula sempre foi e será minha irmãzinha, que cuido e protejo até os dias de hoje.

Eu fui uma criança muito ativa e participativa, sempre gostei de ajudar nos afazeres da casa, arrastava a cadeira para a pia da cozinha para lavar a louça, pegava o ferro para passar roupa, ficava no meio com meu irmão quando minha mãe fazia bolo, me acidentei por algumas vezes, ponto na cabeça, prego no pé, perna e braço engessados, mão, joelho e cotovelos ralados, vivi minha infância com muita intensidade.

Meu lar sempre foi repleto de amor, carinho e atenção, mas muitas vezes os recursos financeiros eram poucos, meus pais pagavam nossos estudos, o que consumia boa parte dos rendimentos.

Na época de escola meus amigos tinham roupas e tênis de marca, andavam de mobilete, sempre almejei mais do que eu tinha, sempre almejei estar no patamar que além de suprir meus desejos pudesse suprir desejos da minha família.

E ainda na infância, na 4ª série do colégio eu tive a certeza que queria ser advogada, ser a melhor advogada.

Com 15 anos, ainda no colegial, hoje ensino médio, comecei a trabalhar em locadora de vídeo, hoje em dia muitos jovens não sabem nem o que é. É engraçado que, com a oferta da internet, os filmes ficaram mais acessíveis a todos. Trabalhei na locadora por aproximadamente dois anos, quando saí, trabalhei alguns meses em consultório de dentista, e com 18 anos ingressei numa financeira para trabalhar com meu primeiro registro em carteira, e desde então não parei mais de trabalhar.

Quando iniciei a graduação, aos 19 anos, passei a ter o sonho de ser juíza, seguir carreira na magistratura e parei de trabalhar para me dedicar aos estudos, porém na metade do 4º ano de Direito, com 22 anos, descobri que tinha um raro e grave tumor suprarrenal, e necessitava de cirurgia e tratamento, e nesse momento deixei meu sonho para trás para poder buscar minha cura.

Nessa fase, busquei muitas respostas, o porquê de essa doença estar acontecendo comigo, eu com apenas 22 anos, prestes a me graduar, tive minha vida interrompida.

Os médicos diziam que aquela minha doença eram mágoas guardadas, tristezas reprimidas, então mergulhei para dentro de mim para transmutar tudo aquilo.

Aproximadamente seis meses antes do meu diagnóstico eu namorava com um rapaz nove anos mais velho, médico em pleno exercício da profissão, meu primeiro namorado, que me fez acreditar em casamento, constituição de família enfim, um sonho de conto de fadas.

No entanto, naquele ano vivíamos a crise no Brasil com *impeachment* do presidente Collor, fechamento de muitas empresas, problemas financeiros diversos, enfim, vivíamos um caos, e em uma sexta-feira em que eu esperava meu namorado chegar, ele não apareceu e quando já era bem tarde naquela noite, ele ligou dizendo: *"Sou uma pessoa que fujo de problemas, sua família está enfrentando muitos problemas e não podemos continuar".*

Naquele momento levei um choque, chorei inconformada. No sábado fui até ele pessoalmente questionar o que havia acontecido e ele me disse: *"O que está fazendo aqui, eu já te disse, sou uma pessoa que fujo de problemas".*

Nos dias seguintes chorei, fiquei triste e guardei aquela dor, mágoa, tristeza dentro de mim, e seis meses depois fui surpreendida com o diagnóstico de um tumor raríssimo.

Passei por cirurgia e tratamento, a cama foi minha parceira nos meses que se seguiram após a cirurgia.

No dia em que minha cirurgia aconteceu, minha família comprava uma casa de café, ramo que seria nossa nova atividade comercial.

Após alguns meses na cama, senti-me disposta e comecei a trabalhar na cafeteria, chegávamos por volta das 05:30h da manhã, para as 06:30h estar aberta e atendendo logo que levantava as portas, eram uma loucura as primeiras horas. O interessante é que nossa casa de café fazia todos os salgados e as refeições no local, e tínhamos muito trabalho.

Vendemos o café e ficamos apenas com a fábrica de salgados, e trabalhamos muito, muito mesmo, eu trabalhava no cilindro de pasteleiro abrindo massa para fazer minitortas, que era meu setor, vendíamos muitas tortas e salgados.

Percebe-se que minha base, meus pais, são muito dinâmicos, e sempre buscavam alternativas e trabalhos, não desanimaram e, do jeito deles, nunca deixaram que eu ficasse sem atividade, enchendo a cabeça com besteiras, até porque eu também sempre gostei de trabalhar, e hoje em dia não é diferente.

O meu cilindro para fazer as tortas ficou pequeno, minha equipe cresceu e meu pai, buscando um cilindro para comprar, comprou uma panificadora/doceria, sim, isso mesmo, e para lá fizemos a mudança de nossa fábrica de salgados.

Nosso negócio cresceu muito, vendíamos salgados para muitas lanchonetes e cafeterias em São Paulo, e lá mudei de área, fiz cursos de boleira e aprendi coisas fantásticas, deliciosas, de dar água na boca, pois naquele momento precisava estruturar a parte de bolos e doces.

A empresa estava em verdadeira expansão, além dos salgados vendíamos doces, bolos e sobremesas para muitas churrascarias, acredito que você que está lendo, se estiver em São Paulo, na Capital, com certeza já comeu alguma sobremesa desenvolvida por mim ou algum salgado ou pão de queijo que minha empresa vendia entre os anos de 1996 a 2002.

Eu gostava muito de todo o trabalho que desenvolvia, muitas vezes sonho que estou lá na doceria trabalhando, porém, algo gritava dentro de mim, eu precisava voltar para a universidade, então comecei a planejar esse objetivo.

Passados cinco anos, com a primeira alta médica, comecei a preparar o meu retorno, para eu retornar tinha muitas adaptações para fazer, pois houve alteração na grade pelo MEC e muitas matérias foram inseridas no currículo, a mensalidade iria ficar bem mais cara e eu acumularia muitas matérias.

Parei para refletir e pensei que queria viver, queria voltar a estudar e me dedicar, e ser advogada, ter escritório próprio e executar o meu melhor trabalho.

Retornei à universidade, prestei novo vestibular e dessa vez cursei os cinco anos de Direito integralmente, sem nenhuma intercorrência.

Se você fez a conta, é isso mesmo, estudei nove anos de Direito para realizar o meu sonho e sempre soube que seria advogada, tão logo terminei a faculdade fiz o exame da OAB e sempre segui em frente, nunca pensei em desistir.

Quando ainda estava na faculdade, desde o 2º ano da graduação, iniciei a carreira jurídica fazendo estágio em diversos locais, o que me deu base e foi essencial para minha formação.

Para chegar até o momento de realizar o exame da OAB, foram muitos desafios enfrentados, não apenas na vida acadêmica, mas também na vida pessoal, pois somos únicos, não nos separamos de quem somos e as dificuldades nos afetam como um todo, nos entregarmos aos desafios e não buscar enfrentá-los fatalmente sufocará o seu propósito.

Assim que passei no exame da OAB, fui contratada no estágio em que estava, para o cargo de advogada, fiz pós-graduação em Direito Previdenciário, busquei desde o início qualificação. Permaneci por quatro anos nesse meu primeiro emprego como advogada, momento em que montei meu primeiro escritório, com uma amiga-irmã-parceira de trabalho. Nossa sociedade rendeu bons frutos e ainda rende até hoje, fomos sócias por quatro anos muito felizes.

Você deve estar perguntando "cadê a doceria?" Então, ela foi vendida, com muito pesar, logo após meu ingresso na universidade, minha família estava muito desgastada, pois trabalhávamos de segunda a segunda, nos feriados, no Natal e Ano-Novo.

Quando terminei a minha primeira sociedade, minha família trabalhava no ramo de arquitetura e regularização de imóveis, então pedi um espaço para trabalhar, e eles cederam naquela época para eu prosseguir minha atividade.

Com a separação da sociedade, confesso que fiquei perdida, meus planos haviam desmoronado e eu precisa me reinventar, renascer, cursei ao mesmo tempo duas pós-graduações, entre elas hoje a matéria na qual sou especialista no escritório em que sou sócia, Direito Imobiliário e Direito Processual Civil.

Precisamos nos harmonizar com o universo, conosco mesmos, e as oportunidades aparecem.

Certo dia o telefone no escritório tocou, e a pessoa que

trabalhava para meu irmão me passou a ligação, pois ele não sabia exatamente o que estava procurando.

Pasmem! Em resumo, essa pessoa disse que morava em área irregular e que precisava regularizar esse dito local. Naquela semana na pós-graduação de Direito Imobiliário um advogado apresentou um trabalho sobre regularização que ele realizava em uma área na Zona Sul. Ao desligar o telefone, imediatamente liguei para este Advogado, que hoje é meu sócio, e expliquei o caso.

No final daquele ano, nos reunimos com a associação de moradores que no ano seguinte nos contratou, e hoje realizamos, além da regularização daquela localidade, a legalização da casa própria.

Essa parceria, após virar sociedade deu certo, e realizamos o sonho de muitas pessoas com a entrega do imóvel regularizado.

Nossos clientes não são apenas clientes, são nossos amigos e parceiros, a advocacia transcende o profissional, pois é muito comum sermos o confidente, sócio do cliente, caso não esteja aberto para ser um bom ouvinte e extrair a melhor estratégia de atuação, repense sua trajetória, pois dentro de nossa área de atuação precisamos ser psicólogos e resolver a execução, o divórcio, o inventário, entre outros problemas apresentados.

Ao olhar para trás e ver aonde cheguei e para onde estou caminhando, me dá a certeza de que fiz a escolha correta em escolher meu sonho.

Hoje tenho meu escritório com sede própria, reformado e estruturado da forma que sonhei, tenho uma equipe de trabalho muito competente e querida, trabalho todos os dias com muito amor, o meu trabalho me realiza em muitos sentidos.

Posso dizer hoje com 47 anos que sigo meu propósito executando diariamente, passo a passo, pequenos planejamentos para completar o todo do planejamento maior. Existem muitos dias sombrios, mas com certeza o sol brilha muito mais, basta saber como você consegue ver seu caminho.

Minha trajetória foi marcada por dores, dissabores, desilusões, desapontamentos, mágoas, entre tantos outros sentimentos negativos, mas também teve muito acolhimento, amor, segurança, de meus pais, familiares e amigos, que seguraram firme em minha mão e me incentivaram a continuar, e renasci para uma vida nova, acredito que meu nome foi perfeitamente escolhido pois sua origem vem do latim e significa *"nascido de novo".*

Desde que renasci verdadeiramente para a vida, eu aprendi uma lição muito importante: toda vez que guardarmos o sentimento de mágoa, de dor, somatizamos isso em nosso corpo fazendo nascer a doença. Até quando vamos nos mutilar? Até quando vamos nos desrespeitar?

Fica a reflexão para você, leitor, a mudança está em suas mãos, percorra seu sonho que fatalmente o encontrará, às vezes estará disfarçado, olhe bem e o reconhecerá.

Rosa dos ventos

Rita Nascimento

36

Rita Nascimento

Dra. Rita Nascimento, formada em Direito, advogada, com pós-graduação em Direito Penal e Processo Penal pela Escola da Magistratura do Estado do Rio do Janeiro, Direito Imobiliário pela Pontifícia Universidade Católica do Rio de Janeiro – PUC-Rio e pós-graduação em Imersão Prática em Processo Civil 2019/2 pela Faculdade VERBO. Atuou mais de 15 anos na área de Projetos em Tecnologia da Informação - TI, no segmento de Óleo e Gás, entre as empresas em que trabalhou se destacam os últimos dez anos, prestando serviços à Royal Dutch Shell como Global Project Transition Manager. Exercendo a advocacia, esteve à frente da Diretoria Jurídica da Empresa Sindix Administração de Condomínios e Imóveis, na qual foi responsável pela criação, desenvolvimento e implementação de metodologia própria, com soluções na prestação de serviços em Gestão, Administração de Condomínios e Imóveis, nos moldes das melhores práticas do mercado, conjugadas com Técnicas de Gerenciamento de Projeto e Processos segundo PMI - Project Management Institute, levando a empresa a se fortalecer no mercado, com uma nova proposta de entrega para seu segmento. Hoje possui seu escritório com foco em Direito Imobiliário e Condominial.

Acesso Instagram:

É um prazer poder contribuir com a presente obra, levei tempo escrevendo e apagando, pois me propiciou uma viagem ao tempo na minha trajetória e com isso uma reflexão profunda a qual eu ainda não havia feito sobre minha vida.

E foi muito difícil filtrar o que poderia ou não interessar a outros e após inúmeras folhas rasgadas digitais, resolvi relatar um pouco das minhas experiências de vida, meus amores que foram sem dúvida determinantes na construção não somente da advogada, mas da pessoa que sou, pois não existe separação entre nós.

Saída da periferia de Brasília, uma menina que adorava estar de pés descalços, pulando elástico sob o sol escaldante do Distrito Federal, naquela época não tinha a menor ideia do que era o mundo ou de qualquer coisa que estivesse além das brincadeiras de queimada, pular amarelinha, pique-esconde, salada mista e tomar banho de chuva após correr dela.

Só quem já correu da chuva sabe a sensação incrível que é!

Eu, filha de uma Brasília em construção, de família simples de imigrantes do nordeste em busca de oportunidades, avô que não conheci, caminhoneiro, e avós em dose tripla, mulheres fortes e resilientes, não existia NÃO PODER FAZER...

Eu era a 5ª geração de mulheres, que por um tempo compartilham o mesmo teto e isso foi enriquecedor, tive tataravó nascida em 1885, bisavó, nascida em 1908, e avó que escondia a idade, e minha mãe nascida em 1957, uma verdadeira "balaiagem" de histórias de vidas em tempos diferentes.

Minhas avós não estudaram, mas valorizavam muito as letras e os letrados, então a escola não me faltou.

Minha bisavó em seus 70 anos rascunhava nos meus cadernos de caligrafia palavras novas, seu esforço e interesse me deixavam emocionada e eu sempre fazia meu dever junto dela, contando tudo o que aprendia. E ela por outro lado narrava em suas belíssimas histórias um mundo passado às vezes inimaginável e nada glamouroso para os menos afortunados.

Ela me contava como conheceu Maria Bonita, e os feitos do Padre Cícero, me fez ter gosto pela minha origem, mas nunca me senti parte de um lugar só. Me sentia ora nordestina, ora brasiliense e atualmente carioca, e não demorei a me perceber como uma autêntica brasileira e pessoa do mundo.

Adorava perceber o vento!

Minha infância não foi difícil, apesar de a vida da minha família não ser fácil, nunca nos faltou alimento, pelo contrário, comida boa e de vó e com direito a bolinho de chuva e sequilhos.

Mas não tínhamos patrimônio ou nome e dinheiro, era tema que causava muita angústia em toda a família, e vivemos muitos altos e baixos, ora estamos morando na zona nobre de Brasília e daqui a pouco na zona menos nobre. Mudei tanto de casa e de bairros que nem sei ao certo em quantas morei.

Não entendia o motivo de tanta mudança e isso consignou minha primeira ambição e objetivo, pois o meu pior pesadelo era não ter como pagar um aluguel, então, a meta era construir meu próprio patrimônio, minha cabana que fosse, mas teria que ser minha!

Comecei com um imóvel, depois outro, depois um terreno e ainda sonho com minha cabana.

A palavra de ordem na minha vida será disciplina e acreditar em mim!

A minha escolha profissional nunca foi propriamente parte de um planejamento minucioso como vejo tantas pessoas fazerem, pelo contrário, tudo aconteceu em etapas, e eu estava lá, na hora e no lugar certo, pronta para aprender. Tanto que somente aos 40 anos resolvi cursar Direito.

É impossível não acreditar que traçamos nossos planos enviando para o universo nossos desejos mais profundos, nunca imaginaria que seria sócia de uma administradora de bens e imóveis e exerceria advocacia no ramo do Direito Imobiliário. Hoje com foco e me debruçando em especial sobre a lei do inquilinato, em uma análise acerca da evolução imposta pela tecnologia e vida moderna versus os comandos legais legislados em tempos diferentes.

Daí, vem o trabalho ao qual me dedico atualmente e gera uma reflexão acerca da velocidade nas mudanças que a sociedade atualmente pleiteia e enfrenta e como a lei irá refletir essas mudanças.

O Valor da Lealdade a Minhas Origens

Nunca quis ser outra pessoa ou de outra família! A minha maior característica é ser leal a tudo que amo e acredito.

Portanto, o que norteou meus caminhos foi ter total consciência de quem eu era, de onde vinha, ou seja, a força daquelas quatro mulheres, tata, bisa, vó e mãe e suas trajetórias e ensinamentos formaram a minha ponte de valores sólidos, para que a minha trajetória me levasse a um só caminho.

Ao sucesso em tudo aquilo que eu quisesse realmente fazer!

O Estudo Era Como Um Sonho

O estudo nem sempre foi algo que me acompanhou e cheguei a abandonar, me tornando uma profissional técnica, moldada pela prática, do que não reclamo, em absoluto.

Cursar uma universidade era algo como um sonho distante, principalmente de uma menina que decidiu ser mãe tão cedo, e com apenas 16 anos deu à luz a pessoa mais importante de sua vida.

Aos 17 anos, mudei-me para os Estados Unidos com uma criança no colo e o estudo ficou ainda mais distante, pois nesse país poucos vão para a universidade.

Em contrapartida, a escola da vida, vivendo em outro país, e outra cultura foram determinantes para adquirir a visão de mundo que carrego comigo, e o lema que é o de **não ter medo de nada! Só a morte não é sanável...**

Não ter medo, mas ter sim respeito pelo incerto e cuidado onde se pisa, consideração e empatia no trato com os outros, mas medo jamais!

E, nesse sentido, algo sempre me disse que a única arma contra o medo seria o conhecimento e minha disposição em aprender, fosse o que fosse me trouxe para onde estou.

A minha escolha profissional não foi planejada, quando voltei dos Estados Unidos, com Inglês fluente, aproveitei as oportunidades da época e pude trabalhar em multinacionais que abriram as portas pela minha vivência no Exterior.

Meu primeiro emprego, já como secretária executiva bilíngue, atendendo a um grande nome dos negócios, ex-CEO de uma multinacional de copiadoras, nome respeitado e que estava à frente da governança corporativa de um grande banco que geria Fundo de Investimento para aquisição de estatais.

Vivenciei a privatização de todas as empresas de Telecom de muito perto, fui secretariar alguns conselhos administrativos e fiscais.

Foi uma escola em todos os sentidos, conheci grandes nomes da Administração, do Direito e do centro político da época, mas também conheci pessoas horríveis, envaidecidas pelo poder. Bem, esse é tema de um outro livro.

O cerne aqui é sobre aproveitar cada oportunidade e dela fazer acontecer, e foi o que fiz, me tornei gerente de projetos em TI e atuei no segmento de óleo e gás por 20 anos.

Criei meu filho, que passou por uma faculdade de Direito, MBA, é supergraduado em Direito Tributário Internacional, um orgulho imenso e minha maior vitória.

E quando ele se formou, e se casou com minha linda nora, resolvi cursar Direito, um sonho que parecia louco, aos 40 anos voltar ao mundo acadêmico como aluna. Foi um desafio, um novo mundo fora da minha zona de conforto.

Me formei e não parei mais de estudar e não vou parar. Fiz três pós-graduações, escrevi um artigo que virou livro *pocket*, mas que pretendo que um dia tenha capa dura, e minha meta é o mestrado.

Quero poder transmitir tudo o que aprendi!

Me formei, sou uma Advogada, e Agora?

Confesso que nunca pensei como iria construir uma carteira de clientes.

Novamente o vento e a chuva me fazendo correr para frente sem pensar muito!

Hoje tenho meu escritório, com uma carteira de mais de 200 clientes, atuando em especial em Direito Imobiliário e Condominial e nunca me faltaram clientes, talvez porque o dinheiro seja um pensamento secundário, sempre pensei que aonde cheguei o suficiente nunca me faltaria. Talvez o excedente fosse mais trabalhoso, mas o suficiente para viver não poderia faltar, pelo simples fato de já ter conquistado essa fase.

Com o básico garantido, hora de mudar de fase!

Hoje aqui escrevendo este artigo, na véspera de completar 50 anos, percebo como o Direito Imobiliário, e todo o tema patrimônio, tem relação com minha história de vida e lá atrás, quando na infância meu maior receio era não ter uma casa, a vida é mesmo incrível quando projetamos de maneira positiva o enfrentamento de nossos medos.

As estrelas escutam!

E hoje, sim, posso dizer que conquistei tudo que sonhei acordada, e o caminho foi por meio de muito trabalho e mãos na massa, sem pensar muito, mas aproveitando cada oportunidade que a vida colocou diante de mim e o resultado foi sobre realização em todos os aspectos, no profissional, mas sobretudo como pessoa.

Meu Primeiro Cliente, Socorro, Audiência!

Meu primeiro caso foi em face de uma empresa/concessionária de energia, clássico caso de direito do consumidor, e teríamos uma AIJ (Audiência de Instrução e Julgamento), por isso não dormi! Nunca durmo quando tenho algo importante no dia seguinte.

Estudei até mesmo o lugar em que deveria sentar-me e como adentrar a sala, etc., etc. Estava pronta, com a matéria na ponta da língua.

Seria um sucesso, só não me preparei para uma coisa, a animosidade do colega que se sentava à minha frente! Estranhei logo de pronto quando eu disse bom-dia sorridente e não houve sequer o contato visual da outra parte, que responde bom-dia pelos dentes cerrados e de má vontade.

Au-au! O que era aquilo? Por que a hostilidade do meu colega de classe, da mesma ordem tão distinta?

Pois é, a primeira verdade, é uma guerra lá fora!

Esqueça os paparicos "doutor para cá, doutor para lá", o mundo real do Direito é hostil e a justiça definitivamente nem sempre será alcançada.

Mas, crendo ainda que não existe desistir e que, como disse o ilustríssimo Humberto Martins em palestra a jovens advogados que "sem advogado não há Justiça e sem Justiça não há cidadania", não tiro meu sorriso do rosto e muito menos dou fogo para os fogueteiros que mais fazem barulho do que fundamentam suas teses.

Portanto, descobri como distinguir o verdadeiro advogado do aventureiro licenciado, e é quando leio as peças e verifico a beleza de uma fundamentação na lei e na doutrina conjugada às melhores práticas versus ataques aos patronos da ação, aventando litigâncias de má e invocando ofício à OAB sem qualquer razão de ser.

Vê-se de pronto o perdedor!

O perdedor da ética e guardião dessa profissão secular e tão nobre!

Fazer Bem-feito

Como dizia Aristóteles: "Nós nos transformamos naquilo que praticamos com frequência".

A perfeição, portanto, não é um ato isolado. É um hábito.

Demoro às vezes mais do que gostaria analisando um caso e respondendo, mas isso acontece porque não tenho medo do trabalho e da quantidade de documentos ou leitura de que precisarei para alcançar bons resultados.

Definitivamente não faço as coisas para me livrar delas, quando me proponho é preciso que seja bem-feito e é possível se notar isso no cuidado que tenho com os detalhes.

Por outro lado, reconhecer que não somos infalíveis e que às vezes é preciso nova avaliação de um tema, ou mesmo de uma conduta, nunca me foi difícil. Errar e assumir meus erros nunca foi um problema que eu quisesse esconder, pelo contrário, aprendi muito mais tentando do que não fazendo o que devia ser feito.

Se eu, porventura, cometesse um erro com um cliente, e já cometi, falei e falaria novamente a verdade, mesmo que isso custasse tê-lo como cliente e perder honorários.

A capacidade de assumirmos as consequências de nossos atos diz mais sobre nós que nossos acertos.

Ser Melhor Hoje e Melhor Ainda Amanhã

Nada na vida acontece do nada...

Todos querem uma grama verde, é lindo demais! Aquele jardim, aquele carro, comer naquele restaurante, viajar para aquelas cidades! Querer é poder, só não se pode cobiçar o que é do outro. O que é do outro deve ser inspiração e não cobiça.

A pergunta é:

Como ele fez para chegar aonde chegou?

E jamais:

Ele não merece o que tem, devia ser meu!

O mundo não é injusto, injustos somos, às vezes, quando temos dificuldade de reconhecer o mérito dos outros.

A inveja é uma erva daninha que afeta nossas próprias estradas, pois ao não reconhecer o mérito e o sucesso do outro estamos anulando e matando uma fonte de inspiração.

E esse é um pensamento e atitude de que sempre fui muito vigilante, isto é, não ter "inveja", muito pelo contrário, sou fã dos meus professores, tiete daqueles que sabem mais que eu e adoro estar próxima de pessoas que falam sobre ideias e reconhecem a habilidade e capacidade de outros.

Gratidão

Sempre tive uma vida que muitas vezes me parecia estar sob a direção de outro ser! E talvez seja por aí o segredo da minha contestação e facilidade em aceitar as pessoas como elas são.

Sou grata, simples assim!

Sou grata por estar aqui hoje escrevendo sobre minha trajetória e não paro de sorrir, pensando "quem diria?".

Agradeço primeiramente a Deus, por chegar até aqui e quero mais, se assim for possível!

Agradeço ao meu parceiro de estudos e companheiro de todas as horas, meu marido, Leandro, por toda sua energia, atenção, carinho e paciência, por me incentivar a terminar este curso. Leandro, sem você minha vida seria a coisa mais sem graça do mundo, amo você daqui até a eternidade.

E sinto muito que meu querido e amado irmão, Hilton Jorge Nascimento, não esteja mais fisicamente entre nós, para que eu possa dividir com ele, em celebração e muitas risadas, mais essa conquista. Mas sei que, onde ele estiver, estará sempre me dizendo "irmancita, você pode fazer tudo o que você quiser fazer". Jorge, meu irmão, eu o amo e amarei além dessa vida, você que sem dúvida sempre atribuiu mais crédito às minhas qualidades, ao que eu realmente merecia. Coisas de irmão!

Agradeço à minha mãe, mulher elegante de olhar forte e voz firme, nunca titubeou quando o assunto era prover para seus filhos, mal sabe ela o quanto agradeço pelos seus ensinamentos, e que nunca vou superá-la nos quesitos coragem e força. Eu a amo, mãe, e reconheço cada um de todos os seus esforços para que tivéssemos o que temos hoje, que é educação, mas sobretudo de sermos fiéis às nossas origens. Agradeço à minha avó, Maria do Socorro, e à minha bisavó, Joaquina Vitória, e para elas abro um sorriso com gosto de infância, sei que onde estiverem sentem minha gratidão.

Falar de meu amadíssimo filho David, sem mencionar no mesmo parágrafo sua linda esposa Talita, seria o mesmo que falar de "Romeu sem Julieta", apesar de serem especiais individualmente, é certo dizer que juntos fazem uma potência. Agradeço ao meu filho e nora, David e Talita, o casal mais lindo do mundo, por toda alegria e orgulho que nos dão. E eu sou muito fã deles.

E, por fim, agradeço a tudo e a todos que me motivam, da hora em que eu acordo à hora em que vou dormir, ao meu irmão caçula, que é o artista da família e o semeador, Sidnei Renan Nascimento, e aos meus sobrinhos Victor Hugo, Gabriel, Maria Clara, Gustavo e Guilherme, e à irmã que eu sempre quis e ganhei desta vida, Paula Santiago, e ao meu braço direito e esquerdo, Erika Rosa, à minha filha "pet" Bajah Prince, que não está mais aqui, mas fico feliz por não ter comido todos os meus livros de Direito e ter me ensinado o verdadeiro poder de amar o diferente.

Não posso deixar de mencionar as minhas cunhadas, Paloma, a preferida, Ednalva e Ane, as mães dos meus amados sobrinhos.

E por óbvio sou grata a todos os professores pela transmissão de novos conhecimentos, em especial, ao professor Sylvio Capanema, brilhantíssimo jurista, encantador de alunos, e quem me inspirou a explorar o tema de meu trabalho atual, sobre "A lei do inquilinato face às novas modalidades de locação relâmpago". Tema esse escolhido após uma de nossas aulas de sábado, quando falávamos sobre "o tempo e suas mazelas e as inventices humanas nos últimos anos" e ele declarou que nunca imaginou, ao participar da elaboração da Lei do Inquilinato, que em dias futuros alugaríamos um bem imóvel por meio de aplicativo em um celular, o tal de "smartphone". Aquela foi uma das melhores aulas que tive... Naquele dia escrevi um livro em minha mente que, se tudo der certo, virará palavras e páginas. E por fim sou grata por dividir minha história e quem sabe inspirar. Pois não importa de onde você vem, qual o seu sobrenome, mas sim para onde você vai e com que caneta assinará sua própria história, pois tudo o que quiser de verdade é possível e não existe tempo predeterminado para realizar seus sonhos e ser bem-sucedida.

Meu lugar, minha voz!

Roberta Aparecida Moreira Reis dos Santos

37

Roberta Aparecida Moreira Reis dos Santos

Advogada, mentora e mediadora sistêmica, palestrante, docente e facilitadora de Constelação Familiar, Direito Sistêmico, de cursos livres e pós-graduação USCS. Especialista em Constelação Familiar aplicada ao Direito Sistêmico pela Hellinger Schule® e Faculdade Innovare, coordenadora sistêmica da Oficina de Direito Sistêmico #pazparatodos no Fórum Regional de Santo Amaro, voluntária em projetos sistêmicos no âmbito da Justiça. Fundadora da Moreira Reis Consultoria e Advocacia Sistêmica e Roberta Moreira Círculo de Soluções Sistêmicas Integrativas, coautora nos livros "O Poder da Constelação em 27 Relatos" e "Pensamento Sistêmico Abordagem Sistêmica aplicada ao Direito".

Acesso LinkedIn:

"Quando uma mulher decide curar-se, ela se transforma em uma obra de amor e compaixão, já que não torna saudável somente a si própria, mas também a toda a sua linhagem." (Bert Hellinger)

Quando fui convidada para participar como coautora neste livro, logo surgiu uma reflexão: o que eu poderia escrever de relevante para outras pessoas que as pudesse inspirar? Por que eu?

Logo pensei: *Por que não eu?* Toda história tem a sua singularidade e potência de transformação.

Senti no meu coração que poderia sim!

Dar voz e um lugar de registro da minha história.

Por isso, convido você a mergulhar, de coração aberto, acolhendo o que faz sentido. E o que não fizer, tudo bem, deixe que disso eu cuido.

Sou neta de Petrolino e Francisca (linhagem materna) e de Benedito e Maria José (linhagem paterna); filha de José Luiz (*invisível aos olhos e presente no meu coração*) e Gessy; irmã mais nova da Renata e de um irmão gemelar não nascido; esposa do Lindomar; tia da Amanda e mãe da Laura.

Nasci na capital de São Paulo, na Zona Leste. Vivi toda a minha infância e adolescência na Cohab I, numa região com pouca infraestrutura.

Atualmente, continuo morando na Zona Leste, no bairro vizinho, onde construí a minha história, minhas raízes. Muito embora essa região continue sendo marginalizada por muitos, percebo nitidamente o seu crescimento e desenvolvimento, ainda que carente de políticas públicas sociais efetivamente inclusivas, que vão além das crenças sobre regiões periféricas.

Nessa região meus pais iniciaram uma nova etapa – meu nascimento, a casa própria e oferecer às filhas algo a que até então não tiveram acesso – educação de qualidade e a possibilidade de sonhar e conquistar.

Meus pais sempre acreditaram que a família era a maior conquista. O estudo é a força propulsora de mudanças. Por isso, sempre priorizaram proporcionar educação de qualidade, ainda que isso significasse renunciar aos seus próprios sonhos.

Muitos eram os esforços e prioridades nesse sentido. O momento mais desafiador nesse período foi a perda do emprego do meu pai quando eu estava na 4ª série, o que inviabilizaria a continuidade dos meus estudos na escola particular. Essa foi a primeira vez que vi meu pai chorar, escondido, pois isso trazia também outras limitações, e muito provavelmente brotavam seus traumas e dificuldades da infância.

Também foi a primeira vez em que eu tive consciência da capacidade dos meus pais em buscar soluções e superar as suas dificuldades com criatividade e humor, juntos, com foco no bem-estar de todos da família.

A continuidade nessa escola só foi possível pelo empenho da minha mãe em solicitar, todos os anos até a 8ª série, bolsa integral de estudos.

Um divisor de águas: a possibilidade de estudar em um colégio de qualidade na região, com professores que foram além dos aprendizados. Existia uma real conexão com a história dos alunos.

Muito embora o foco não seja esse, creio ser relevante contextualizar que nessa escola era uma das poucas negras estudantes. E isso faz diferença? Talvez para muitos não! Para mim, que era minoria, sim! Até porque fizeram parte desse período: vivências de *bullying* e o racismo estrutural, sutil, mas com seus efeitos.

Eu sentia que era preciso fazer mais e provar o meu valor.

Ao mesmo tempo, inspirou-me a olhar para a singularidade das pessoas com mais acolhimento.

E até hoje percebo os meus impulsos internos de inclusão da diversidade e de retribuir com alegria através da minha profissão o que recebi dos meus pais e de tantas pessoas que contribuíram com o meu aprendizado.

Foram anos de dificuldades financeiras, algumas restrições na família, ainda assim, com alegria e foco em buscar soluções através da criatividade e disposição dos meus pais. Havia muitas formas de compor a renda: venda de flores-de-seda em feiras-livres, sorvete em campinhos de futebol, chinelos de crochê.

Ainda que a dificuldade insistisse, percebíamos que era possível persistir e realizar.

Em cada sacrifício, cada renúncia em família sentia o impulso de querer fazer *justiça!* Defender os marginalizados, os injustiçados, e quem sabe, mudar o mundo buscando igualdade de direitos e respeito – a *justiceira!*

Inspirava-me na personagem fictícia "*Kate Mahoney*", do seriado Dama de Ouro: mulher que era justa, perfeccionista e assertiva na defesa de quem precisava. Por isso, pensava em ser policial, seguir carreira na Aeronáutica e até magistratura, sempre com o foco em fazer justiça.

Cursei o ensino médio técnico em Administração, na Zona Norte, e pela grade curricular tive aulas de Direito com uma advogada, que foram fundamentais para eu escolher o curso nessa área.

Buscar a justiça, sem armas, mas com argumentos em defesa e no cumprimento da lei. O olhar da minha professora contagiou-me. Sim, era isso que eu queria fazer! Ressoava no meu coração, na minha alma.

Graduei-me em Direito (2001) na Universidade São Francisco (USF), após muitos desafios para a concretização da faculdade. Foram anos desafiadores, seja pela necessidade de trabalhar para contribuir com meus pais no pagamento do curso; dificuldades em comprar livros; o tempo despendido entre o trabalho para a faculdade e depois para casa, o que tornava cansativa minha jornada. Tudo só foi possível com o apoio incondicional dos meus pais em todos os momentos e de amigos que tornaram o caminho mais leve.

No primeiro ano letivo pensei em desistir, pois o cansaço era avassalador, dormia em algumas aulas e pensava: "Como posso querer tanto e não ter energia para dar conta? Meus pais pagarem por isso?" Dormia em média apenas quatro horas por noite.

Foi um movimento de grande superação e apoio. Persistência e resiliência. Sentia que valia a pena estar lá. Que eu podia estar lá. Era apenas a segunda da minha família a cursar faculdade, depois da minha irmã.

Durante o período da faculdade tive a oportunidade de estagiar em muitos lugares, que agregaram muito conhecimento da prática jurídica. Tive a sorte de trabalhar em escritórios e empresas com advogadas disponíveis para transmitirem o seu conhecimento com paciência e respeito.

É certo dizer que nem tudo foi sempre saudável e harmonioso, mas ainda assim aprendi muito, pois tinha o anseio de absorver experiência.

Sempre fui buscadora de conhecimento, ainda que não concordasse, era importante obter informações, até mesmo para discordar.

Ainda tinha o ímpeto de *justiceira* em não aceitar algumas posturas profissionais, como sendo natural por ser *apenas* estagiária, seja pelo desrespeito e desequilíbrio demasiado na relação, ou exigências desproporcionais, que refutava.

Ao mesmo tempo, sempre tive uma postura proativa, assertiva, que possibilitou relações profissionais de amizades até hoje.

Ao terminar a faculdade, para minha surpresa e indignação, não passei na prova da OAB, senti-me extremamente injustiçada, já que o avaliador solicitou algo inexistente na área do Direito do Trabalho.

Levei um tempo para assimilar e entender que tudo tinha um tempo e propósito. Prestei o exame seguinte, sem muita confiança, sendo aprovada.

Alcancei o objetivo de tornar-me advogada. Aqui conquistei um sonho de muitos: meu, dos meus pais e ancestrais.

E, agora formada, o que seguir? Como fazer? O escritório em que estagiava não tinha intenção de efetivar os estagiários.

Por indicação de uma colega, fui contratada por uma empresa, aos 23 anos, e lá permaneci por cinco anos. Era um lugar em que amava trabalhar. Até que em 2006 vivenciei um grande desafio com uma das diretoras da empresa, que me gerou uma desestabilidade emocional.

Nesse período conheci (*não internalizei*) as Constelações Familiares de Bert Hellinger e a abordagem integral de Ken Wilber no Instituto Evoluir, que foi um grande movimento de crescimento na esfera pessoal e na profissional.

Encontrei uma nova possibilidade de entender aquele conflito.

Ocorre que existe uma máxima: *"Lição não aprendida, lição repetida"*, e mesmo após sair da empresa anterior para "excluir" o problema este padrão passou a se repetir na nova empresa com outra gestora.

Busquei excluir da minha vida aquele desafio/conflito, mas percebi que, ao afastar o aprendizado, sem mergulhar para entender o que emergia, tornei-me refém de repetições, perdi a minha força, pois sentia-me vítima da situação. As perguntas que ressoavam eram: "Que injustiça! Como pode acontecer isso comigo? Trabalho com tanto afinco. Sou dedicada".

Foi necessário um aprofundamento no autoconhecimento para compreender as dinâmicas que me faziam ressoar com esse padrão, quais eram as minhas projeções e buscar um movimento interno de autorresponsabilidade em assumir a minha parte. Isso possibilitou refazer perguntas com foco na solução: "Para que esse conflito? Está a serviço de quem? Quem eu honro do meu sistema? Qual é a minha parte de responsabilidade nisso?"

Pude trazer à consciência padrões de lealdades inconscientes ao meu sistema materno e paterno, por exemplo: crença limitante de que é possível conseguir atingir os objetivos somente após muitas dificuldades, como a escolha da profissão seguindo os injustiçados do meu sistema e seguir a carreira militar, assim como meu bisavô paterno, o meu olhar aos excluídos dos sistemas.

Hoje compreendo a escolha da minha profissão como propósito, bem como uma forma de honrar o meu sistema. Todo esse aprendizado foi decisivo para os próximos passos.

Em meados de 2008 dou outro passo na minha carreira profissional, ao assumir a minha força, decidi abrir o meu escritório, Moreira Reis Consultoria e Advocacia, e alinhar o trabalho com grandes amigas e amigos, que carrego com carinho no meu coração.

Como o autoconhecimento é contínuo e orgânico, este transbordou para a área profissional em 2015 quando tive contato com informações do uso das constelações familiares no Judiciário pelo dr. Sami Storch. Era a possibilidade de unir duas coisas que ressoavam no meu coração.

Então se iniciou uma nova fase: Formação de Constelação Familiar com a Simone Arrojo (2016), onde tive o módulo de Direito Sistêmico com o dr. Sami Storch. Dessa formação originou-se o livro "O Poder da Constelação em 27 Relatos", com o texto em coautoria sobre o Direito Sistêmico.

Muitos passos. Muitas conquistas.

Nesse mesmo período surgiu o Círculo Sistêmico de Amor, atualmente conhecido como Roberta Moreira – Círculo de Soluções Sistêmicas Integrativas, com o propósito de compartilhar experiências e ressignificar histórias, com o uso das constelações familiares e da abordagem integral aos clientes.

Paralelo a tudo isso, continuava na minha busca de entender e aprofundar os conhecimentos sistêmicos na atividade profissional, através de seminários, *workshops* e conhecer projetos sistêmicos no Brasil.

Fazer pontes e conexões. Agregar conhecimento.

Em 2017, comecei a colher os frutos.

Muitos movimentos na esfera pessoal e profissional: tornei-me coordenadora do grupo de estudos de Direito Sistêmico na Comissão Especial de Direito de Família e Sucessões da Seccional São Paulo. Ministrei a minha primeira palestra sobre a temática na Subseção do Tatuapé. Promovi os Círculos de Direito Sistêmico no escritório, fui convidada para participar e colaborei na implementação de projetos sistêmicos no Judiciário.

A Subseção da OAB Lapa em 2017 acolheu a criação da Comissão de Direito Sistêmico, tornando-se a 2ª comissão em São Paulo, na qual exerci o cargo de vice-presidente.

De lá para cá, muitos outros movimentos. Atualmente estou como presidente da Comissão de Direito Sistêmico da Subseção da OAB Itaquera (2019-2021).

Meu nome, história e jornada têm um lugar em prol da OAB.

Acolhendo todos os movimentos internos de autoconhecimento, passei a lecionar sobre Constelação Familiar e Direito Sistêmico em turmas de pós-graduação e cursos livres, escrever artigos e ministrar palestras.

Hoje, exerço a minha profissão de forma mais leve. Respeitando os contextos dos clientes, e percebendo que não sou "salvadora" ou dona do conflito, mas sim gestora, que possibilita ao cliente buscar e encontrar as melhores soluções, de forma orientada e sistêmica.

Percebo que a solução passa pelo crivo dos valores e crenças do cliente, e não pelos meus contextos, pois chego por último nessa relação. Respeito a singularidade de cada indivíduo, inserido no seu sistema familiar, suas crenças limitantes ou fortalecedoras.

Por isso, aqui faço uma pausa para reflexões sobre a minha jornada pessoal e profissional.

Ao longo da minha vida percebi quantas mulheres influenciaram a minha vida. Seja através de movimentos de crescimento pessoal e profissional, bem como as que trouxeram grandes desafios, e que me impulsionaram a fazer escolhas – conscientes ou não, mas essenciais para eu sentir que sigo agora o meu propósito, de outro lugar, com mais consciência e amor.

Creio que as mulheres se fortalecem no feminino. Que as nossas relações, especialmente com as mulheres, é um reflexo da nossa relação com a nossa mãe e o feminino da nossa ancestralidade.

Por isso, agradeço à minha mãe, pela generosidade, amorosidade e paciência para dar espaço a cada "porquê", pergunta, indignação, buscando respeitar a minha singularidade.

Agradeço a todas as mulheres que fortaleceram o meu caminho, bem como as que foram espelhos nos meus desafios/conflitos.

Dou um lugar de respeito a cada uma delas, pois trouxeram grande contribuição no meu autoconhecimento.

Digo SIM a cada mulher que se calou.

Que renunciou a seus sonhos.

Agora eu posso dar voz.

Dar lugar.

Expressar.

Levar adiante a vida e projetos a serviço de Algo Maior e da vida.

Ao lado dessa força (feminino), em equilíbrio e de igual valor, eu digo um SIM ao masculino que chegou a mim através do meu pai e meus ancestrais, seja pela direção, segurança e o desbravar de novas possibilidades na família, e em especial pelo seu sorriso, alegria e amor pela família.

Através da força dele fui impulsionada a agir e ir ao encontro do meu propósito. Sim aos homens da minha ancestralidade. Sim ao homem que escolhi para ser meu companheiro e pai da nossa pequena. Que também apoia e fortalece o meu trabalho.

Ao longo da minha vida busquei encontrar o equilíbrio em integrar masculino e feminino; vida pessoal e profissional.

Agora eu vejo: tanto um quanto o outro.

Tudo ressoa em prol de um crescimento interno que reverbera no externo, no coletivo.

Por isso, entendo ser mais leve buscar algo que ressoa no nosso coração.

Que esteja alinhado com sua missão e propósito, respeitando a sua singularidade e essência.

Assentindo ao passado com respeito e liberando-se para trilhar caminhos, ainda que diferentes, com alegria e amor.

Reconheço e acolho a minha humanidade, minhas dificuldades, sombras, resiliência e persistência.

Acredito que o próximo passo virá e confio na força que vem dos meus pais e ancestrais.

No meu **lugar**. A minha **voz**.

Força e alegria.

Sempre acreditei que o conhecimento me levaria a qualquer lugar

Roberta Volpato Hanoff

38

Roberta Volpato Hanoff

CEO do Studio Estratégia – Governança, Riscos e Compliance. Advogada especialista em Direito Empresarial (FGV), cursando MBA em Liderança e Inovação (Saint Paul Business School). Certificada em Compliance Anticorrupção (CPC-A®). Certificada em Gestão de Riscos e Controles Internos (CICS – ICI). Auditora Líder ISO 37001:2016 (Compliance Antissuborno). Membra da Comissão Permanente de Compliance do CFOAB (2019-2021). Membra efetiva do Instituto Brasileiro de Governança Corporativa – IBGC; coordenadora da Comissão Nacional de Governança e Riscos do Instituto Brasileiro de Direito e Ética Empresarial – IBDEE (2018-2019). Professora de cursos de extensão e pós-graduação em GRC. Autora e articulista de obras e editoriais renomados no Brasil e Exterior. Palestrante. Vencedora do Legal Falcons Award 2021 (Califórnia, EUA), figurando entre os 50 profissionais-referência em inovação e empreendedorismo jurídico no mundo.

Acesso LinkedIn:

Antes de começar, vale um prólogo rápido? Se sim, aí vai: não é fácil elaborar memórias. Estas, eu escrevo em Floripa, de frente para o mar, ouvindo música – do jeito como eu, normalmente, gosto de buscar inspiração e concentração para trabalhar.

Embora viva na praia, é importante retroceder no tempo e no espaço para destacar que nasci em Criciúma, sul de Santa Catarina, onde morei com meus pais até ser aprovada no vestibular para o curso de Direito da Universidade Federal de Santa Catarina. Por causa das minhas origens, costumo dizer que tenho os pés pretos de carvão (marco histórico da economia criciumense e sua importância para o país), e, graças a eles, e ao fato de a cultura local ser fortemente voltada ao trabalho, eu jamais me permiti limitar os sonhos.

Sempre fui muito criativa, sonhadora, curiosa e independente. Queria conhecer o mundo, fazer novos amigos, aprender o quanto pudesse. Hiperativa, sou multitarefa desde pequena (este hábito da música, por exemplo, tenho há anos, e é muito, muito difícil para mim produzir qualquer coisa em silêncio).

Também sempre gostei muito de ler. A minha relação com a leitura, com o estudo e o conhecimento herdei de minha mãe, que é professora e sempre me incentivou. Recordo que, quando eu era bem criança, havia uma livraria no shopping da minha cidade que se chamava Sulina, e eu conseguia enxergá-la, no piso superior, já dos primeiros degraus da escada rolante. A livraria mantinha um clube de leitura, do qual a gente podia participar por meio de uma associação, com carteirinha e tudo. Eu sequer sabia ler e já tinha a minha carteirinha, de forma que todas as idas ao shopping significavam entrar na Sulina, sentar-me em meio a outras crianças e adultos, manusear os livros e imaginar o que estaria escrito neles. Eu tinha urgência em aprender, saber as coisas, em ter respostas. Precocemente, eu já tinha a percepção de que o conhecimento poderia me levar a qualquer lugar, e me permitiria ser o que eu quisesse na vida adulta.

Além da enorme curiosidade, do gosto por leitura e música, outros valores que trago da minha infância e, também, da adolescência são o senso de humor e o perfil de liderança, ambos transmitidos pelo meu pai – ainda hoje, por sinal, nossas maiores afinidades.

Assim como ele, sempre gostei de encabeçar atividades, construir redes de relacionamentos e solucionar conflitos (meu pai é uma pessoa dotada de grande senso de justiça e notável inteligência emocional).

Essas características me levaram a ser representante de turma reiteradas vezes no Colégio Marista, onde estudei, e, mais tarde, na graduação. Da mesma forma, me inclinaram a escolher como profissão a carreira diplomática.

Isso mesmo. Antes de pensar em advogar, eu queria ser embaixadora. Aos 11 anos de idade, li no jornal que um político de meu estado havia sido designado embaixador do Brasil em Portugal, e a perspectiva de trabalhar viajando, morar em países diferentes, falar novos idiomas e, o mais importante, representar o país me encheu de entusiasmo. No final das contas, sempre foi sobre gerar impacto social. Isso me move até hoje!

Pesquisando a respeito, e conversando com a psicóloga do colégio, entendi que a graduação em Direito seria a primeira etapa do trajeto, e estabelecemos, juntas, a meta que seria na UFSC, universidade federal qualificada entre as cinco que mais aprovavam no concurso que eu teria de prestar depois – o do Instituto Barão do Rio Branco, situado em Brasília/DF.

O mais legal disso tudo era a predisposição dos meus pais em apoiar. Eles jamais disseram que eu não poderia, ou não conseguiria, mesmo quando as condições não eram as mais favoráveis.

O Direito veio à minha vida como um caminho para transformar a vida das pessoas, e essa percepção, nada obstante a minha alteração de rota da diplomacia para a advocacia, apenas fortaleceu. Costumo dizer, seja aos estagiários ou aos colegas, que nossa missão é muito valiosa, já que a vida se faz das relações que as pessoas estabelecem umas com as outras. O Direito serve, justamente, a essas relações.

E o Direito é tão incrível que, no avançar do curso, faz os sentimentos e preferências do acadêmico transmutarem continuamente, ante a vasta gama de ramos passíveis de exploração e aprendizado. Comigo não foi diferente e, no quarto semestre, quando eu tentava uma bolsa de pesquisa no Instituto de Relações Internacionais da UFSC e me ocupava em adiantar algumas disciplinas relacionadas ao tema, consegui o meu primeiro estágio, no Fórum da Universidade – primeiro, fazia audiências de conciliação e, depois, fui promovida ao cartório. Era chegada aquela etapa da faculdade em que a gente começa a cursar as disciplinas técnicas e descobre o quanto o Direito Processual é fascinante. Aqui, minhas certezas sobre a Diplomacia começaram a balançar.

Depois de um tempo trabalhando no Fórum Universitário, fui selecionada a uma vaga de estágio no Tribunal de Justiça de Santa Catarina. Trabalhei durante um ano e cinco meses servindo ao desembargador Jaime Luiz Vicari – por quem tenho profunda admiração e amizade –, e esta experiência me fez não apenas desistir da Diplomacia como, também, considerar a carreira da magistratura.

Acontece que, no final das contas, qualquer dessas carreiras públicas me causava a sensação de pseudoindependência. Era como ser livre estando presa, em virtude dos encargos inerentes às rotinas de cada uma, e a minha essência sempre foi de muita liberdade.

E de repente, como se não bastassem todos esses ingredientes em plena ebulição dentro de mim, eis que surge um "príncipe-encantado-advogado" para me apresentar àquela que seria, definitivamente, a minha escolha profissional.

Ele era de São Paulo, sócio do escritório de um renomado doutrinador brasileiro, professor de Direito Processual. Estabelecemos conexão pela internet, em decorrência de uma comunidade que se dedicava a estudar as obras desse processualista, e, dado a essa e outras afinidades, tivemos um breve, porém intenso, envolvimento.

Um pouco mais velho do que eu, terminava o mestrado na USP (Universidade de São Paulo), preparava-se para o doutorado na mesma instituição e ascendia na sociedade de advogados – ou seja, vivia imerso no que eu chamo de "bom caos". Em decorrência do cotidiano agitado, tivemos poucos encontros, mas o que importa aqui é contar que, quanto mais eu o ouvia falar de sua rotina, mais eu almejava ser como ele. Isto se tornou até mais vibrante em mim do que o próprio sentimento que nutríamos um pelo outro.

Eu admirava tudo o que ele fazia e contava. Acompanhava em tempo real, pelo celular, as viagens a Brasília para tratar com os ministros, sua dedicação aos estudos e aos processos, e achava o máximo ouvi-lo dizer: "Enquanto existir ação rescisória, nada está perdido! Tudo pode ser revertido!".

Não demorou muito para que ele percebesse o meu interesse e aptidão para a advocacia, e, quando eu considerava deixar meu estágio no Poder Judiciário, disse: "Você tem todo o perfil! Faça isso!".

Em que pese o término do relacionamento, preservamos a amizade, o coleguismo e muito respeito. Sempre que temos a oportunidade de interagir, faço questão de manifestar minha gratidão por seu papel em minha vida: ser instrumento do meu despertar. Isto significou o mundo!

Apliquei para uma vaga de estágio em um escritório que, à época, era uma das maiores e mais prestigiadas bancas de Santa Catarina. Selecionada, me despedi do Tribunal de Justiça e, com muito frio na barriga, comecei a caminhar para a minha advocacia.

Aqui, cabe um outro parêntese: ao se despedir, o desembargador Vicari, entregando-me um lindo e enorme *bouquet* de flores, disse: "Dentro de mim, sentia que você não permaneceria. O espaço que tenho a oferecer é pequeno demais para as suas asas. Vá voar!".

Pode parecer bobagem, mas, não raras vezes, quando preciso decidir algo importante, essas palavras ecoam em minha cabeça, protegendo-me do perigo de pensar demais e acabar desistindo de algum novo desafio.

E falando em desafios, após concluir o estágio e ser aprovada no Exame da Ordem, comecei a entender que saber o Direito é apenas um detalhe ante outras habilidades a serem perseguidas.

No meu caso, precisava conquistar a confiança dos clientes, a despeito de ser mulher e jovem. Por mais que o conteúdo da reunião ou a matéria da audiência estivessem "na ponta da língua", a aparência era o primeiro aspecto a ser notado, e era alvo constante de questionamentos.

Com pouco mais de dois anos de formada, por força dos meus resultados e preparo técnico nos ramos Civil e Empresarial, fui convidada pelos sócios do escritório a assumir a gestão da área de Direito Privado e, pasmem, nem isso me poupou da pecha de "jovenzinha-do-rosto-bonito". Bastava entrar em uma sala de reuniões, ou auditório, e me apresentar para algum dos presentes no recinto indagar: "Muito prazer! Mas, e seu superior hierárquico, 'o sênior', chegará a que horas?".

Isso me deixava mais angustiada do que elaborar um recurso contra uma sentença complexa, redigir um parecer ou fazer plantão no Fórum enquanto aguardava ansiosamente o deferimento de uma liminar.

As atividades, eu tirava de letra. Era quando a aparência se fazia necessária que eu precisava ter estratégia para neutralizar seus efeitos. Por causa dela, além de incorporar o hábito de bem planejar e preparar para qualquer interação com os clientes e o público em geral, decidi, inclusive, cortar os cabelos, na tentativa de passar uma imagem mais madura. À medida que a credibilidade se sedimentava, eu me sentia mais confortável em adotar a minha verdadeira versão.

Além da habilidade de transmitir confiança, conquistar clientes e retê-los, assumir a liderança de um time demandou aprender gestão de pessoas – isto é, recrutar, treinar, orientar, engajar e, o mais importante, inspirar colegas positivamente.

O Direito, embora considerado ciência humana, não nos confere esta competência durante a faculdade, deixando-a a cargo da vivência prática diária, ou de cursos de extensão e especialização pelos quais optemos posteriormente.

E quando se aprende a gerenciar equipes, mesmo os litígios dos clientes se resolvem mais facilmente – afinal, por detrás das disputas existem pessoas, e quando compreendemos suas "dores" nossos esforços são mais bem direcionados ao resultado pretendido, e nosso papel, melhor entendido por cada uma delas.

Ao tempo que eu entendia a imprescindibilidade de dominar gestão para o escritório de advocacia onde eu atuava, também assimilava a necessidade de fazê-lo em prol da prestação ótima de serviços de assessoria e consultoria às empresas. O advogado que almeja atuar na área empresarial precisa ter uma visão multidisciplinar, e essa percepção foi tornando-se cada vez mais clara.

Constatado isso, aumentei minha interação junto às áreas de controladoria, auditoria e qualidade dos clientes, visando compreender sua linguagem e encontrar respostas incrementais, que aprimorassem suas arquiteturas de gestão. Minha imersão em *compliance* e a formação como auditora decorreram dessa vivência.

Imersa nessas reflexões sobre a multidisciplinaridade, dois eventos aconteceram paralelamente: as sucessivas divergências de propósito entre mim e os outros colegas do escritório onde eu trabalhava, e a ideia de empreender em uma consultoria cujo viés fosse preventivo, e não contencioso.

Diante disso, comecei a me perguntar onde eu gostaria de estar. Como resposta, vinha à mente um lugar que inspirasse criatividade, no qual eu pudesse atuar com profissionais de especialidades diferentes e, juntos, elaborássemos soluções eficientes, customizadas e estratégicas – alinhado à missão, visão e valores das empresas. Este lugar era um estúdio: não muito grande, parecido com um espaço artístico, ou de arquitetura e *design*, por exemplo, e frequentado por gente disposta a pensar junto e "fora da caixa". Não seria um escritório de advocacia tradicional, mas uma consultoria mesmo, fazendo jus à abordagem plural que reputava ideal.

Esse sonho ganhava contornos cada vez mais nítidos à medida que as relações se estremeciam na antiga sociedade, até que, finalmente, depois de me ver vítima de um lamentável episódio, decidi que era o momento de me desligar. Ainda que o "estúdio" multidisciplinar fosse, ainda, um projeto, o medo de empreendê-lo, àquela altura, havia se tornado infinitamente menor do que a minha vontade de virar a página e resgatar a satisfação de trabalhar no que eu mais amo.

Literalmente, joguei tudo para o alto e comecei do zero. Do dia em que comuniquei que estaria deixando a sociedade até o dia em que o primeiro passo do novo projeto foi dado – um blog, denominado "Studio Estratégia" –, foram 60 dias. Neste prazo, envidava meus esforços na morada própria, a qual não demoraria muito a ser coabitada por novos colegas.

Deu certo! O blog virou consultoria; aos advogados uniram-se contadores, engenheiros, arquitetos, administradores e técnicos em segurança da informação; por sermos todos auditores, e conseguimos conciliar o *background* das nossas formações originais às nossas entregas, o que acaba sendo um grande valor agregado aos projetos que executamos; e nos aproximamos cada vez mais da tecnologia que, agora, faz parte das nossas entregas.

Nossa missão? Incorporar às empresas as melhores práticas de governança corporativa, atuando diretamente em suas estruturas organizacionais, processos de gestão (análise de riscos, controles internos, conformidade legal e regulatória – *compliance*), ferramentas e partes relacionadas (colaboradores, fornecedores e parceiros de negócio), de forma que se tornem agentes econômicos e sociais valiosos em seus territórios de atuação.

Quanto ao impacto social, meu objetivo primordial, vem acontecendo tanto de forma indireta, através dos trabalhos do Studio, como direta, através de trabalhos voluntários que nosso time realiza. Somos parceiros de entidades do terceiro setor, às quais prestamos serviços de consultoria, assessoria e mentoria *pro bono*, e mantemos o nosso blog ativo, com distribuição gratuita de textos e *e-books* sobre temas de nossa especialidade.

A maior lição, até o momento, é a de que o novo milênio traz às empresas e às pessoas a necessidade de reverem seus papéis perante a sociedade e o meio ambiente.

Para os advogados, isso não é diferente e, por isso, precisamos ser mais sensíveis e colaborativos, despindo-nos dos excessos egoicos e tecnicistas e permitindo-nos aprender com o outro – seja um cliente, colega ou parceiro – para, atuando em conjunto, reconhecermos que o valor do futuro jaz na diversidade e complementaridade dos conhecimentos adquiridos.

O direito e o certo

Taís Amorim de Andrade

39

Taís Amorim de Andrade

Advogada, pós-graduada em Processo Civil, atuante nas áreas civil, empresarial, terceiro setor e especialmente Direito Eclesiástico, sendo especialista e precursora do tema no Brasil, por sua atuação na área desde 2003. É autora do livro "Manual Prático de Direito Eclesiástico", professora e palestrante, ministra cursos e palestras por todo o Brasil. Fundadora e sócia-titular do escritório Amorim & Advogados Associados desde 2004, coordena equipes atendendo tanto na área consultiva como contenciosa. Fundadora e presidente do Instituto Keala, que atua no âmbito social realizando projetos e dando suporte à OSCs.

Acesso LinkedIn:

— *A*$\,$*lô!*
— Paty??
— *Oi amiga!*

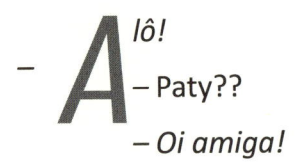

— Amiga, você não vai acreditar!!! Sabe de onde eu tô falando?

— *De onde?*

— Rio de Janeiro!

— *Uau, como assim?*

— Amiga, acabei de chegar aqui. Vim fazer uma audiência! **Minha primeira audiência** e é onde? Simplesmente na cidade maravilhosa!

— Tá, que máximo, amiga! Vai ficar aí quantos dias? Me conta tudo!

— Só hoje, volto no final do dia. Se der, vou dar uma volta na praia. Mas agora eu vou lá, amiga. Depois te conto tudo (rsrs).

— Vai lá, Tá, aproveita aí por mim essa cidade maravilhosa!!

Essa ligação eu fiz em algum dia de maio de 1998. Patrícia foi minha primeira amiga na faculdade e se tornou aquela amiga que é pra sempre, sabe? Pois então, naquele dia, eu, recém-formada, queria dividir com ela aquela primeira conquista. Sim, foi uma conquista. **Era a realização de um sonho. Eu estava muito feliz**!

Uma Advogada – bem-sucedida, por favor!

Me formei em dezembro de 1997 e passei no 1º exame da ordem, logo no início de 1998 — e como todo advogado sabe, o exame costuma ser uma "assombração". Minha missão só acabaria depois da desafiadora OAB e, portanto, somente depois de ter passado na prova eu pude respirar fundo e dizer: *Agora sim eu me formei!* **Eu sou uma advogada!**

Minha OAB saiu em abril de 1998 e em maio eu já estava ali, na cidade maravilhosa que eu tanto amava (*costumo dizer que sou paulistana com alma carioca*) e pra fazer o quê? Trabalhar! Com *look* executiva (leia-se séria, '*pero no mucho*', porque sou daquelas que ama cor), pasta na mão, direto da ponte-aérea, como eu sempre sonhei... Lá estava eu, pousando naquela cidade linda, para dar o **primeiro passo de uma promissora, longa, às vezes dura e injusta, mas recompensadora carreira: a carreira de advogada!**

Eu sabia que não seria fácil. Até porque eu não queria apenas *ser uma advogada* - eu queria ser uma *advogada bem-sucedida*. E, claro, isso é mais difícil. Mas isso não me intimidava. Eu aprendi a ser ousada, destemida, corajosa – até porque a vida não me dera muitas outras opções, caso eu quisesse ir em busca dos meus sonhos. Me formei com 25 anos, mas já tinha história pra contar – e minha história tinha me ensinado bastante coisa – inclusive a não medir esforços para alcançar meus sonhos.

Determinação? Temos. Ousadia? Também.

Saí da audiência a tempo de dar a volta na praia. Ali no *frescão* que demorou um tempão pra chegar no Arpoador, vi um filme passar na minha mente: lembrei-me do meu **primeiro emprego**, um *bico* de final de ano numa loja de roupas de uma amiga da minha mãe. Eu mal tinha completado 13 anos e fui a melhor vendedora – e, por isso, acabei sendo contratada.

Nasci num lar muito rico em amor, mas sem muitos recursos. Éramos seis filhos (um homem e cinco mulheres) e meus pais não davam mais conta de suprir todas as necessidades da família, por isso, trabalhar era a opção para itens supérfluos. Trabalhei por mais três meses na loja, e, no auge da minha adolescência, me cansei de ficar fora das rodas de conversas das amigas e assim, depois de ter já conseguido comprar algumas roupas novas, resolvi deixar o trabalho. E ali no ônibus pensei que a decisão de sair da loja foi acertada, pois só tive mais aquele ano para curtir as tardes com amigas – *mal sabia que* **tardes livres nunca mais seriam uma realidade na minha vida.**

No ano seguinte, eu morei na Bahia, em Salvador, pois meu pai, que era marceneiro, tentaria algum negócio novo lá. O negócio não deu muito certo e pra piorar, em agosto de 1987, vivemos a dor da perda do nosso único irmão... Era o momento de voltar para casa e assim o fizemos.

Eu já tinha 15 anos; era hora de partir para a vida. Em maio de 1988, eu ganhava o primeiro registro na minha carteira de trabalho. A vaga era indicada para *moças maiores de 21 anos, com experiência*. Eu não tinha nem experiência, nem 21 anos. Mas era ousada, determinada e destemida. Peguei um salto alto emprestado de uma irmã, uma saia de outra e lá fui eu, para a entrevista. Lembro-me do sr. Fantin - meu futuro chefe - dizer: *"Mas eu tinha pensado numa moça mais velha, que já tenha trabalhado como secretária..."* E, sem medo, eu disse: *"Mas* **o senhor não vai se arrepender de me contratar. Pode ter certeza que eu darei conta**". Deu certo! Fui contratada. Eu, totalmente inexperiente, trabalhando como secretária júnior, nada mais nada menos do que na avenida mais famosa do Brasil - Av. Paulista. No meu primeiro dia de trabalho me marcou a suntuosidade daquela avenida: homens e mulheres elegantes por todos os lados, prédios corporativos lindos... E eu só pensava: **"É *isso que eu quero pra minha vida!"*.**

Um ano e meio depois, era hora de alçar voo. Minha trajetória estava apenas começando e eu não podia ficar estagnada. Me despedi do sr. Fantin e fui para um emprego novo: Banco Garantia, onde tive o primeiro contato com o mundo das finanças. De lá, fui para uma empresa de telemarketing. Iniciei como operadora de telemarketing e em poucos meses já era supervisora da equipe. Vendíamos cartões de crédito e a administradora resolveu presentear os melhores vendedores do Brasil. E eu fui a ganhadora! Ganhei uma viagem para a Disney – *que eu não quis fazer.* Troquei a viagem por vários prêmios e assim, renovamos a televisão, o DVD e diversas outras coisas.

> ***Saber recusar o que seria o sonho de todos simplesmente por não ser o seu é uma atitude de coragem; falar não para o que todos falam sim pode ser a sua melhor decisão.***

Com recém-completados 18 anos, meu então namorado me propôs montar um restaurante. Ele entraria com o dinheiro e eu com o trabalho. Aceitei. E assim, com nenhuma experiência na área, mas **novamente com ousadia e coragem,** me envolvi nesse projeto. O desafio começou na montagem, já que o imóvel passaria por uma reforma. E lá fui eu, aprender a comprar cimento, fazer reunião com arquitetos e gerenciar os funcionários da obra. Um ano depois de *comer muito pó* na obra, visitar inúmeros saldões, o Finestra abre e começa outro desafio: mesmo sem nem saber fritar um ovo, a mim cabia gerenciar a cozinha, os funcionários, o estoque... Tudo. Atendíamos uma média de 350 pessoas por dia e, no auge da minha imaturidade, eu dei conta disso tudo e ainda iniciei a faculdade de Direito.

Advogada ou Mulher Maravilha?

Durante a faculdade engravidei do meu filho mais velho e em meio a fraldas, noites sem dormir, bombinha para tirar o leite, consegui manter os estudos e ainda iniciei o estágio em Direito – tudo isso sem abandonar a paixão pela prática esportiva, inclusive representando a faculdade com o vôlei. Assim, no último ano do curso, além de esportista e mãe, eu já era praticamente uma advogada e o campo jurídico, então, se mostrava para mim.

Atuando num escritório, d*o qual me tornei sócia em 1999,* que advoga no âmbito de liquidações extrajudiciais de entidades financeiras, me envolvi com o contencioso de massa. Esse escritório, uma grande escola pra mim, foi o responsável por me mandar lá para aquela audiência, no Rio de Janeiro. E aquela audiência não foi apenas um marco na minha vida por ter sido a primeira e lá na cidade maravilhosa. Ela simplesmente deu um destino para minha carreira.

> *Você sempre ganha ao fazer o seu melhor.*

Projetos são sonhos planejados

O frescão chegou ao destino, despertei do *filme* e fiquei ali, de frente para o mar, admirando o pôr do sol e já sonhando novos sonhos - afinal, o primeiro eu já estava realizando. No voo de volta já comecei a planejar meus novos sonhos e me vi no *hoje*.

Naquele dia, em maio de 1998, a audiência que eu fui fazer era de um banco em liquidação extrajudicial. O preposto daquela instituição, que acabou participando de outras audiências comigo, alguns meses depois, me ligou, dizendo que estava trabalhando em outro banco que também estava em liquidação extrajudicial e que precisavam contratar advogados em São Paulo. Ele havia me indicado pois *'tinha visto minha competência e capacidade para demandar e transigir"*, e então eles me queriam para cuidar de todo o ativo da empresa em São Paulo.

E assim eu fechava o meu primeiro cliente - *e tudo começou naquela audiência*. Na época eu já era sócia no escritório, mas, alguns anos depois, em 2004, entendi que era o momento de ir além. Junto com uma amiga, depois de fazer muitas contas e ter certeza em Deus de que era a decisão certa, fundei meu próprio escritório.

De Bancos a Entidades Filantrópicas e Religiosas: a DIVERSIDADE faz parte da minha vida

Desde o dia daquela minha primeira audiência, já se passaram mais de 20 anos e eu coleciono muitas conquistas e sonhos realizados nessa minha trajetória.

Aquele **meu primeiro cliente, pasmem, segue comigo até hoje.** Já foram milhões de reais recuperados para esse cliente que foi o *start* para a conquista de outras áreas.

Ampliei meu leque de atuação no âmbito empresarial, construindo um sólido conhecimento na área negocial, desde mediações de conflitos até intermediações de grandes negócios, o que me fez adquirir muita habilidade na área contratual de forma geral, já que esses negócios envolviam (e envolvem) desde compra e venda de empresas a incorporações imobiliárias, dentre outras demandas.

Muitas foram as vezes em que me vi em reuniões apenas com homens, que me recebiam com olhar desconfiado (*certamente por estarem diante de uma mulher que, além de jovem, era uma advogada um tanto diferente do padrão - não sou de formalismos, sou prática e prefiro um bom acordo a uma ótima briga*) e terminavam com sorrisos largos e firmes apertos de mãos.

Minha expertise alcançou o Direito do Consumidor e nesse segmento pude atender um dos grandes nomes do varejo no país.

Nessa época, meu escritório já tinha uma equipe consolidada, o que me permitia dedicar tempo para outras atividades que também me movem: **o voluntariado e os esportes.** Apaixonada por ambos, não foi difícil uni-los. Vôlei, futevôlei, natação, corrida, triatlo, trilha, e por fim a atual modalidade, canoa havaiana – amo estar em movimento e por mais que eu já competisse (*na canoa havaiana eu realizei o sonho de participar de um mundial*) queria me envolver ainda mais e passei a **atuar com projetos sociais** ligados ao esporte.

> *Determinação, disciplina e organização são segredos para uma mulher conseguir conciliar suas diferentes paixões.*

Percebi uma carência de suporte jurídico a esses grupos que atuam no social e sofrem com a falta de regularização, o que os limita e impede de obter apoio. Assim, unindo meu lado social com minha profissão, idealizei e criei o hoje denominado Instituto Keala, que dá suporte a ONGs (as atuais OS – organizações sociais) de diversos segmentos. Já somamos inúmeras entidades beneficiadas e eu sigo com meus próprios projetos, que envolvem desde prática da canoagem para mulheres recuperadas do câncer de mama, até crianças com necessidades especiais.

Toda essa atividade social estabeleceu minha atuação no Terceiro Setor e, paralelamente, acabei por me envolver com uma área ainda pouco conhecida: o **Direito Eclesiástico.**

Atendendo inicialmente *pro bono* a igreja da qual eu fazia parte e não tendo experiência na área, fui estudar a respeito. Mas, constatei uma carência enorme de material jurídico que pudesse dar supedâneo para dirimir as questões que envolviam as atividades de entidades religiosas. E essa carência me levou a me dedicar a conhecer essa área. Ampliei o atendimento para outras igrejas, me dediquei aos estudos, buscando inclusive referências em outros países, e fui construindo o caminho de uma atuação nesse campo. Descobri que as entidades religiosas no Brasil são extremamente vulneráveis, pouquíssimas atuam sob total regularidade e para minha surpresa, ao tentar aplicar os princípios legais para o correto funcionamento de uma igreja, ouvi muitos líderes religiosos dizendo: *"Mas ninguém faz assim".*

> ***O errado é errado mesmo que todo mundo esteja fazendo e o certo é certo mesmo que ninguém faça.***

Sempre fui de cumprir regras e a frase acima se tornou um lema. Acho que isso, inclusive, explica por que eu decidi pelo Direito, embora também amasse arquitetura, educação física, marketing e até teatro - *gosto bem eclético, como de fato eu sou.*

A verdade é que eu sempre fui dessas que gosta de fazer as coisas certas, de ser transparente e lidar com a verdade. Me lembro de uma reunião com uma cliente que queria se divorciar, em que ela me pediu para mentir a respeito do caso dela, para se favorecer na ação. Ali eu percebi que **caberia a mim ditar o que eu queria para minha carreira**, para minha vida: meus clientes precisariam saber que eu não era dessa laia, que eu jamais iria atuar com mentira ou dando um jeitinho – ***não tem jeito certo de fazer algo errado!*** Me posicionei: *"Me desculpe, mas eu não atuo assim. Eu jamais vou mentir, sabendo a verdade. E se eu descobrir que você mentiu pra mim, eu renuncio. Eu não trabalho desse jeito".*

A partir desse dia, em todas as minhas reuniões eu me lembrava de deixar bem claro meu *modus operandi*. Perdi alguns clientes por isso, mas mantive meus valores e princípios e com eles eu sigo até hoje.

Creio que também por conta desse meu perfil minha atuação no âmbito eclesiástico ganhou forças. Num campo onde se misturam questões naturais com as espirituais e no qual há muito questionamento quanto à lisura dos dirigentes religiosos, mostrar que é possível ser regular, estar correto diante da lei, sem perder as características e especificidades da doutrina religiosa, tem sido um desafio e uma missão.

Um Legado – Direito Eclesiástico

Esse mergulho no campo eclesiástico me fez adquirir um aprendizado empírico tal, que, permeado com o conhecimento jurídico, me levou a mais uma conquista: escrever um livro sobre o tema: **Manual Prático de Direito Eclesiástico**.

Lançado em 2013, **a obra é pioneira no assunto aqui no Brasil e me consagrou como a precursora nessa área.**

A atuação nessa área me fez pôr em prática uma habilidade que me traz muito prazer: o ensino. Amo ensinar pessoas e já sigo há mais de dez anos dando cursos e palestras sobre o tema e me alegro em ver essa matéria sendo difundida; me entusiasmo em ver novos advogados atuando nessa área, sabendo, com orgulho e humildade, que todo advogado que atue em Direito Eclesiástico atualmente provavelmente passou por algum curso ou palestra minha, ou no mínimo leu o meu livro.

E hoje, *atuando no Direito há mais de 20 anos,* ***sigo defendendo fazer o certo, mesmo que muitos façam o que é errado.***

Estou convicta de que mais do que conquista financeira, no campo do Direito a minha maior realização ainda será o legado que posso deixar – e ele, no que depender de mim, será baseado na certeza de que manter os princípios morais e éticos são sempre o melhor caminho para seu sucesso e que, portanto, não existe jeito certo de fazer o que é errado.

A profissão a serviço da vida

Telma Cristina de Melo

40

Telma Cristina de Melo

Filha de Luiz Izidoro de Melo e Nilce da Costa Ramalho Melo, mãe da Bruna, advogada, especialista em Direito e Processo do Trabalho, Direito de Família e Sucessões e Direito Previdenciário. Formação em Constelações Familiares pelo Instituto Brasileiro de Constelações Sistêmicas, coach pelo Instituto Brasileiro de Coaching, practitioner em Programação Neurolinguística pelo Instituto Dehus/Richard Bandler, Constelações Organizacionais pela Faybel Escola do Pensamento Sistêmico, Constelações Estruturais com Guilhermo Echegaray. Pós-graduanda em Direito Sistêmico e Métodos Adequados de Solução de Conflitos pela Innovare/Hellinger Schule.

Presidente da Comissão de Direito Sistêmico da OAB – Subseção de São Bernardo do Campo-SP.

Acesso LinkedIn:

"*A* vida é uma energia benigna que nos traz o que precisamos para a nossa evolução." (Claudia Boatti)

"Pai, eu entrarei na faculdade e serei advogada!". Disse isto aos meus 13 anos e ele respondeu: "Mas, filha, as mulheres se casam e depois para que servirá a faculdade?".

Essa frase me impactou, só que de uma forma positiva, porque me encorajou e impulsionou o meu desejo, além de mostrar ao meu pai e ao mundo que eu seria uma advogada!

Quando queremos muito algo, passamos a colocá-lo como meta, pensar diariamente e acreditar que tudo é possível, **que sonhos podem, sim, se tornar realidade**.

Desde os quatro anos eu queria estudar, mas não tinha idade para ingressar em uma escola pública e meus pais não podiam pagar o ensino particular; isso em nenhum momento me fez desistir dos meus sonhos, eu tinha sede de conhecimento.

Por que escolhi o Direito? Até pensei em ser médica psiquiatra ou psicóloga, mas, desde muito cedo me encantei pelo Direito e, aos 13 anos, já havia decidido: eu seria advogada.

Talvez por não ter a presença constante da minha mãe, que trabalhou em uma metalúrgica durante toda a minha infância.

Talvez por ver o meu pai levantando, todos os dias, às quatro horas da manhã para trabalhar como motorista em uma empresa de ônibus e retornar após às 20h.

Ou, ainda, por ter presenciado algo que considerei uma injustiça: meu pai se envolveu em um acidente de carro, próximo de onde morávamos, e os policiais queriam levá-lo algemado, no camburão, para a delegacia!

Na época eu ainda era uma criança e me senti impotente por não conseguir salvar o meu pai! Mas, na verdade, eu fiz um escândalo tão grande que, após a intervenção de um tio que chegou para conversar com os envolvidos, os policiais desistiram de levá-lo.

Não pude suportar a ideia de perder o meu pai. Acredito que, a partir desse dia, decidi: "Serei advogada! Lutarei pela justiça e pelos injustiçados!"

Após alguns anos, ingressei na faculdade de Direito, ganhei uma bolsa de estudos para o primeiro ano e um emprego na Ordem dos Advogados do Brasil – OAB-SP, mas essa história ficará para uma outra oportunidade.

Sempre fui muito focada, decidida e mesmo sendo bastante cortejada não queria namorar para não atrapalhar os meus estudos. Meu primeiro namoro sério foi aos 20 anos e no 2º ano da faculdade.

Engravidei quando vivia em uma união estável no último ano da faculdade e isto não me impediu de terminar o curso, sem nenhuma dependência de matéria. Tive minha filha Bruna, hoje com 25 anos e, a propósito, chegou a cursar três anos de Direito (as histórias se repetem), porém agora está cursando o 4º ano da faculdade de Psicologia. Alguma coincidência? Não existem coincidências...

Retornando à minha trajetória, após o nascimento da minha única filha e a conclusão da faculdade, para conseguir o primeiro emprego, já como advogada, aceitei trabalhar como estagiária em um grande escritório de Assessoria Empresarial Trabalhista em São Paulo onde, após seis meses, fui promovida a advogada Júnior.

Lembro-me da primeira audiência que acompanhei quando ainda era estagiária nas Indústrias Votorantim, que, por sinal, é uma excelente empresa, daquelas que são como verdadeiras "mães" para os seus colaboradores. Um ex-funcionário fez um acordo em uma reclamação trabalhista abrindo mão da estabilidade pré-aposentadoria. Fiquei chocada! Perguntei para o meu colega: Mas como? E ele respondeu: "Não esqueça que nós estamos do lado da empresa".

Comecei a perceber o quanto era difícil estar do lado da empresa quando se tem sensibilidade e empatia pelo próximo.

Tive que aceitar que, como advogados, muitas vezes precisamos defender os clientes e que todos têm direito ao contraditório e à ampla defesa (artigo 5º., LV da CF/88).

Trabalhei por longos anos no contencioso trabalhista defendendo multinacionais e bancos e aprendi que muitas vezes as empresas também têm razão.

Hoje, com o olhar sistêmico percebo que existem muitas empresas que exploram a mão de obra, não se importando com o ser humano, como também existem muitas empresas que são como "mães" e os funcionários nunca estão satisfeitos.

Os "filhos" querem sempre receber, não querem dar. E, com isso, deixa de existir o equilíbrio de troca, base para todos os relacionamentos saudáveis.

Muitas vezes, os funcionários repetem o padrão mal resolvido dos seus sistemas familiares.

Segundo Gunthard Weber, precursor das Constelações Organizacionais: "Todos os colaboradores têm o direito de pertencer, desde que exista um equilíbrio entre o dar e receber, entre o empregador e empregado, e o empregado ocupe bem sua posição e cumpra sua tarefa de forma satisfatória".

Voltando para a minha escolha na profissão, quando o meu pai foi demitido da última empresa em que trabalhava como motorista e já havia se aposentado por tempo de contribuição, me pediu para ingressar com a reclamação trabalhista em face da empresa. Eu, mesmo sabendo do quão desafiador seria atuar em uma ação tão importante, aceitei o desafio.

Era recém-formada na época e precisei estudar muito para ingressar com a ação. E o desfecho não poderia ter sido melhor: a ação foi totalmente procedente e o meu pai recebeu, após longa execução, uma excelente indenização!

E eu fiz Justiça! Começando pela minha família, pelo meu pai! Me senti empoderada e ao mesmo tempo pensei: "Esse é o meu lugar!".

Completei 25 anos de carreira e, nesse tempo, já atuei em muitos casos de sucesso, muitos que me fizeram refletir como também me emocionaram.

Atuo nas áreas trabalhista, previdenciária e família, tenho orgulho da minha profissão e da satisfação de poder auxiliar as pessoas a conquistarem os seus direitos, serem vistas e reconhecidas, postura que sempre me motivou a seguir em frente.

Porém, nem sempre foi assim, após alguns anos de profissão me sentia muitas vezes impotente com a morosidade dos processos e com a possibilidade de uma improcedência, ainda havia uma inquietude, queria compreender o que estava por trás dos conflitos.

Fui em busca de novos saberes, fiz formação em Mediação e Conciliação, Coaching, Programação Neurolinguística, Constelação Familiar, Organizacional e Estrutural, Direito Sistêmico, entre outras especializações.

Percebi que por trás de todo conflito existem os sistemas familiares, o meu sistema e o sistema de todos aqueles que estão envolvidos nos conflitos.

Quando criança, ao ver os relacionamentos das mulheres da minha família eu dizia: "Jamais aceitarei que um homem me traia ou queira mandar em mim". Para mim, a lealdade e o companheirismo sempre tiveram um valor muito alto.

Porém, o que atraí em meus dois casamentos foi exatamente tudo aquilo que eu mais temia.

Queria fazer justiça a todas as mulheres do meu sistema familiar, todas que se calaram, suportaram, sofreram, que até perderam a vida, sem sequer ter o direito de escolha de sair de um relacionamento abusivo.

E o Direito não conseguiu preencher esse vazio, essa falta eu preenchi apenas quando conheci as Constelações Familiares através do Bert Hellinger e posteriormente o Direito Sistêmico.

Compreendi que: "**A vida é uma energia benigna que nos traz o que precisamos para a nossa evolução**".

A vida sempre nos traz o que precisamos, nem sempre o que desejamos, mas com certeza o que precisamos para a nossa evolução.

Sempre teremos o poder de escolha, de DECIDIR, nem sempre será fácil, mas necessário quando buscamos nossa evolução.

Cora Coralina, poetisa e contista brasileira (1889-1985,) nos deixou a seguinte reflexão: "***Mesmo quando tudo parece desabar, cabe a mim decidir entre rir ou chorar, ir ou ficar, desistir ou lutar; porque descobri, no caminho incerto da vida, que o mais importante é o DECIDIR***".

E por falar em decisões, mesmo vindo de um sistema em que as mulheres casadas permaneciam casadas, eu, a quarta filha de cinco, sendo uma falecida e outras três casadas, decidi me separar.

Encerrou-se um ciclo em que todas as mulheres permaneciam casadas mesmo que infelizes. Para mim o amor é a base de tudo!

O que nos move é o amor. O amor pela profissão, pelo trabalho, pelas pessoas.

Neste contexto, posso dizer que **a profissão está a serviço da vida** e atuar em processos trabalhistas me fez contribuir, em cada ação em que atuei, para o equilíbrio nas relações trabalhistas, bem como para o olhar das empresas em ações de assédio no ambiente de trabalho, dos direitos violados, fazer ouvir todas as vozes que permaneciam caladas, pelo medo, necessidade ou falta de condições financeiras.

Para melhor esclarecer, vejamos alguns casos práticos:

Caso 1

"Atuei como advogada em uma reclamação trabalhista em face de uma empresa de fabricação de produtos têxteis, em que a minha cliente havia sofrido assédio moral, durante anos, bem como outras funcionárias. Na época, Maria (nome fictício) tinha 47 anos e o seu superior hierárquico chegava perto dela e falava: 'Vou mandar essas velhas tudo embora', 'Lugar de velha é no asilo', 'Vou pegar só as novinhas', com isso, constantemente, fazia a minha cliente chorar. Quando ela pedia para ir ao banheiro ele ainda falava: 'Vou cuspir no chão e se secar antes de você voltar, você irá para o RH tomar advertência'.

Quando Maria foi dispensada pelo seu superior hierárquico, o mesmo falou: 'A minha vontade era acabar com todas as velhas, mas hoje eu estou começando por você', e mais 'Lugar de velha é no INSS mesmo, vai para o RH'.

Na verdade, a empresa permitiu que os seus prepostos agissem com total falta de respeito em relação aos seus colaboradores, valendo-se da necessidade de trabalho, da fragilidade da mulher diante de um homem agressivo, sem postura, que usa o cargo para maltratar e agredir as colaboradoras que estavam apenas desempenhando suas funções de forma digna.

Ingressei com a reclamação trabalhista, relatando toda a história, com todos os detalhes, inclusive com as falas do referido "chefe" e quando o Departamento de Recursos Humanos recebeu a ação, após alguns dias, o tal 'chefe' foi demitido!

Talvez, os proprietários não tivessem conhecimento e quando receberam a ação foram apurar e constataram a veracidade das informações.

A ação foi procedente para condenar a empresa além de outras verbas, no pagamento de indenização por danos morais. A empresa recorreu e eu fui ao Tribunal fazer a sustentação oral e o valor dos danos morais foi elevado."

Em uma empresa, às vezes é necessário que alguém vá embora, porque prejudicou a sistemática da empresa ou outros funcionários. Caso não seja demitido ou vá embora, podem surgir problemas relacionais, de desmotivação ou perda de confiança.

É importante também que os recém-chegados respeitem os mais velhos (lei da hierarquia). Mesmo sendo o superior hierárquico, saber respeitar aqueles que contribuíram para o crescimento da empresa é essencial.

Caso 2

"Certa ocasião, me procurou um rapaz que havia sido demitido de uma grande empresa do ramo de material de construção. Vou chamá-lo de Pedro para preservar a sua identidade. Estava muito nervoso, me pediu um cigarro porque precisava fumar. Eu disse que não tinha, mas ofereci um copo de água e um café. Após alguns minutos, ele se acalmou e passou a me relatar o que havia acontecido. Sofrera assédio moral e dispensa discriminatória pelo fato de ser homossexual, deficiente visual e nordestino. O seu superior hierárquico falava frases do tipo 'Não trabalho com deficientes, só com pessoas eficientes', e 'Além de já ter um problema por ser homossexual, assumido, ainda está trazendo mais um problema para a empresa, ou seja, sua deficiência'. Esse superior hierárquico passou a humilhá-lo, chamando-o de 'cego', 'cabeça grande de nordestino', 'menina', além de excluí-lo das reuniões da equipe.

Após ingressarmos com a reclamação trabalhista, relatando todo o ocorrido, fundamentado na lei e jurisprudência, além das provas documentais e testemunhais, obtivemos a sentença confirmando a tese da inicial no sentido de que houve assédio moral, a demissão fora obstativa e discriminatória, com a incidência do artigo 4º da Lei 9.029/95, condenando a empresa a pagar a indenização em dobro da remuneração do período de afastamento até a sentença (Súmula 28 do TST), além dos danos morais."

Neste caso, podemos dizer que os empresários e diretores de empresas precisam se conscientizar sobre essas dinâmicas que ocorrem no ambiente de trabalho.

Colaboradores excluídos, dispensados indevidamente ou não promovidos por motivos não técnicos costumam emperrar o fluxo da empresa, muitas vezes são representados pelos sucessores.

Os desligamentos precisam ser realizados em um clima de compreensão e respeito mútuo para que a empresa não tenha problemas e os funcionários sigam bem para o seu próximo emprego.

Da mesma forma, na área da família e sucessões podemos contribuir com uma advocacia humanizada através do olhar para a boa separação, o cuidado com os filhos e a partilha amigável.

Caso 3

"Lembro-me de um Inventário Extrajudicial, onde o de cujus deixou esposa e cinco filhos, sendo três do primeiro casamento, um de um relacionamento extraconjugal e outra de outro relacionamento e que não fora reconhecida legalmente como filha.

Quando o falecido pai ainda era vivo, deu em fiança a única casa que possuía e, para não perder a referida casa, passou para o nome da filha que não era reconhecida e, portanto, não poderia ser alegada venda fraudulenta.

Os anos se passaram e a transação não foi desfeita. Quando o pai faleceu, os irmãos queriam a sua cota parte da casa, porém, estava somente em nome da irmã não reconhecida.

O problema é que a filha não reconhecida não abria mão da casa, que naquele momento havia sido reformada e expandida e lhe conferia uma renda mensal, com a locação de parte do imóvel. Além disso, era o único bem que recebera do pai, já que o mesmo jamais demonstrara interesse em reconhecer a paternidade e dar-lhe o seu sobrenome.

Muitas vezes, percebemos que o mais importante é o pertencimento. As pessoas não brigam pelo dinheiro, mas sim pelo pertencimento. Pertencer à família é muito mais forte que qualquer bem material. E, nessa história, apesar de não aceitar fazer a partilha do imóvel, ela aceitou dividir a renda obtida por meio do aluguel com os imóvel, ela aceitou dividir a renda obtida por meio do aluguel com os irmãos. Essa era a única forma que ela tinha de ser reconhecida como filha. E foi assim que a casa manteve o vínculo entre os irmãos."

Caso 4

"Em meados de outubro de 2020, fui procurada pela sra. Joana (nome fictício) para realizar a dissolução de sua união estável com o sr. José (nome fictício). Joana me procurou por saber que eu tinha formação em Mediação e Constelação Familiar, não queria apenas a separação, queria o reconhecimento do período em que esteve em união estável com José. Para ela, era importante validar que ambos tiveram um relacionamento e que naquele momento o relacionamento chegara ao fim. Após a atuação, aplicando a mediação e a postura sistêmica, chegamos a um bom acordo para ambas as partes e Joana pediu que no último encontro eu realizasse uma vivência utilizando técnicas das Constelações Familiares com ambos para que pudessem encerrar o relacionamento e seguir suas vidas sem mágoas, liberando um ao outro para um novo ciclo. Nesse sentido, realizei uma dinâmica para a boa separação, onde o casal olhava um para o outro e repetiam frases sistêmicas de reconhecimento e agradecimento por tudo que viveram juntos e ao final se liberavam de qualquer responsabilidade pelo que deu certo e errado no relacionamento. Joana teve suas necessidades atendidas e agradeceu pela condução e desfecho através do acordo realizado entre as partes."

Os relacionamentos com os clientes vêm para nos mostrar algo, um aprendizado para a nossa própria evolução, a partir do reconhecimento da humanidade daqueles que nos procuram e nos entregam suas dores, suas expectativas, algo que precisa ser visto, reconhecido, o equilíbrio nas relações.

Em 2019, fui nomeada presidente da Comissão de Direito Sistêmico de São Bernardo do Campo com o intuito de trazer esse conhecimento para os advogados da comarca onde atuo como advogada.

A comissão busca, através de grupo de estudos, palestras, seminários e projetos, ampliar a consciência dos advogados para que eles levem esse conhecimento para os seus clientes, auxiliando assim na expansão da consciência de todos envolvidos nos processos extrajudiciais e judiciais.

O Direito é a minha missão, e o olhar sistêmico me permite enxergar todos os envolvidos no processo com empatia, escuta ativa e estado de presença. Permite-me compreender que não podemos ganhar todos os processos, mas podemos caminhar para uma boa solução que beneficie a todos.

Segundo Sami Storch: "O direito sistêmico trata-se de uma visão sistêmica do Direito, pela qual só há Direito quando a solução traz paz e equilíbrio para todo o sistema".

Assim, a profissão está a serviço das pessoas, como **a profissão está a serviço da vida.**

O importante é realizar um bom trabalho. Muitas vezes o cliente quer apenas ser ouvido, reconhecido, ter seu direito ao pertencimento, lei mais importante das ordens do amor de Bert Hellinger.

Porque, no final, o que levamos é tudo o que aprendemos, é o quanto tocamos a alma das pessoas que cruzam nossas vidas.

Hoje posso estar no meu lugar, fazer o meu trabalho, olhando para cada ser humano, mulher ou homem, incluindo cada um, com suas dores, com seus sintomas e suas expectativas.

Entendo que todos estamos a serviço do nosso sistema, que está a serviço de algo muito maior.

Busco a RECONCILIAÇÃO e a PAZ dentro de cada um, começando por mim.

Precisei buscar a mim mesma, mergulhar no âmago das minhas maiores dores, nas dores da minha criança ferida.

Aquela criança que, aos quatro anos de idade, queria apenas ir para a escola, estudar, aprender, tinha sede de conhecimento e de novos saberes.

Aquela criança que se conectou pelo amor com a dor das mulheres do seu sistema familiar. Hoje ainda estou em um processo de cura e evolução. Como dizia Bert Hellinger: "Só o imperfeito pode evoluir. O perfeito já se estagnou, cristalizou-se. Portanto só o imperfeito tem futuro".

Continuo a minha trajetória, e através da minha profissão faço algo novo, olho para os conflitos das pessoas que me procuram, atuo com a postura e o olhar sistêmico em suas curas e dos seus sistemas, e assim também me beneficio, curando o meu próprio sistema familiar.

Afinal, a vida é uma energia benigna e eu me abro para ela com amor e gratidão!

Referências:

HELLINGER, Bert. Ordens do amor: Um guia para o trabalho com Constelações Familiares. São Paulo: Cultrix, 2007.

HELLINGER, Bert. A simetria oculta do amor: Por que o amor faz os relacionamentos darem certo. São Paulo: Cultrix, 2006.

HELLINGER, Bert. Leis Sistêmicas na Assessoria Empresarial. Belo Horizonte: Atman, 2018.

BOATTI, Claudia. Workshop dos Movimentos Essenciais, São Paulo, 2019.

WEBER, Gunthard. Artigo: Constelações Organizacionais: Questões básicas e situações especiais. Tradução: Wolfgang Wild). Disponível em: https://www.talentmananger.pt/wp-content/uploads/ ConstelaçõesOrganizacionais-GunthardWeber_PT.pdf.

STORCH, Sami. Artigo: O Direito Sistêmico. Disponível em: https://direitosistemico.wordpress.com

Não foi programado nem foi fácil, mas é gratificante

Vânia da Silva Schütz

41

Vânia da Silva Schütz

Advogada autônoma há 22 anos no ramo da Advocacia Empresarial, atualmente titular do escritório Vânia da Silva Schütz Advocacia. Pós-graduada em Direito Empresarial e mestre em Filosofia. Pesquisadora do tema da Hermenêutica a partir do filósofo Paul Ricoeur, com foco na interpretação no Processo Judicial.

Acesso LinkedIn:

Uma Pessoa Inconformada

Sou a décima filha de uma família pobre, do subúrbio do Rio de Janeiro. Fui criada num bairro pouco conhecido chamado Magalhães Bastos. Meu pai era um alfaiate que, depois de adulto, casado e com filhos, foi fazer faculdade de Letras, tornando-se professor. Minha mãe foi uma dona de casa que teve pouca oportunidade de estudar, tendo feito apenas o curso primário.

A nossa vida era muito simples. Dentro de nosso contexto familiar as meninas eram instruídas a casar-se e cuidar do lar e os meninos eram preparados para ter uma profissão, qualquer que fosse. As moças até poderiam trabalhar antes de casar, mas após o casamento não era aconselhável. Nesse sentido, eventuais profissões aceitáveis para as mulheres eram de professora e de enfermeira. As outras profissões eram reservadas ao sexo masculino e, diante de nossa condição financeira precária, muitas profissões eram tidas como inatingíveis para qualquer um dos filhos. Estudávamos em escola pública e éramos felizes talvez porque desconhecêssemos nossas limitações. Numa forma de proteção paterna, apesar de termos o incentivo ao estudo, não éramos levados a sonhar com aquilo que, em tese, não estaria ao nosso alcance.

Sempre tive paixão por música. Meu pai, escondido da minha mãe, que achava que pessoas de vida financeira regrada não podiam aprender um instrumento tão caro, me matriculou numa aula de piano, primeiro com uma professora particular e depois no conservatório musical. A vontade de estudar piano dentro do meu contexto familiar já sinalizava, desde cedo, que eu não iria me acomodar com a situação e forma de vida a mim apresentadas. Mas, ainda que de forma inconsciente, tocar o instrumento era um desejo ligado à religião, embora alguns amigos e professores tenham declarado que eu tinha talento. Naquela altura não tinha acesso a pessoas que eram musicistas profissionais, então, aos 17 anos tive que parar de estudar piano para ir trabalhar. Ainda assim, vencer a proibição imposta pela minha mãe e cativá-la quando comecei a tocar as primeiras valsas foi o início de uma ruptura do famoso "mais do mesmo" .

A vontade de viver o novo e mudar a história aparentemente pré-determinada foi fundamental para que eu chegasse até aqui. Entendo que meu primeiro desafio foi dentro da minha família, tentando encontrar uma alternativa para mudar a história, sem precisar romper com costumes familiares ou magoar meus pais, que eu tanto amei.

Mas o desafio ainda maior, na verdade, era identificar quais seriam os meus sonhos. Na minha inocência eu me via querendo alcançar algo diferente, sem sequer conseguir discernir ou conhecer o "diferente". Não era conformada com a minha posição social e com a possibilidade que a vida me impunha de me casar e viver só para a família, mas não sabia o que podia fazer, tampouco se podia fazer algo para que tudo fosse diferente. Meu inconformismo me conduziu a caminhos não imaginados.

À Procura de Novas Possibilidades

Findo o ensino médio, comecei a procurar emprego para, quem sabe, conseguir financiar meus estudos: qualquer curso universitário. Cheguei a cogitar Psicologia ou Administração de Empresas, já que tais opções não se enquadravam entre as aceitáveis, isto é, queria o novo. Estudar Direito não era uma possibilidade, primeiro porque nada sabia a respeito e, segundo, é inegável que, por mais que procurasse vencer as limitações a mim apresentadas, penetrou em minha mente que somente pessoas financeiramente privilegiadas teriam acesso a esse tipo de curso.

Meu primeiro emprego em regime CLT chegou pouco tempo depois. Comecei a trabalhar na contabilidade de uma joalheria. Até hoje sou grata à família Chreem pela oportunidade. No entanto, a inquietação continuava. Eu sentia que se quisesse mudar algo na minha história teria que estudar.

As universidades públicas eram de difícil alcance e eu precisava trabalhar, pois, mesmo que fosse aprovada no exame vestibular, o que não se cogitava na ocasião, não teria como me manter. Sendo assim, num dia na hora do almoço fui até uma universidade que ficava na Lagoa Rodrigo de Freitas, lugar que dava para chegar à pé do local do meu trabalho. Fui para perscrutar quais cursos universitários havia e o valor das mensalidades. Não me lembro bem quanto era, mas me lembro perfeitamente que não cabia no meu bolso. Mais perto da minha casa, precisamente no bairro de Realengo, havia duas faculdades particulares. Embora os cursos fossem limitados, o salário que ganhava daria para pagar a mensalidade, porém não conseguia chegar em tempo para as aulas devido à distância.

Nesse período de quase dois anos não achava saída para a esperada mudança. Ao mesmo tempo, trabalhando na zona Sul do Rio de Janeiro, um novo mundo se abria à minha frente, até então desconhecido: os meus empregadores constantemente viajavam ao exterior. As filhas do dono da joalheria eram mulheres independentes, tinham seus apartamentos, seus carros e não dependiam de maridos. Usavam perfumes importados, numa época em que eu mal conhecia marcas nacionais. Eu não fazia juízo de valor se elas vinham de "berço de ouro". Na minha ingenuidade, se eu tivesse coragem para lutar (só um pouquinho) eu poderia alcançar isso tudo com o meu próprio esforço. As irmãs Rachel e Helena Chreem foram referências de mulheres independentes que me inspiraram.

A Realidade era outra: Dificuldade e Preconceito

Mas a minha realidade era outra. Nessa altura, embora muito jovem, já estava namorando e sendo cobrada por meus pais a me casar. Não deixava de ser uma oportunidade de mudança de vida, embora não imaginasse nem de longe o que me esperava. O desconhecimento dos riscos nos faz ser mais corajosos. Então, me casei e com ajuda de uma de minhas irmãs que já residia na Capital de São Paulo me mudei para cá, destemida, decidida a tentar a vida longe da minha terra natal e da minha família.

Nada foi como no meu sonho pueril. A vida era difícil. Morava na periferia, em um quartinho no porão, e comecei a procurar emprego. Aceitava qualquer serviço, mas, ao contrário da fama de facilidade de recolocação no mercado de trabalho em São Paulo, o primeiro emprego não foi nada fácil de conquistar.

Alguns meses após muita procura fui admitida como auxiliar de escritório num escritório de advocacia. O escritório era composto por três advogados, sendo o titular o dr. Carlos Alberto Barbuto Martinho, *in memoriam,* a quem devo os meus primeiros passos no Direito. Meu trabalho consistia em cuidar de toda a rotina do escritório e digitar peças processuais, cujos rascunhos eram escritos pelos advogados à mão para que não precisassem datilografar. Comecei a fazer peças processuais básicas e logo estava rascunhando defesas e recursos e submetendo-os à apreciação dos causídicos.

O dr. Barbuto em pouco tempo começou a se interessar pelo meu trabalho, dizendo que eu tinha talento para fazer o curso de Direito e que não deveria desperdiçar o dom. Mas, se antes já seria muito difícil, naquele momento em que pagava aluguel com o meu esposo e tinha que trabalhar para comprar a minha própria comida, não vislumbrava qualquer possibilidade de cursar o bacharelado em Direito. No entanto, um dia o dr. Barbuto me disse que se eu fosse estudar Direito ele me ajudaria com as mensalidades da universidade. Me empolguei com a oportunidade e comecei a estudar para vestibulares, sendo aprovada em um deles.

Não fiz nenhum plano de ação nem pensei em como seria advogada, tampouco se gostava da matéria ou tinha talento para tanto. A única coisa que me movia era agarrar a oportunidade de estudar. Abracei a causa do estudo com muito gosto, perseguindo o mesmo objetivo de sempre: ampliar horizontes e mudar a minha história.

Nesse ínterim e morando em terra estranha me deparei com uma situação nova em minha vida, qual seja, o preconceito por ser eu carioca, cuja fama para alguns era "de gente malandra" que "não gosta de trabalhar". Me dei conta do preconceito ao ouvir de um colega de trabalho que eu não parecia ter nascido no Rio de Janeiro por "trabalhar direitinho". Numa outra oportunidade fui alertada para segurar meu emprego com unhas e dentes pois seria difícil arrumar outro, afinal, além de ser mulher, casada recentemente, jovem e com possibilidades amplas de engravidar, a cor da minha pele sinalizava que eu teria "o pé na cozinha". Fiquei horrorizada e atemorizada com a situação nunca por mim imaginada de preconceito que se descortinava.

Naquele momento entendi que teria que ter o dobro da garra e da coragem imaginadas para lutar se eu quisesse realmente mudar o curso da história. Aquele sentimento de ruptura com "mais do mesmo" que se iniciou na minha adolescência começava a se intensificar.

Cursando Direito – Novos Desafios

Comecei empolgada na faculdade em fevereiro de 1994. Logo fiz amigos. O primeiro ano de qualquer curso universitário era um sonho para mim. Direito, então, nunca achei que fosse capaz! A universidade ficava a 32 quilômetros de casa e para mim era de difícil acesso. Mas, tinha em mente que estando o boleto da mensalidade pago, todas as demais dificuldades seriam facilmente superadas. Ledo engano!

As aulas começaram e estudei três meses com minhas mensalidades integralmente pagas. Ocorre que em maio do mesmo ano o meu empregador sofreu uma tentativa de homicídio e ficou muito tempo hospitalizado. Nesse ínterim, em junho de 1994, perdi repentinamente minha mãe, que teve um AVC e faleceu no período das minhas primeiras provas. Eu não tinha condições psicológicas para dar um passo, quiçá fazer provas. Pensei em desistir. Tive o apoio de meus colegas de classe, principalmente da minha amiga de sempre Marilu Ramos. Nos conhecíamos há pouco tempo, mas mesmo jovem ofertou conselhos encorajadores.

Dr. Barbuto ficou tetraplégico. Uma advogada assumiu o seu lugar e não pôde continuar pagando minhas mensalidades. Então, passei a trabalhar em troca do cheque para eu pagar a mensalidade do curso. Aos sábados fazia faxina para conseguir ter o valor necessário para a condução da semana e assim se seguiram cinco anos em que cursei Direito.

Muitas outras dificuldades além dessas surgiram no caminho. Deixei de ter acesso a coisas básicas, dependendo da oferta de amigos para minimizar as dificuldades.

Fiz algumas opções equivocadas, por exemplo, deixar de procurar estágio num escritório maior, me prendendo a sentimentos passionais no pequeno escritório em que atuava. A mulher antes inconformada por força de dificuldades vividas teve muito medo e duvidou de sua capacidade de encontrar estágio num escritório de porte maior, tirando de si mesma a oportunidade de crescer.

Algumas lições que ficaram desse período foram: não se prenda às pessoas. Seja profissional em suas escolhas. Não se menospreze nem pratique a autossabotagem. Refletindo algum tempo, concluí que talvez de modo inconsciente eu achasse que já estava fazendo o bastante trabalhando, estudando, viajando mais de 70 km por dia. Situações como essas que eu vivi por vezes nos fazem atrair o sentimento de vitimização. Poderia ter feito algumas coisas de forma diferente, sem me achar super-heroína pelo que estava fazendo. Aprendi que a vitimização é inimiga do sucesso e me recuperei a tempo de mudar o curso da história.

Enfim, a Advocacia

No final de 1998 terminei o curso, saí do escritório onde trabalhava com gratidão pelo tempo e aprendizado obtido ali e em seguida passei na tão temida prova da OAB. Logo arrumei emprego em um outro escritório no Centro de São Paulo. Começava ali oficialmente a minha carreira na Advocacia. Me lembro como se fosse hoje da minha primeira audiência: foi numa causa trabalhista. Eu gaguejava e minhas pernas tremiam.

Na minha vida pessoal as coisas não iam tão bem. Meu casamento chegou ao fim.

Um tempo depois, com experiências somadas de ambos os escritórios onde trabalhei, mas com todas as dificuldades inerentes à prestação de serviços a terceiros em carreira ainda iniciante, entendi que precisava ser uma profissional independente se quisesse crescer e novamente mudar o rumo da história.

Me vesti de coragem e despontei para o voo solitário da advocacia, onde permaneço há 22 anos. É preciso ter coragem para mudar a sua história. Levei a sério a máxima "nada muda se você não mudar".

A Carreira e as Conquistas

Devagar conquistei minha clientela e comecei a colher os frutos do meu trabalho no Direito. Realizei vários sonhos, dentre eles o de conhecer países mundo afora. Um caso inusitado foi que, ao chegar em Paris pela primeira vez e ver pessoalmente a torre Eiffel, só me veio à boca uma frase: "Eu sou de Magalhães!" (me referindo ao bairro onde cresci no Rio de Janeiro), feliz pela conquista proporcionada pelo meu trabalho. Nunca vou me esquecer do meu berço!

Não parei de estudar. Entre um curso de atualização aqui e um acolá, fiz pós-graduação em Direito Empresarial e tempos depois ingressei no mestrado de filosofia, curso que considero o divisor de águas do modo de ver a vida. Pelo estudo da filosofia também passei a questionar tudo o que fazia no Direito, inclusive a forma como os juízes se portavam nas causas, pois com base na hermenêutica do filósofo Paul Ricouer, dissertei sobre "O Juiz e a Interpretação no Processo Judicial".

Toda carreira tem altos e baixos e com a minha não foi diferente. Após o mestrado e vendo a vida e o Direito sob um outro prisma, isto é, sob a lente da filosofia, passei por um momento de grande desânimo. Me perguntava se todo o esforço que fiz tinha sido em vão e/ou se era hora de mudar radicalmente. Cheguei a ensaiar alguns passos fora da advocacia, mas nada prosperou como imaginei.

Nesse ínterim procurei uma psicóloga e fiz um teste vocacional, afinal, se o/a leitor/a se lembra do início desta narrativa, fui estudar Direito por influência do meu empregador. Ele dizia que eu tinha dom, mas nunca havia conferido a informação com um profissional da área competente. O teste vocacional confirmou a "escolha" feita anos antes, demonstrando aptidão para advocacia e afins. Me motivei para continuar o trabalho que sempre fiz.

Está desanimado?
Reflita sobre o que o move em sua profissão

Ao passar pela fase de desânimo comecei a refletir sobre qual era a gratificação pessoal oriunda da minha profissão. Concluí que sempre me encantou na advocacia oferecer às pessoas possibilidades de solução a problemas pensados como barreiras intransponíveis, quer com um pedido de atuação do Judiciário, com um conselho, uma troca de experiência, como mediadora de um conflito ou simplesmente ouvindo uma história. Ser advogada é dedicar-se ao outro em busca da justiça.

Ser mulher advogada é aprimorar a advocacia utilizando para tanto o talento nato da maternidade no cuidado com as pessoas. Advogar é cuidar para que os direitos sejam garantidos. Advogar é proteger o cidadão das garras da injustiça.

Hoje me sinto totalmente realizada com minha profissão. Continuo procurando modos de me aprimorar, pois a essência que não admite a si mesma a estagnação é imutável. Encontrei um novo amor e já estamos casados há oito anos. Não tive filhos.

Por fim, ser convidada a participar desse projeto e contar a minha história de superação foi muito gratificante. Nunca sabemos se a nossa experiência de vida pode servir de inspiração a alguém, pois cada ser é único, mas, caso sirva, será apenas mais uma das tantas vezes que a vida será capaz de me mostrar que para tudo há um propósito.

Sigo com humildade sem esquecer das minhas origens, perseverando no objetivo de aplicação da ética de Paul Ricoeur de *"perspectiva de vida boa, com e para os outros, em instituições justas"*.

A mulher além do Direito – Essência e propósito

Vivian Carolina Souto Pires

42

Vivian Carolina Souto Pires

Advogada por formação, empreendedora por vocação. Pós-graduada em Direito Público e Tributário. CEO do Espaço Nelson Pires, diretora executiva e cofundadora da Clínica Quíron de Saúde Mental e da OMNI – Centro de Terapias Biológicas. Líder nata, direcionou todo o seu conteúdo jurídico para as empresas onde pode explorar a sua habilidade de conciliação, precisão na governança legal e assertividade na avaliação de contratos. Seu propósito é ser instrumento de promoção do cuidado da saúde mental, estimular o empoderamento feminino, a liderança participativa e a qualidade de vida das pessoas.

Acesso LinkedIn:

Sempre achei que ao escolher uma profissão para o resto da vida com apenas 17 anos corre-se o risco de errar e ter que recomeçar. O formato do ensino no Brasil não nos oferece muitas opções, de modo que ainda consigo lembrar-me do momento em que estava com a ficha de inscrição do vestibular em mãos. Eu lia e relia aquele papel, tentava me imaginar nos cursos disponíveis e quebrava a cabeça pensando o que eu deveria marcar. Ainda tinha segunda e terceira opção. Escolher parecia uma tarefa quase impossível, especialmente quando o maior desejo é sentir-se útil, viver em consonância com a própria essência e valores.

A vontade do meu saudoso pai era que eu prestasse vestibular para Medicina. Esse era o sonho não realizado dele, mas não era o meu. E isso estava claro em minha mente. Eu sabia o que não queria, precisava descobrir apenas o que fazia sentido para mim. Mil interrogações na cabeça e um sentimento pulsante: "Quero fazer justiça social". "Vou fazer Direito! É isso!". No último dia da inscrição do vestibular, marquei o x no "Direito". Segunda opção: "Administração". Terceira opção: "Relações públicas". Estaria meu destino limitado às leis? Logo eu que acreditava poder ser o que eu quisesse e que nada me limitaria?

Minha história – O Direito e outras coisas mais

Eu nunca soube fazer uma coisa só. E essa afirmação fará muito sentido daqui até o final deste texto.

Estudei em colégio religioso, inaciano, formado por padres. Nesse lugar foi onde aprendi sobre a pluralidade do mundo, pude vivenciar experiências muito marcantes em locais muito pouco favorecidos na minha cidade, que é extremamente desigual, Salvador, na Bahia. Isso me incomodava; eu utopicamente acreditava que através da magistratura ou da promotoria conseguiria concretizar um ideal de justiça que insistia em aguçar os meus pensamentos.

Havia lido uma citação do meu conterrâneo baiano Ruy Barbosa que teimava em não sair da minha tela mental e dizia assim:

"De tanto ver triunfar as nulidades, de tanto ver prosperar a desonra, de tanto ver crescer a injustiça, de tanto ver agigantarem-se os poderes nas mãos dos maus, o homem chega a desanimar da virtude, a rir-se da honra, a ter vergonha de ser honesto".

Eu me sentia desafiada e impulsionada pela juventude a mudar esse cenário, a fazer a diferença no mundo. Não sabia ainda de que forma o faria.

Foi naquele colégio que comecei também, aos nove anos, a explorar minha habilidade de realizar negócios. Pedi à minha mãe que me levasse a um local no centro da cidade onde eram vendidos artefatos para fazer bijuterias e comecei a produzir tiaras, pulseiras e brincos para vender. Minhas colegas adoravam e eu vendia muito bem, mas, após um tempo, a diretora da escola me pediu que eu não mais comercializasse naquele ambiente e justificou que eu tinha colegas que não podiam comprar. Naquele momento, empaticamente eu assenti e fiz o que ela havia me pedido.

Mas, o meu negócio não poderia parar e eu continuei a vender para outras pessoas fora da escola. Ao longo dos anos, eu me aprimorei e desenvolvi mais produtos. Quando já estava cursando Direito, criei uma marca, forneci para lojas que revendiam os meus produtos, fazia encontros para vender, até o dia em que eu precisei parar para fazer as oito últimas matérias do curso e a monografia. Nessa ocasião, eu já estagiava na minha área e não conseguiria continuar com o negócio de bijuterias. Eu precisei escolher.

Voltando ao Direito, comecei a estagiar no quinto semestre, com um juiz de Direito. Fiz tudo dentro do cartório, digitei audiências, redigi sentenças, analisei processos, me dediquei, olhei, aprendi e decidi que não era aquilo que eu queria fazer o resto da vida.

Nunca consegui lidar muito bem com a burocracia e a morosidade dos processos. Pedi para ser desligada do estágio e nesse momento eu já estava no oitavo semestre.

"Preciso ir para um escritório de advocacia", pensei. Me candidatei a uma vaga de um grande escritório e acabei sendo contratada. Mas, antes disso eu havia feito uma prova para o Ministério Público do Trabalho (MPT) e, duas semanas depois de iniciado no escritório, fui convocada. Fiquei muito feliz. Ganharia um bom salário para os parâmetros da época e ainda iria trabalhar no Ministério Público, que era um desejo antigo.

Esse foi um capítulo importante na minha trajetória: no MPT fui inundada, como não poderia deixar de ser, por um conhecimento enorme da área trabalhista. Trabalhei no setor de denúncias, de fraudes trabalhistas e em outros núcleos. Lia os processos em que as empresas eram autuadas por não cumprirem a legislação, ouvia denúncia de funcionários que eram maltratados, assediados e pouco valorizados. Como essa experiência me agregou! Eu não poderia imaginar, mas aquele estágio mudaria a forma como eu conduziria as minhas empresas no futuro.

Colei grau já com a aprovação na OAB. Me tornei advogada. O que eu faria a partir dali? Deixei de ser estudante universitária para ser desempregada com uma carteira da OAB na mão. *"E agora, José?"*

Essa talvez tenha sido a fase mais angustiante profissionalmente. Eu definitivamente não sabia qual caminho seguir porque acreditava ter mais de uma habilidade e não queria trabalhar para os outros. Eu queria trabalhar para mim. Esse era o maior axioma de todos.

Uma verdade absoluta que sempre busquei em todas as minhas decisões. Isso fazia com que eu me conectasse verdadeiramente com a minha essência.

Minhas regras

Número um: fizesse o que fosse, seria pra mim, seria de forma autônoma e entregando algo de útil para a sociedade.

Número dois: trabalharia e pouparia até ter independência financeira porque ela me daria a liberdade de escolha para além das decisões financeiras e eu seria a gestora da minha vida, estaria no comando do meu leme.

Número três: tudo o que eu fizesse seria com propósito, com algo que fizesse sentido e gerasse satisfação pessoal. Eu queria sentir aquele regozijo íntimo de realizar algo que vem da essência.

Número quatro: eu iria comemorar e agradecer cada vitória alcançada e não deixaria me abalar pelos erros, tropeços e pancadas.

Em busca do meu porto

Sêneca disse: *"Se um homem não sabe a que porto se dirige, nenhum vento lhe será favorável"*. Eu queria encontrar o meu destino. Sabia as características que iria ter, mas não sabia o que seria.

Ficar à deriva esperando sem nada fazer como advogada desempregada não era uma opção. Me matriculei na pós-graduação em Direito Público da Universidade Federal da Bahia para continuar estudando e me sentir menos à mercê do acaso.

Foi quando encontrei uma colega de faculdade e decidimos abrir juntas um escritório de advocacia. Não tínhamos clientes nem sede, mas nos colocamos à disposição das pessoas que nos procurassem para patrocinar pequenas ações.

Quando as caixas das pastas dos processos começaram a não caber mais nos nossos quartos, alugamos uma salinha e montamos o nosso escritório com todo o recurso que havíamos conseguido juntar. Fizemos outra pós-graduação juntas, de Direito Tributário, no IBET, e o escritório estava começando a caminhar melhor.

Naquele ínterim, eu me arrisquei a pegar um empréstimo no Banco do Nordeste e abrir uma cafeteria em um shopping popular. Não tinha jeito, por mais que eu gostasse do Direito, os negócios me fascinavam, sempre foi a minha maior paixão e eu não tinha como fugir. Eu simplesmente me realizava ao empreender. Então, a minha tentativa era conciliar as duas áreas. Mas como?

A pressão social para não abrir mão da "brilhante e promissora carreira jurídica" de uma das melhores alunas da turma era grande; a pressão por fazer concurso público e alcançar a tão almejada (pelos outros) estabilidade também.

O X da questão

O que EU queria? Ouvi a vida inteira que "empresário nesse país só se dá mal", "60% das empresas fecham antes de completar cinco anos e 80% das microempresas não duram um ano", "bom é ser concursado e estar garantido para o resto da vida, ter tranquilidade".

Nada disso ecoava em mim. Isso era aflitivo. Muitas foram as sessões de terapia para dizer para mim mesma: "Não, eu não quero ser concursada. Não, eu não quero ser advogada de processo contencioso, não quero viver dentro de um escritório, não quero ter que enfrentar todos os dias uma burocracia exaustiva e a morosidade dos processos judiciais, não quero ser executiva do jurídico de uma multinacional".

Eu não queria seguir o fluxo de quase toda a minha turma de formandos. Queria achar qual era o MEU fluxo.

Eu gestora

O ano era 2011, já tinha três anos que havia montado o meu escritório de advocacia e estava na minha segunda especialização; fui chamada para trabalhar no setor jurídico de um hospital psiquiátrico. Não por acaso era o hospital que o meu avô paterno havia fundado na década de 50 com outro sócio e que já vinha passando pelas mãos de muitos gestores, herdeiros, etc., e nunca tinha possuído formalmente um setor jurídico interno.

Aceitei o convite e me dividia entre o hospital, o meu escritório, que estava começando a ter mais clientes (apesar do meu descontentamento nítido com o trabalho burocrático que eu acabava fazendo) e a minha cafeteria no shopping. Foi nesse momento que aquela experiência do estágio no MPT começou a mostrar a sua importância. Organizar o jurídico do hospital demandava as habilidades que aprendi naquela época e acabou sendo fácil. Eu sabia exatamente onde estavam as falhas, o que os funcionários precisavam e as correções que seriam necessárias.

Em 2013, então, veio o convite para assumir a gestão geral do hospital. Mais uma vez eu precisava escolher e, intuitivamente, sem pesar muito os prós e contras, decidi aceitar. Algo dentro de mim gritava: "Aceite!".

Nesse momento, lembrei de Steve Jobs dizendo assim: *"Tenham coragem de seguir o que seu coração e sua intuição dizem. Eles já sabem o que você realmente deseja. Todo resto é secundário"*. E, na verdade, seguir a minha voz interior já fazia parte de mim. Eu sempre acreditei nela.

Precisei sair da sociedade de advocacia, vendi a cafeteria e decidi me dedicar exclusivamente àquele que parecia para mim o maior desafio da minha carreira: Assumir um hospital com muitas dificuldades financeiras e em todas as outras áreas, liderar quase 200 pessoas entre funcionários e colaboradores.

A experiência até ali era de uma pequena empresária que tinha habilidade negocial, gostava de vender, se comunicar, era boa em contas e tinha aptidão por correr riscos. O desafio era enorme, mas a minha vontade de que desse certo era ainda maior.

Tornei-me a gestora do hospital.

A neta privilegiada – o (pre)conceito

Sentei-me na minha salinha, olhei para o computador, vi as planilhas na minha mesa. Os olhos curiosos daqueles que seriam os "meus" funcionários e que me acompanhavam onde quer que eu fosse, avaliavam o meu comportamento e desempenho.

Nessa época, recebi internamente o apelido jocoso de "Barbie". Era pra ser piada entre os funcionários, mas, sabe como são essas coisas que sempre vazam. Eu poderia escolher entre me abater ou fingir que não sabia. O que você teria feito?

Lá estava eu, com 28 anos, diretora geral de um hospital psiquiátrico em crise e com uma equipe de cooperados que desacreditava da minha competência e acreditava que eu estava ocupando aquele lugar por sorte, herança ou qualquer coisa que desabonasse a minha capacidade.

Eu nunca me intimidei muito com o que falam de mim. Coloquei em mente que eu não responderia às provocações, acusações e motins silenciosos. Apenas o resultado do meu trabalho falaria por mim.

Assinei a carteira de trabalho naquele ano dos 150 funcionários que trabalhavam através de cooperativas – aquelas que eu um dia ajudei a autuar através do MPT. Eu conhecia a lei e isso só poderia me ajudar.

Negociei contratos com os planos de saúde, redigi novos contratos do hospital, regimento interno de trabalhadores, renegociei dívidas, contratei prestadores de serviços e imprimi nova política interna de valores. O meu maior desafio não era gerir, isso já era parte de mim. O maior desafio era mudar a cultura organizacional daquela empresa. Mas, isso, eu sabia que só com tempo e paciência.

A minha formação jurídica seria o que me daria segurança no gerir, o meu porto seguro. Eu nunca tive medo de fazer gestão porque dominava a legislação e isso me fazia acreditar que sempre saberia qual a escolha certa a se fazer.

Fui adquirindo o respeito daqueles que um dia desabonaram o meu trabalho, de forma preconceituosa. Em silêncio, trabalhando com afinco e amor. Não acredito em trabalho feito sem brilho no olhar.

E foi assim que a saúde mental me fisgou.

Eu, o Direito e a saúde mental – Vivendo a minha essência

Gerir um hospital psiquiátrico requer múltiplas habilidades e ao desenvolver as minhas naquele local, vendo o resultado do meu trabalho refletido na melhora dos pacientes, das suas famílias; percebendo o quão importante e valoroso era aquele lugar, decidi levar aquela expertise para o interior do estado – minha veia empreendedora não iria se aquietar apenas ao gerir, eu precisava realizar.

Em 2015, então, inaugurei junto com uma médica uma clínica de saúde mental em uma cidade a 120 km de Salvador, naquele que seria o primeiro hospital dia de saúde mental fora da capital baiana e que hoje atende 2 mil consultas mensalmente em Psiquiatria e Psicologia.

No segundo semestre de 2015, seguindo a expansão no mesmo ramo, abri junto com um médico uma clínica voltada para o tratamento de transtornos mentais resistentes e neuroestimulação em Salvador.

Posso afirmar que sou devota do cuidado da saúde mental, faço porque acredito e vejo que aquela justiça que eu queria tanto realizar com 17 anos eu alcanço através da oferta de emprego, geração de renda e criação de espaços de cuidado para aqueles que precisam.

A gestora que me tornei anda abraçada com a advogada que sou e juntas elas entregam o melhor que conseguem para a sociedade.

Se eu fizesse hoje o vestibular, Direito seria novamente a minha primeira opção. Esse Direito que não se limita a audiências, fóruns e contratos, mas o Direito que me tornou conciliadora, me faz entender tudo com clareza, rapidez, me diferencia enquanto gestora e me possibilita ser mais assertiva, alcançar melhores resultados, errando menos, precisando recorrer menos a terceiros, sendo mais justa para a comunidade da qual faço parte. O viés do Direito que eu escolhi.

Mas, de tudo que escrevi até aqui, a mensagem mais importante que gostaria de transmitir é que, independentemente da carreira, é preciso apropriar-se da vida. Quando não escolhemos, a vida (ou os outros) escolhe por nós.

Viver conectado consigo é algo muito potente. Permitir-se viver e encarar a sua verdade é libertador. Eu realmente sou fã de Clarice Lispector e peço licença para fazer minhas as suas palavras:

"Não quero ter a terrível limitação de quem vive apenas do que é passível de fazer sentido. Eu não: quero é uma verdade inventada".

Desejo que a sua verdade inventada seja sonora pra você, que é o que importa afinal de contas. Sonhe grande, estabeleça metas, vá em busca. Se tiver em consonância com a sua verdade, prosperará. O Direito poderia ter sido uma prisão para mim, mas foi e é o catalisador de todos os meus processos íntimos. Ele me impulsiona e me oferece *background* para acelerar as minhas decisões.

Espero que a minha história possa inspirar você de algum modo a acreditar sempre na sua voz interna nos momentos de decisões, a não esmorecer quando a vida bater com força e a ser instrumento de transformação social da forma que mais tocar o seu coração.

A mulher que me tornei reverencia e agradece à menina que fui e que, de forma inexperiente, fez boas escolhas apenas por respeitar o que pulsava dentro de si.

O direito previdenciário me escolheu: uma história de amor pelos direitos sociais

Viviane Behrenz Einsfeld

43

Viviane Behrenz Einsfeld

Graduada em Ciências Jurídicas pela Universidade Luterana do Brasil (2005), advogada, inscrita na OAB/RS 70.717, pós-graduada em Direito Público e especialista em Direito Previdenciário pelo Instituto de Desenvolvimento Cultural - IDC (2007). Pós-graduanda em Direito Previdenciário e Prática Processual em RGPS pelo IEPREV. Procuradora Municipal de Dom Feliciano/RS (2010-2011). Procuradora Municipal de Camaquã (2012-2016). Coordenadora Estadual do IEPREV do Rio Grande do Sul (desde 2019) e presidente da Comissão de Seguridade Social da Subseção Camaquã da OAB/RS (Gestão 2019-2021). Criadora do Projeto PrevAmigas (2020) e coordenadora científica do I Seminário Gaúcho das Advogadas Previdenciárias do Rio Grande do Sul (2020).

Acesso LinkedIn:

Fico emocionada quando uma colega ou outra me relata, numa conversa informal, que sonhava desde pequena em ser advogada. Eu, no entanto, diferentemente do que muitos imaginam, nunca sonhei em exercer a advocacia.

Na verdade, a minha trajetória como advogada começou com um pensamento decidido na época em que eu ainda cursava a faculdade de Direito: a certeza de que a única coisa que eu não queria, depois de me formar, era advogar.

E não era somente a sedução pelos cargos públicos, seus bons salários e a estabilidade que eles proporcionam que me convenciam. Meu problema maior era, depois de seis anos secretariando meu amado pai, que foi um advogado que atuava em várias frontes e que detinha um temperamento forte e destemido, saber que eu não possuía a mesma personalidade combativa. Eu não sabia e não gostava de lidar com conflitos!

Eu percebia que a alegada "verdade" era apenas a versão daquele que procurava o escritório, mas que, na prática, era simplesmente uma parcela da verdade; diante disso – e pela vontade de sempre tentar solucionar conflitos por meio da mediação –, como eu poderia escolher um único lado? Eu ficava encantada com a forma firme com que meu pai e outros colegas da advocacia defendiam os seus clientes, mas conhecendo o ser humano e suas habituais falhas e fraquezas e distorções da verdade, eu me sentia incapaz de abraçar qualquer causa com unhas e dentes, pois eu iria querer sempre ouvir o outro lado da história.

Então pensei na magistratura... Ah, ela me encantava! Eu poderia ouvir os dois lados, refletir, ponderar, conduzir com sabedoria o processo e mediar a situação! Sim, essa era para mim a escolha mais acertada na época.

No entanto, sabemos que, para alcançar esse sonho tão desejado por muitos, é necessário dedicação exclusiva aos estudos. Eu necessitaria de tempo irrestrito de entrega aos livros, teria que me inscrever em um bom curso preparatório e não conseguiria conciliar trabalho em turno integral. Propus ao meu pai então que investisse em mim durante um ano depois de formada, me ajudando com as despesas do curso preparatório e eu daria um jeito de trabalhar meio turno para arcar com as despesas de moradia e alimentação, pois precisaria sair da minha cidade do interior para a capital gaúcha para isso.

Minha proposta foi recusada. Meu pai, que nasceu na zona rural do município de Camaquã, Rio Grande do Sul, filho de agricultores, tendo dez irmãos e com um passado de fome e muitas dificuldades, de muita luta e privações, acreditava que cada um deveria desbravar por si mesmo o seu caminho. Afirmava que o compromisso dele com as filhas se encerrava no prazo fatal da formatura e que a oportunidade de cursar uma faculdade era a única e a maior herança que ele nos deixaria. E ele estava certo.

Minha alternativa foi estudar sem cessar durante a faculdade na tentativa de conseguir uma bolsa de estudos após a formatura. Apesar do esforço e de ter ganho uma premiação linda no dia da colação de grau pela nota mais alta alcançada entre os formandos, a universidade apenas me presenteou com um belo troféu de madeira e um envelope surpresa que continha um vale-presente (de uma loja de utilidades).

E assim, depois de chorar por cerca de 30 dias compulsivamente por não ter ganho a tão sonhada bolsa de estudos, minha motivação para começar a advogar foi pagar os boletos que batiam à porta! Mas calma, esta não é uma história de frustração de uma quase juíza. Deus tem formas únicas de nos mostrar o nosso propósito.

Escolhi a área do Direito Público para me especializar e comecei uma pós-graduação encarando 250 km diários por meses a fio, ocasião em que tive a oportunidade de conhecer o Direito Previdenciário, matéria que eu não havia cursado na universidade. Então, meus olhos brilharam, meu coração acelerou e eu sabia que advogar pelos direitos sociais era sim a minha vocação.

A cada cliente que adentrava o escritório com suas histórias de luta, de trabalho árduo na lavoura ou na cidade, de uma vida inteira de trabalho que não garantiram a sua aposentadoria, ou a negativa de um benefício por incapacidade ou assistencial que o afastavam da garantia de uma vida digna – e saber que eu poderia mudar estas realidades através do conhecimento, do exercício da advocacia previdenciária –, havia a certeza de que eu estava no caminho certo.

No escritório, eu pagava aluguel ao meu pai para a utilização de uma sala e passei a atender exclusivamente a área previdenciária. Tão logo consegui, aluguei outro local sozinha para poder construir meu próprio nome, pois não queria estar sempre à sombra dele. Em vez de ele se chatear com o fato de eu ter deixado de trabalhar como sua parceira, me confessou que teve ainda mais orgulho de mim quando tomei esta decisão; aplaudiu com os olhos marejados de lágrimas o meu improvisado discurso no dia da inauguração do meu primeiro pequeno escritório de advocacia, que se resumia a algumas peças da frente da casa que conseguimos alugar na época.

Em 2008, veio o primeiro convite para atuar na área pública e tive a honra de passar alguns meses de franco aprendizado na Procuradoria Municipal de Camaquã, no cargo de procuradora.

Em 2009, já de volta a advogar exclusivamente em meu escritório – sem nenhuma renda fixa, portanto – veio o nascimento da Sophia, nossa primeira filha. Com ela, conheci a bênção da maternidade, mas também a necessidade de qualquer profissional autônoma de não poder parar, mesmo numa situação delicada como o pós-parto, quando realizei até mesmo audiências ainda com os pontos da cesárea, pois mulheres/mães/trabalhadoras/profissionais liberais não têm muito tempo para "lamber a cria"; precisam ir à luta, equilibrar a maternidade com os processos e garantir o pão de cada dia. Faço a ressalva de que, na ocasião, sequer havia a suspensão dos prazos processuais pelo pós-parto, direito das advogadas que só adveio com a Lei nº 13.363/2016.

Depois disso, entre os anos de 2011 a 2016, passei por mais três experiências na seara do Direito Público, na procuradoria municipal de dois municípios distintos e no assessoramento de uma câmara de vereadores de um terceiro, aqui na região Centro Sul, sempre me desdobrando em trabalho duplo: a maternidade e os estudos. Por nunca me sentir pronta ou preparada o suficiente para os cargos, insegura e perfeccionista que sempre fui, sentia que a vida ia me empurrando para estas experiências e então entendi que Deus não escolhe os capacitados, mas capacita os escolhidos.

Em 2012, após uma consulta de rotina, pensando estar com um cisto uterino ou algo assim – já que menstruava normalmente e não sentia qualquer sintoma gestacional, apenas o inchaço abdominal – recebo a notícia da minha segunda gestação. Sim, foi um imenso susto: o momento era desafiador, meu esposo havia acabado de perder o emprego e lá estava mais um pacotinho enviado por Deus para dar novo sentido às nossas vidas.

Nos anos de 2015 e 2016, ainda equilibrando o turno triplo de trabalho por conta da procuradoria municipal e do escritório, passamos pelo momento mais difícil das nossas vidas: de um lado, meu esposo perdia o meu amado sogro para o câncer, revezando os cuidados hospitalares com seus irmãos e, de outro lado, decidimos assumir os cuidados com meu amado pai, que começava a apresentar diversos problemas de saúde e veio morar conosco.

Ao contrário da união que eu via entre meu marido e seus irmãos, enfrentei a lastimável desunião da minha família. Me vi sozinha em meio ao caos. Corri para psicólogos, psiquiatras, endocrinologista, cardiologista, nutricionista e outros profissionais na busca de diagnósticos e da melhora do meu amado pai, enquanto assumi alguns dos seus casos do escritório – apenas aqueles em que ele já havia recebido os honorários dos clientes para honrar o seu nome, pois não era a minha área de atuação e tive que voltar a estudar outras especialidades para isso.

Foi em meio a um turbilhão de responsabilidades e a dupla maternidade que descobri que estava grávida pela terceira vez. E enquanto nas minhas redes sociais eu apenas postava mensagens motivacionais e sorrisos, era nas noites de exaustão e de cuidados com meu amado pai que eu me ajoelhava e chorava pedindo forças a Deus para conseguir vencer tantos desafios simultâneos. Não fosse pela fé, pelo auxílio do meu marido, da minha amada mãe e dos diversos profissionais incríveis que nos auxiliaram nesta fase, eu teria sucumbido.

Em 2017, depois de muitas águas que passaram sob a ponte e que dariam um livro, meu amado pai fez a passagem para o plano espiritual e só posso dizer que tudo o que vivi naquela fase me transformou completamente. Sou grata a Deus por todo o aprendizado.

A advocacia previdenciária, em meio a tudo isso, me deu razões para continuar a lutar pelos direitos sociais, pela garantia dos direitos fundamentais, pela dignidade de tantos trabalhadores e trabalhadoras e idosos e crianças com deficiência. Havia dias em que minhas forças se esvaíam. Entretanto, no atendimento atento e humanizado do escritório, as histórias dos meus clientes davam-me coragem para prosseguir; traziam e trazem lições de vida únicas que me ensinam que todos nós temos desafios nesta passagem terrena e que, quando ajudamos o irmão a carregar a sua cruz, a nossa fica mais leve. Ser previdenciarista é ser instrumento de transformação na vida de outras pessoas e ao mesmo tempo ter a própria vida transformada. É missão divina; é vocação.

Em 2019, recebi da dra. Ana Paula Fernandes, vice-presidente do IEPREV, o maior instituto de pesquisas e estudos de Direito Previdenciário do país, o convite para ser a coordenadora estadual deste grandioso instituto aqui no Rio Grande do Sul. Recebi o convite com imensa felicidade, mas também com surpresa e medo. Assustada com o tamanho da responsabilidade, me senti pequena em meio a tantos grandes nomes do Direito Previdenciário brasileiro que integram o IEPREV, já que sou uma advogada do interior que nem o mestrado consegui cursar (ainda). Mas, de novo, aquela voz me convenceu a aceitar: "Deus não escolhe os capacitados, lembra? Ele capacita os escolhidos". E nada é por acaso. Aceitei.

O IEPREV é uma experiência fenomenal na minha vida: mexeu fundo com projetos e sonhos antigos que eu já havia engavetado, tive a oportunidade de retornar ao meio acadêmico, cursar mais uma pós-graduação - e com os maiores previdenciaristas do Brasil, participar de congressos, webnários, seminários - e assim, conhecer e conviver com tantos profissionais excepcionais, aprendendo sempre! Por conta da representação do instituto, pude ainda, por exemplo, acompanhar, no ano de 2019, a Comissão Estadual de Seguridade Social da Ordem dos Advogados do Brasil, Seccional Rio Grande do Sul, em algumas das quase 80 audiências públicas que foram realizadas para debater a Reforma da Previdência, numa força tarefa hercúlea para levar informação técnica de qualidade sobre os pontos da então PEC 06/2019 para todos os rincões do solo gaúcho.

Com o IEPREV e a comissão estadual gaúcha reforcei não somente a importância e a necessidade de permanecer em constante estudo do Direito Previdenciário, mas também aprendi o valor do *networking*, da atuação institucional, da doação voluntária de tempo e trabalho em prol da classe e da sociedade como um todo.

Além disso, tomei a iniciativa de solicitar para a diretoria da minha subseção a criação de uma comissão especial de seguridade social, até então inexistente nas gestões anteriores, para reunir os previdenciaristas locais; sugestão que foi abraçada com total apoio pela então presidente Roberta Magalhães e pelos colegas da seara previdenciária, que acabaram me oportunizando ainda presidir a comissão, o que aceitei com muita honra. Já no mesmo ano, realizamos uma audiência pública no grande Teatro do SESC para debater a reforma previdenciária e recebemos em nosso pequeno município grandes nomes do Direito Previdenciário que vieram dividir seus conhecimentos conosco.

Nesta comissão, acabei ainda estreitando laços com uma querida colega previdenciarista, a dra. Aline Danelon, pela sua mente inquieta que muito se assemelha à minha. E foi por esta inquietude por novos projetos, com a vontade imensa de criarmos um espaço democrático de perquirição do conhecimento, criando novas conexões entre os profissionais do Direito e com o objetivo ainda de ampliar a notoriedade das mulheres na advocacia que nasceu o projeto PrevAmigas.

O PrevAmigas surgiu em julho do ano de 2020, em plena pandemia, e já no mês de dezembro, depois de um ano intenso de estudos e entrevistas com os maiores previdenciaristas do país, firmamos parceria com o IEPREV para a realização de um grande evento jurídico virtual, idealizado para destacar o protagonismo feminino na advocacia previdenciária gaúcha: o I Seminário Gaúcho das Advogadas Previdenciárias.

O seminário, pioneiro no Estado neste formato, foi um enorme sucesso! Além da parceria com o renomado IEPREV, ainda contamos com o apoio da CESS/RS, OAB/RS, ABA e G4, em um evento lindo, com 20 advogadas palestrantes incríveis abordando diversas temáticas relevantes ao Direito Previdenciário. Este evento foi transmitido ao vivo, durante mais de dez horas ininterruptas, com cerca de mil e quinhentos inscritos, tudo isso realizado numa data simbólica forte: dia 15 de dezembro, dia da advogada.

O ano de 2021 já se iniciou com mais projetos profissionais incríveis e desafiadores: escrever artigos, aprender a docência, acrescer novos conhecimentos, coordenar uma obra coletiva previdenciária... Tudo isso ainda contrabalançando a maternidade tripla e os processos do escritório. No mês de abril, fui convidada a integrar a Comissão Nacional de Seguridade Social da ABA (Associação Brasileira de Advogados), ao lado de grandes previdenciaristas de vários Estados do Brasil. Me sinto honrada, grata e corajosa com tudo, mas não me sinto a mulher maravilha, não; sou apenas mais uma entre tantas milhares de mulheres aprendendo a ser equilibrista; mas me sinto honrada por ser uma advogada do interior que já chegou tão longe (e consciente de que ainda tenho muito para evoluir e aprender) e quero inspirar outras mulheres advogadas a acreditarem em si mesmas e seguirem adiante na realização dos seus sonhos, mesmo que pareçam impraticáveis.

E mesmo com tantos novos desafios que me trazem uma responsabilidade ainda maior na administração do tempo e no aprofundamento dos estudos dos direitos sociais, o maior aprendizado que obtive na minha vida profissional foi sem dúvidas o de que ter sucesso não tem nada a ver com o tamanho do seu escritório, nem o montante que você tem na sua conta bancária a título de honorários ou quantos mil seguidores você possui nas redes sociais. Sucesso mesmo é sentir a diferença que você faz na vida das pessoas!

E eu celebro cada vez que um advogado ou advogada resolve atuar na advocacia previdenciária! Não somente por crer que existe sol para todos e que estamos substituindo uma era de competição por uma era de cooperação na advocacia, mas por saber que militar no Direito Previdenciário é ser a esperança: nos olhos dos idosos em busca do melhor benefício para que tenham uma velhice digna após anos de trabalho; aos enfermos incapazes de trabalhar; aos deficientes adultos e crianças cujas famílias não conseguem prover o sustento para garantir-lhes dignidade; para mães trabalhadoras que necessitam do salário-maternidade nos primeiros meses de vida dos seus filhos e, enfim, a todos aqueles que necessitam corrigir injustiças perante a autarquia previdenciária na busca de justiça social, tendo a oportunidade de alterar assim a realidade de famílias inteiras. É: o Amor pelos direitos sociais é um caminho sem volta!

Série Mulheres

História da CEO da Editora Leader e Idealizadora da Série Mulheres

Eu posso Voar!

Andréia Roma

Como tudo começou

Nasci em São Paulo, sou uma paulista muito orgulhosa de ter nascido nesta terra de tantas oportunidades. Falar das minhas origens, de quando eu era criança, é necessário, porque tudo é parte da minha história de vida. Venho de uma família muito humilde, na infância eu não sabia o que era ter uma roupa, um tênis ou uma sandália novos. Eu e minha irmã usávamos o que outras pessoas nos davam, mas mesmo assim éramos agradecidas. Hoje somos nós que ajudamos outras pessoas, seja diretamente, com caridade, ou indiretamente, através do nosso empreendedorismo.

A profissão do meu pai, um pernambucano muito batalhador, era de pintor. Ele fazia de tudo para que não faltasse nada para nós e seguíamos a vida com escassez, sem luxo, aprendendo que a melhor escolha sempre é ter muita honestidade. Meu pai foi muito carinhoso comigo e com a minha irmã, guardo boas lembranças dos primeiros anos da minha vida. Atualmente ele é aposentado e posso dizer que é uma pessoa maravilhosa, muito importante para mim.

Mamãe, paulista como eu, não trabalhava, porque meu pai entendia que ela precisava estar em casa para cuidar da nossa educação. Então, fomos muito bem educadas por minha mãe, pois mesmo com pouca escolaridade ela nos ensinava bons valores e o respeito ao próximo. Ela nos ensinou como nos portar à mesa, como agir corretamente na convivência com outras pessoas, em qualquer ambiente em que estivéssemos. Tudo isso era próprio dela, que tem uma história muito bonita. Ela foi adotada, depois de ser deixada na porta de um orfanato, junto com as duas irmãs e um irmão.

Separadas pela adoção, depois de 30 anos minha mãe encontrou minha primeira tia, após mais cinco anos, minha outra tia. Meu tio já é falecido, infelizmente, e jamais encontraram a minha avó. Minha mãe foi adotada por um casal que vivia no Interior, e que cuidou muito bem dela, graças a Deus, e ela se tornou uma mulher de fibra, exemplar. Mamãe teve a oportunidade de concluir somente o colegial, não prosseguiu com os estudos, pois se casou com papai muito jovem. E na simplicidade dela, com seu olhar amoroso e de bons valores, nos ensinava muito. Fomos crianças, eu e minha irmã, que tivemos uma mãe presente de verdade. Ela esteve sempre junto com a gente, na pré-escola, no primeiro dia de aula, ia nos buscar, cuidava muito bem de nós, nos orientava, ensinava como nos defender. São muitas passagens que ficaram marcadas nos nossos corações.

Escolha amar, sempre

Algumas pessoas, ao lerem este trecho de minha história, vão dizer que minha mãe talvez não devesse ter aberto mão dos estudos e de trabalhar fora. Na verdade, ela escolheu estar presente e com isso acompanhar nossa infância e todos os nossos passos. Eu digo sempre que ela escolheu amar. Entendo que hoje nós, executivas, não temos como abrir mão de nossas carreiras, porém, ao trazer esta história tenho a intenção de dizer para você que, mesmo com a correria do dia a dia, nunca deixe de registrar em sua agenda o tópico TEMPO PARA AMAR, envie um *invite* se preciso.

Minha mãe me ensinou o segredo de ser fiel às pessoas que amamos e cuidar com amor e dedicação. Apesar de ter sido abandonada um dia por sua mãe biológica, ela me ensinou que amar é um remédio que cura todas as dores da alma. Muitas vezes, quando iniciamos um trabalho, não nos dedicamos como poderíamos e isso ao longo dos anos se torna prejudicial. Reconheço que minha mãe foi a maior treinadora do tema "dedicação e atendimento ao cliente" que eu poderia ter em minha vida. E você, consegue se lembrar do que sua mãe ou seu pai lhe ensinou? Faça sempre essa reflexão e se fortaleça. Desafios vêm para mostrar o quanto você é forte.

Um livro muda tudo!

E como nasceu meu amor pelos livros, esse amor que me levou a empreender no mercado editorial? Bem, o primeiro livro que ganhei foi uma cartilha escolar. Eu adorava essas cartilhas porque podia pintá-las e tinha exercícios que eu gostava de fazer. Aí nasceu minha paixão pelos livros, que só aumentou pela vida afora. Isso colaborou muito na minha atuação como editora, porque não acredito em livros sem exercícios. Eu amava minhas cartilhas, eram distribuídas pelo governo. Elas eram o que eu tinha, eu ganhava de presente, cuidava delas com muito zelo e carinho, lembro-me até de ajudar minha mãe a encapá-las.

Achava sensacional poder ter aqueles livros e cartilhas, enfeitava com florezinhas, não tinha muito o que colocar, não tínhamos como comprar adesivos, então eu fazia com revistas e jornais velhos, tudo que achava eu recortava e colava, deixando tudo muito bonito. A atitude de colar e enfeitar os livros, cuidando com zelo, é o que trago para os dias de hoje. Minha lição aqui é convidar você a zelar e cuidar das oportunidades e parcerias, infelizmente ao longo dos anos nos decepcionamos com algumas, porém, desistir de encontrar parceiros certos para juntos fazer a diferença, jamais. Lembre-se de se levantar a cada tombo unicamente por você e não para que as pessoas que o feriram vejam. Estas pessoas passaram, e você seguiu. Viva o aqui e agora e esqueça o passado.

Sororidade Inspirada por meu Pai

Se eu pudesse resumir um pedaço da minha história sobre o tema Sororidade, descreveria com estes fatos.

Todos os dias de manhã meu pai saía de casa de bicicleta, praticamente atravessava a cidade para ir trabalhar, e assim economizava na condução para podermos ter um bom café da manhã, antes de irmos pra escola. Quando voltava sempre trazia um pacotinho de balas, de cereja ou de chocolate, lembro-me do formato e cheiro até hoje. Assim que ele chegava colocava as balas do saquinho na mesa, e pedia para eu e minha irmã sentarmos à mesa com ele; ali ele iniciava um ritual diário, olhando nos nossos olhos com carinho ele dividia as balas, e só depois deste momento é que poderíamos pegá-las.

Meu pai me ensinou sobre sororidade muito antes de ouvirmos sobre o tema. Ele com esta atitude me ensinava o valor de respeitar minha irmã, o valor de dividir, o valor de receber, o valor de agradecer. Recordo que a gente não brigava por isso, e ele e minha mãe nos ensinavam ali, mesmo sendo pessoas com tão pouca escolaridade, a compartilhar, a apoiar, respeitar. E isso eu faço sempre, seja como editora, como ser humano, eu compartilho muito. Eu dou muitas oportunidades para que outras pessoas possam publicar, possam escrever, possam se encontrar e identificar a sua história. E se valorizar, por isso eu foco muito no protagonismo da história, o que tenho certeza que fez diferença na minha vida.

Então finalizo aqui essa parte que fala da minha infância, dos meus pais, e de como eles me ensinaram a ser quem eu sou hoje.

Laboratório do sucesso

Iniciei minha vida profissional quando tinha 14 anos, como cuidadora de um casal de idosos. Trabalhar com eles me ensinou a ver e sentir o ser humano de outra forma, mais sensível, mais dependente. Eles já não estão mais conosco, mas nem imaginam o tamanho do legado que deixaram para mim. Foi uma grande lição para uma menina de 14 anos. Aos 15, entendi o significado de atender pessoas, fui trabalhar em uma banca de pastel e ali tive a chance de aprender grandes lições. Uma delas eu me recordo bem: meu patrão fritava todos os dias um pastel de carne e me fazia comer; quando eu terminava, ele dizia: "Como foi? Estava saboroso?" Na época eu não entendia o que ele queria, porém hoje sei que ele me ensinava que a experiência de experimentar é o maior laboratório do sucesso. Um cliente só volta para sentir novamente a experiência que seu produto pode proporcionar.

Aos 16, iniciei como recepcionista em uma papelaria, onde gostava muito de atender os clientes e fiz muitas amizades. Nesta experiência entendi que o *networking* traz para nossas vidas muitas oportunidades. Uma dica importante para você que deseja crescer é se relacionar, conhecer seus clientes, entender o que fazem e por que fazem. Todo cliente tem um propósito, descubra o propósito do seu cliente.

Aos 18, engravidei do meu primeiro namorado, e foi também meu primeiro aprendizado. Hoje eu agradeço a ele pela vida da minha filha, mas na época éramos jovens e tive uma experiência dolorosa. Eu tive a chance de ouvir o coração dela sozinha, foi um momento só meu e eu adorei. E naquele dia, como uma intuição divina, eu sabia que era uma menina, antes de o médico saber!

Quando ela nasceu, chamá-la de Larissa, que significa Alegria, realmente expressava o que eu estava sentindo. E me emociono ao dizer isso, porque ela tem me dado muitas alegrias. Segui criando minha filha sozinha e isso só me deu mais força para entender aonde queria chegar.

Lembro-me de que, quando entrei na sala de cirurgia para dar à luz a Larissa, visualizei que dali em diante eu seria empreendedora, que lutaria por mim e por minha filha. Comecei a estudar, e não parei mais, me considero uma autodidata em muitas áreas do conhecimento.

Suas escolhas decidem quem você será no futuro!

Próximo aos 24 anos me casei com o Alessandro e recebi mais um presente, meu segundo filho, chamado Boaz, e sua chegada reforçou ainda mais o que eu queria realizar em minha vida.

Na minha primeira formação em PNL e Coaching, recordo-me que o exercício na sala de aula era a ponte ao futuro. Ali eu reforçaria aonde queria chegar. E minha meta foi ter uma editora. Esse objetivo gritava dentro de mim, foi então que pedi demissão da empresa em que trabalhava. Algo me dizia "você está no caminho, vá em frente".

Foi o que fiz, porque eu tinha dois motivadores em minha vida, Larissa e Boaz.

Segui minha vida trabalhando, lendo muitos livros, pois sou uma apaixonada por livros, e participei de várias formações, buscando oportunidades, em minhas contas somo mais de 60 cursos. Confesso que investi muitos dias da minha vida para todas estas formações, ganhava pouco em empresas em que trabalhei, porém a oportunidade de estudar me manteve fiel em cada uma delas. Eu realmente fazia além do que era paga para fazer, pois eu acreditava em mim. Sou grata a todas as empresas pelas quais passei, são grandes motivadores para mim.

Quase Desisti

Lembro-me que depois dos 30 anos fui convidada para estruturar a primeira editora, era um sonho e trabalhava dia e noite com a proposta de uma sociedade. Porém naquela época a empolgação foi tamanha e me esqueci do contrato, aí você já imagina. Depois desta decepção eu resolvi deixar o mundo editorial, quase desistindo do sonho de empreender, e disse a meu marido que iria procurar uma nova recolocação no mercado. Ele me disse: "Acredite, você vai conseguir".

Foi quando tive a grande surpresa que mudaria totalmente minha vida.

Ele me disse para insistir com meus sonhos. E, se eu acreditasse na editora que queria construir, daríamos um jeito para realizar minha meta. Sem me consultar, ele foi até a empresa em que trabalhava há seis anos e pediu para ser demitido. Com a indenização dele fundei a Editora Leader. Assim, nasceu a Editora Leader, por meio de alguém que renunciou ao seu trabalho para realizar o meu sonho. Meu marido me inspira até hoje.

Sou e serei eternamente grata a ele.

Meu maior Legado

Falar de filhos, de família, para mim é o maior legado do mundo, é você respeitar as pessoas que você ama. Falar do momento de mãe solteira é difícil. Não fiz nada diferente de outras jovens que também engravidam e não têm o apoio de seu parceiro. Não fui forçada a engravidar, aconteceu e aí vieram as consequências. Uma delas foi que meu pai não aceitava, até pela criação que teve, tinha uma importância muito grande para ele que eu só tivesse filhos após o casamento. Ele deixou de falar comigo, não me abraçava mais, foi muito penoso lidar com isso, porque ele sempre foi muito próximo. Na realidade, ele se importava, mas estava muito magoado. Hoje eu sei disso, mas na época não.

Então eu tinha de conviver com o conflito de ter sido abandonada e de meu pai se afastar de mim. Minha mãe me apoiou e me dava carinho e força. Fiquei em casa grávida, isolada, como se estivesse em quarentena. É assim que descrevo hoje aquela situação. Como não tinha com quem conversar, eu falava com minha bebê, cantava para ela. Por isso digo que ela realmente foi a minha alegria. Falar dela e da minha gravidez é falar de todas as mães solteiras, mas principalmente dizer às jovens para que se cuidem e evitem passar por uma situação tão dolorosa.

Hoje tomo isso como um grande aprendizado. E digo que o maior desafio de ser mãe, com certeza, é estar sozinha, apesar de ter aquela bebê maravilhosa dentro de mim. Então, eu entendi que precisava realmente fazer a diferença, não só pela minha filha, mas por mim primeiro. Naquele momento eu assumi o protagonismo da minha vida. Pensei que eu queria mais da vida, queria mais de tudo que pudesse obter.

Minha maior lembrança é de quando entrei no hospital, naquele corredor frio, olhei na janelinha da porta do centro cirúrgico e quem estava ali era minha mãe. Com seu olhar ela me dizia que eu ia conseguir, e isso realmente me motiva até hoje. Então, todas as vezes que me sinto triste, eu olho na "janelinha do tempo", e vejo o rostinho da minha mãe dizendo que vou conseguir. Isso pra mim faz toda a diferença.

Quando decidi ter um emprego, até pela maturidade de querer sustentar minha filha, tive uma grande oportunidade, aos 19 anos, de trabalhar num jornal, com a venda de assinaturas. E me saí muito bem. Era no centro da cidade de São Paulo, foi uma ótima experiência.

Depois fui para uma empresa de treinamentos, que nem existe mais, mas na época tive a chance de fazer alguns e aprendi muito. Eram treinamentos de negociação, motivação, liderança, conheci também um pouco da Programação Neurolinguística (PNL), e várias outras ferramentas. E mergulhei nesse mercado, gostava muito de ler, até pela falta de oportunidade que tive, então agarrei com as duas mãos e segurei com muita determinação.

Logo depois, comecei a vender livros e revistas numa empresa que não existe mais. Lá eu aprendi bastante, as pessoas que conheci ali foram bem importantes na minha vida e entendi que para vender eu tinha de ler ainda mais. Ler bastante, o tempo inteiro. Gosto muito de ler, eu lia muitos livros sobre motivação, vendas, de liderança, de negociação, livros de Eduardo Botelho, Reinaldo Polito, vários escritores, nacionais e internacionais, muitas pessoas que aprendi a admirar.

Contar sobre esse período é dizer o quanto essa oportunidade me ensinou a ser uma pessoa melhor, e a transformar desafios na "janelinha", onde o retrato é da minha mãe, dizendo que vou conseguir.

Pronta para Voar!

Selo Editorial Série Mulheres

A Editora Leader é um espaço especial criado para que homens e mulheres possam publicar. Em todos os projetos da Leader dedicado às mulheres, uma das coisas que coloco é um espaço para as origens das autoras, como fiz aqui neste capítulo, porque, mesmo que seja doloroso falar sobre aquele momento, aquela situação difícil, isso faz com que você entenda a sua evolução, o quanto você caminhou, o quanto você já venceu. E faz com que veja alguém inspirador, como eu vi na janelinha do hospital, o rostinho da minha mãe. Então, qual é o rosto que você vê? Quando você se lembra dos seus desafios na infância, das situações difíceis, qual é o rosto que você vê? Acho que essa é a maior motivação, quando você consegue descrever isso, quando você trouxer isso pra sua vida consegue inspirar outras pessoas a caminhar. Percorrer o corredor daquele hospital foi um dos mais longos trajetos da minha vida, mas foi o mais importante, porque me ensinou a ser quem eu sou.

Me ensinou a compartilhar mais, me mostrou caminhos que nenhuma faculdade, nenhum curso vai me ensinar. Realmente ali eu assumi que podia fazer aquilo, e eu fiz.

Hoje minha filha tem 22 anos, está no segundo semestre de Medicina, e eu fico muito feliz. Contudo, hoje trabalho com legados, assim como os médicos, que fazem o bem para tantas pessoas! Hoje vejo minha filha caminhando para isso.

Então acho que o Selo Série Mulheres da Editora Leader e grande parte de suas publicações têm um pouco de cada mulher, independentemente do que ela escolheu para sua vida. Digo que é uma conexão com as mulheres. Não é só quem eu quero ser, é quem eu sou. É quem eu assumi ser, é a protagonista da minha história. Com uma infância triste ou feliz, eu quero que realmente essas histórias inspirem muitas pessoas. Essa é a minha história, que reúne várias mulheres e diversas temáticas no mercado, trazendo o olhar feminino, trazendo o olhar dessas mulheres através do protagonismo de suas histórias, começando pelas origens e falando de onde elas vieram e quem elas são.

Eu me orgulho muito da Série Mulheres, um projeto que lançamos com abrangência nacional e internacional, com ineditismo registrado em 170 países, aliás o único no Brasil, porque todos os livros são patenteados, tivemos esse cuidado para que nenhuma outra editora, além da Leader, pudesse lançar as temáticas, por exemplo, Mulheres do RH, Mulheres no Seguro, Mulheres do Marketing, Mulheres do Varejo, Mulheres na Tecnologia, Mulheres Antes e Depois dos 50, Mulheres na Indústria do Casamento, Mulheres na Aviação, Mulheres no Direito, Mulheres que Transformam, enfim, hoje já estamos na construção de quase 50 temáticas que vamos lançar até 2030. São histórias de mulheres que realmente decidiram, que, através de suas escolhas, suas trajetórias, suas boas práticas empolgam as leitoras e os leitores, porque o Selo Editorial Série Mulheres é para homens e mulheres lerem. Então trazemos com carinho a história de cada mulher, mostrando a força feminina, não como uma briga por igualdade, nada disso, mas sim com um olhar humanizado, com um olhar em que as mulheres assumem o protagonismo de suas histórias. Elas entendem os seus valores, as suas crenças e assumem a sua identidade, mostrando quem elas são, dentro do que elas fazem, do que elas escolheram para fazer. Mulheres fortes, eu diria. São mulheres escolhidas a dedo para participar da Série. Nós precisamos entender que para tocar uma alma humana você tem que ser outra alma humana.

Então a Série Mulheres é uma grande oportunidade para o mercado feminino mostrar sua história, mostrar mais do que o empoderamento, mostrar o quanto você pode inspirar outras mulheres. E detalhe: numa história difícil, triste, quanto você pode levantar o ânimo dessas mulheres, para que elas tenham uma chance, para que possam caminhar.

Um dos livros que vamos lançar é Mulheres – Um grito de socorro, que já está registrado também, e vem trazendo esse olhar de muitas Marias, que são fortes e deram a volta por cima em suas vidas. A Série Mulheres é isso, é um compilado de mulheres que inspiram outras mulheres e homens. Muitas não são famosas, mas são "celebridades" dentro do que elas fazem. Nosso propósito é trazer um novo olhar para as brasileiras que colaboram para o desenvolvimento econômico do nosso país, com verdadeira responsabilidade social e ambiental.

A Editora Leader me transformou numa empreendedora de sucesso, e eu a transformei numa empresa com vários diferenciais.

Eu acredito que **"Um livro muda tudo"**, que se tornou o nosso *slogan*. E pergunto sempre, através da Leader: qual é a sua história? Qual é o poder que tem a sua história?

Termino por aqui, espero que minha história a prepare para voar, e convido você a contar a sua história aqui, na Editora Leader, no Selo Editorial Série Mulheres.

Editora Leader